圖說中國 04

三國・兩晉・南北朝

第二版

主編　龔書鐸　劉德麟

智能教育

圖說天下

前言

以史為鑑，可以思接千載，視通萬里，可以把握中國社會治亂興替的內在規律，可以洞悉修齊治平的永恆智慧。然而，讓人們全面深入地瞭解中國歷史，掌握中國歷史中所蘊含的深層價值，並不是一件容易的事。

上下五千年之中，人物多，事件多，神話與傳說並存，正史與野史交錯，頭緒繁多，內容龐雜。政治、經濟、軍事、中外交往、思想、文學、藝術等各方面的內容，如果未經梳理就雜亂無章地堆積在一起，那麼往往會使讀者一頭霧水。除了典籍史料所承載的歷史之外，文物、遺址、古蹟、藝術作品等等，也同樣反映著歷史的真實性。如何把這些組織在一起，讓讀者能夠清晰明白地去瞭解歷史，感受歷史的真實，無疑成為了編輯出版《圖說天下》的緣起。

《圖說天下》，按照不同的歷史分期，通過新的體例、模式來整合講述中國歷史，涵蓋政治、經濟、軍事、中外交往、藝術、思想、科技、社會生活等方面，以時間為經，以人物和事件為緯，經緯交織，全面反映每一朝代治亂興衰的全部過程。每一個故事都蘊含了或高亢激昂或哀婉悲痛的場景，讓人們重溫那一段歷史，不斷喚起人們內心塵封已久的記憶，與中國歷史再次進行親密接觸，深入地尋繹歷史中所蘊藏的民族智慧，感悟民族精神。隨機穿插的知識花絮、專題和附錄，緊密結合內文，讓知識訊息更為密集，從而營造出一種接近真實的歷史鏡像。

通過文字，可以感受歷史鏡像，而通過圖片，則可以閱讀圖片中的歷史。圖片與文字相互映襯，可以立體反映中國歷史，展示中國歷史文化的源遠流長、博大精深。通過這種結合，使得文字訊息更為生動，更為多彩，使讀者深刻感受中國文化的底蘊，從而產生一種閱讀上的震撼。

在中華民族偉大復興的時刻，在討論榮與辱的時候，閱讀歷史，瞭解歷史，把握歷史，其意義是顯而易見的：歷史是民族復興的內在動力之所在，是榮與恥的感性事例的集中呈現，和理性判斷的一個標準。在不遠的將來，閱讀歷史，瞭解歷史，會成為一種時尚，人們透過歷史，可以感受到真正實現自我價值，尋找到寄托心靈的精神殿堂。

三國 兩晉 南北朝

目次

三國・6

⊙董卓亂政 8
⊙討董戰爭 12
⊙絕世詭謀賈文和 16
⊙亂世英雄曹操 20
⊙官渡的狼煙 24
⊙賣草鞋出身的劉皇叔 28
⊙赤壁烽火 32
⊙關羽走麥城 36
⊙曹丕建魏 42
⊙夷陵之戰 44
⊙孫權建吳 48
⊙諸葛亮病死五丈原 52
⊙高平陵之變 58
⊙孤臣姜維 62
⊙鄧艾之死 66
⊙樂不思蜀 70

⊙有國不能歸的慕容翰 134
⊙鮮卑人傑慕容恪 138
⊙捫蝨談天下的王猛 142
⊙淝水之戰 146
⊙英雄腸斷參合陂 151
⊙赫連勃勃建夏 156

南北朝・160

⊙北府將軍的帝王路 162
⊙蕭道成建齊 166
⊙梁武帝捨身事佛 170
⊙千軍萬馬避白袍 172
⊙反覆無常的侯景 178
⊙收拾河山的陳霸先 180
⊙別緻昏君陳後主 182
⊙關公再世蕭摩訶 186
⊙專題：繁榮的書畫藝術 188
⊙運籌帷幄的崔浩 190
⊙「筆頭奴」古弼 193
⊙北魏馮太后 196
⊙北魏孝文帝改革 200

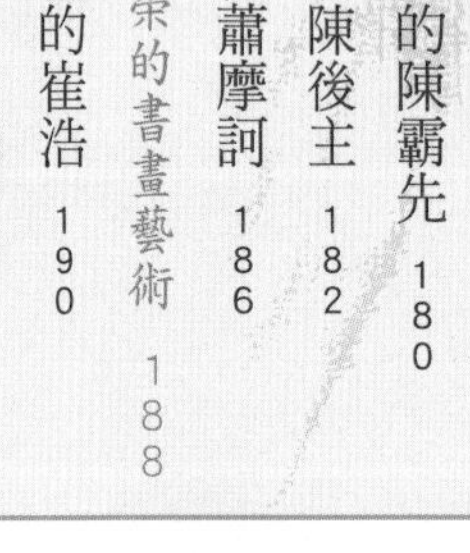

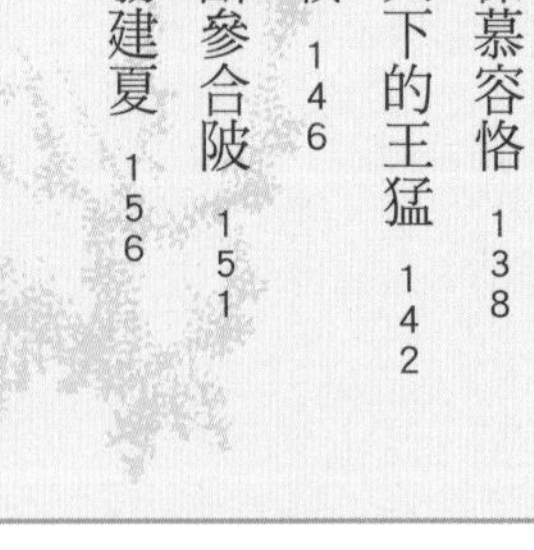

西晉・72

⊙有碑墮淚的羊祜 74
⊙豪門鬥富 79
⊙愚夫妒婦 82
⊙八王之亂 85
⊙永嘉之亂 88

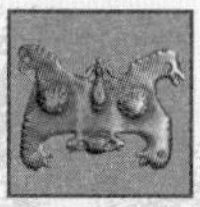

東晉十六國・92

⊙王馬共天下 94
⊙祖逖的北伐遺恨 97
⊙雄渾意氣的桓溫 100
⊙東山有賢臣 103
⊙孫恩之亂 108
⊙一人三反的劉牢之 111
⊙桓氏的敗亡 114
⊙劉曜建前趙 117
⊙從奴隸到皇帝 120
⊙石虎行暴 124
⊙冉閔與冉魏國 128

⊙亂魏梟雄爾朱榮 204
⊙高歡起兵 208
⊙宇文泰的崛起 210
⊙兩魏五戰 212
⊙宇文護弒君被誅 218
⊙暴烈天子高洋 222
⊙「落雕將軍」斛律光 225

帝王世系表・230

歷史年表・237

原中華書局古代編輯室主任 ■謝方編審

西元二二〇～二八〇年

三國

東漢末年，地方勢力迅速增強，涼州士族董卓以誅宦官為名，進入洛陽，立漢獻帝。另一士族袁紹起兵討董卓，各地豪強紛紛起兵割據自立，相互爭奪，一時間全國又陷入內戰混亂之中。

後袁紹據有冀、青、幽、并四州，成為北方最大軍閥。曹操初據有兗州，復收編了青州黃巾軍三十萬，勢力漸強。他又將洛陽的獻帝迎至許昌，挾天子以令諸侯，在政治上得到了優勢。建安五年（二〇〇年），袁紹與曹操在官渡展開決戰，曹操大敗袁紹，成為北方最強的軍事集團。

建安十三年（二〇八年），曹操率軍南下，占荊州，與在長江中下游的孫權對壘。此時流亡中的漢皇室後代劉備也起兵欲興漢室，率荊州的殘餘勢力與江東的孫權結合，形成孫劉聯合抗曹的形勢。劉備派軍師諸葛亮游說孫權出兵，孫、曹大軍在赤壁會戰。曹操大敗，退回北方，劉備得以占據荊州，後入成都。從此，曹、孫、劉三大勢力成鼎足之勢。

曹操封魏公，遷都鄴，後又進封魏王。建安二十五年（二二〇年）曹操死，子曹丕取代漢獻帝，建國號魏。次年，劉備也在成都稱帝，國號漢（一般稱蜀或蜀漢）。太和三年（二二九年），吳

王孫權在建業稱帝，國號吳。三國分立時代正式開始。

三國初期，各國主要致力於整頓吏治，恢復社會秩序和發展經濟，其中以曹魏的成就比較突出。從曹操統一北方、開展屯田開始，生產逐漸恢復，曹操又改革了東漢以來的許多弊政，抑制大地主豪強的勢力，掃除了宦官和外戚的專權，吸收中下層人士參加政權。魏文帝時，實行九品中正法，落實一般士族做官的權利，在經濟上也給予優惠。

蜀國丞相諸葛亮嚴格採用法治，紀律嚴明，賞罰分明，使蜀國農業和手工業逐步得到恢復和發展，國力增強。特別是諸葛亮招撫西南夷，使少數民族地區得到開發，加強了民族團結。

吳國自建安十六年（二一一年）孫權遷都建業後，東南地區很快得到開發，共得四十三郡三百一十三縣，比東漢時大大增強。吳國土地開闢，農業發展，政治穩定，航海業發達。

三國時期雖然仍有不斷的戰爭，但已和東漢末期軍閥混戰的性質不同。其中比較著名的有蜀、吳爭奪荊州的戰爭，蜀、魏爭奪漢中的戰爭，和魏滅蜀、晉滅吳的戰爭。三國的軍事實力以魏國最強，吳國次之，蜀國最弱。因此戰爭的主角最後落在魏晉方面。三國鼎立局面對東漢末年軍閥大混戰來說，是歷史的進步。

三國中以吳國的時間最長，共五十二年。次為魏，共四十五年。再次為蜀，共四十三年。晉武帝太康元年（二八〇年），晉滅吳。至此，三國時代宣告終結。

董卓亂政

●時間：西元一八九年
●人物：董卓

黃巾之亂沒有推翻東漢政權，卻給了東漢的地方豪強一個窺視中央政權的機會。董卓就是靠鎮壓黃巾軍起家，以強大的軍事實力為後盾，最終成了東漢中央政權的實際操縱者。本來就處在風雨飄搖中的東漢政權，在殺戮成性、暴虐狡詐的董卓的干擾下，加速墜入混亂的深淵。

⊙破羌豪雄

董卓（？～一九二年）字仲穎，隴西郡臨洮（今甘肅岷縣）人。董卓出身於東漢武將家庭，有著一身出類拔萃的武藝，史書記載他膂力過人，雙手都能開弓，騎射百發百中，就連以騎射為本能的羌人也為之欽服。年輕時代的董卓既有邊塞人的粗獷豪勇，又有漢族豪強的詭詐機心。弱冠之年就遊歷羌中，傾心結交羌族豪強，在羌胡部落中深具威望。

東漢在西北和羌胡的常年戰爭，為董卓的崛起提供了契機。董卓年輕從軍，以才武出眾，升任涼州兵馬掾（相當於軍區司令下屬的參謀）。後來在東漢名將段熲的推薦下，董卓成為了漢朝精銳部隊——羽林軍的羽林郎。董卓又隨中郎將張奐出征羌胡，以軍功拜郎中，自此一路升遷，晉升郡國都尉，遷西域戊己校尉，後官至并州刺史、河東太守。這時的董卓「數討羌胡，前後百餘戰」，威震西北。

東漢中平元年（一八四年），黃巾之亂爆發，董卓因為素有勇名，朝廷任命為東中郎將，率部出擊河北、山東，剿滅黃巾軍。可是董卓的作戰並不順利，不久就因為兵敗免職。

這年冬天，西北羌胡再度燃起烽火，數萬羌胡鐵騎入寇邊境，長安危急。董卓因此重新起用，擔任西北戰場主將皇甫嵩的副手。

中平二年（一八五年）十一月，董卓大破羌胡。緊接著，六路漢軍追擊羌胡，其餘五軍都一敗塗地，唯獨董卓全師而還，一躍成為東漢王朝在西北戰場最耀眼的將星。

⊙萌生異志

兵權在握後，董卓逐漸覺得朝廷無能，開始培植勢力。居功自傲的董卓不但大肆招兵買馬，而且對新到任

銅軺車 東漢

此車為銅車馬儀仗中前導軺車之一。兩轅向上仰曲，兩輪重轂，車有圓形傘蓋。

的西北戰場統帥、車騎將軍張溫也態度傲慢，有時還故意延誤軍令。張溫儘管惱怒萬分，對董卓也無可奈何，因為討伐羌胡的聯軍中的確不能缺少董卓這員手握兵權、威震涼州的西北名將。董卓看到朝廷軟弱無能，政治野心也越發膨脹。

中平五年（一八八年），西涼人韓遂率十萬羌胡大軍再度東犯，包圍了邊境重鎮陳倉（今陝西寶雞東）。朝廷任命董卓為前將軍，與左將軍皇甫嵩聯兵討伐。韓遂人多勢眾，而陳倉工事堅固，易守難攻，可是已經從軍三十多年，身經百戰的董卓卻主張立即決戰。皇甫嵩拒絕了董卓，決定等待羌胡聯軍人困馬乏撤離時發起追擊。最終東漢軍隊大獲全勝，擊退了羌胡人的進攻。

紅陶武士俑　東漢

⊙兵權在手

陳倉之戰後，朝廷知道董卓在戰鬥中的種種做法，明白這員邊陲悍將有養敵縱敵以自重，藉戰亂培植勢力的不臣之心。因此陳倉之戰過後不久，一紙詔令就送到了董卓手裡，晉升為少府（九卿之一，負責奉養皇帝），將所轄的軍隊交給皇甫嵩，進京任職。

這一明升暗降、削奪兵權的把戲逃不過董卓的眼睛，此時的董卓羽翼已豐，在長達數年的征戰過程中培植了自身勢力，擁有了數萬以驍勇善戰聞名的私人部隊。董卓不但不肯赴洛陽上任，反而上書說：「臣麾下將士得知臣要到京都擔任少府的消息，都牽馬挽車，不讓臣前行。臣的部下大都是羌胡之兵，與臣情同手足，不可一刻分離。倘若勉為其難，恐怕會生不測之變。」話語之中以「羌胡生變」威脅朝廷，口吻中飽含著與朝廷兵戎相見的殺機，就是不前往赴任。

面對氣焰囂張的董卓，東漢朝廷的反擊軟弱無力。不久，朝廷改任命董卓為并州刺史，再次令他將所統轄的部隊交給皇甫嵩。董卓立刻上書回答說：「臣之兵唯獨屬臣個人，也唯

狩獵出行畫像磚　東漢

石杯　東漢

獨聽臣一人之命令，完全可一同帶到并州，沒必要也絕無可能交給皇甫嵩。」此時董卓更加不可一世，字裡行間充滿了對朝廷的蔑視和挑戰。

董卓不僅不交出兵權，也不去并州赴任，而是率部屯駐在司隸校尉部的河東郡（郡治在今山西夏縣西北），觀望朝廷反應。朝廷委派制約董卓的皇甫嵩對董卓的驕兵悍將束手無策，唯有詳細把董卓抗命和擁兵自重之事奏報朝廷，「使朝廷裁之」。可是就連皇甫嵩這樣重兵在握的大將也不敢把董卓怎樣，朝廷空虛少兵，國家又四方動盪，還能對董卓怎麼「裁之」呢？就這樣，心懷異志而又毫無顧忌的董卓心安理得地在河東郡養精蓄銳，等待時機。

⊙率兵入京

光熹元年（一八九年）七月，京師信使飛奔至董卓帳前，帶來了大將軍何進打算誅滅宦官，要董卓率兵進京助威的消息。

董卓得知此事後欣喜若狂，認為是入京掌權的大好時機，於是率輕騎快馬加鞭，趕往洛陽。可是這時何進又對董卓產生疑慮，傳令董卓停止進軍，原地待命。董卓根本不予理會，強行越過崤山，直到洛陽西郊駐紮，觀望局勢。

當時正值深夜，突見洛陽方面燃起大火，東北方天空一片火紅，董卓意識到京師有變，於是加速趕往洛陽。逼近洛陽時，董卓得知何進已被張讓等宦官殺死，何進的部下袁紹等人正率兵攻打皇宮，盡屠宦官，張讓已經挾持小皇帝逃向洛陽北方的北邙山。於是董卓掉轉馬頭向北前進，終於在黃河邊迎到了漢少帝劉辯。

⊙獨掌朝政

初入京城的董卓雖然把持了皇帝，可是局面並不樂觀。董卓急於入京，甩脫大部隊輕裝前進，隨同抵達的不過三千輕騎。而何進的嫡系部將袁紹擁有西園八校尉的禁軍指揮權，同樣應詔而來的濟北相鮑信帶來了一支精銳的山東兵，執金吾丁原的并州兵驍勇善戰，麾下勇將呂布悍勇過人。相比之下，董卓勢單力孤，除了手中握有皇帝之外沒有其他任何優勢。

在這種不利情況下，董卓將權術和謀略發揮到極點，玩出了一手漂亮的瞞天過海的把戲。董卓深更半夜將部眾悄悄移出軍營，天明後再擂動戰鼓，浩浩蕩蕩擁進京師，造成援軍抵達的假像。一連如此十幾次，朝野不辨虛實，都以為董卓的兵馬不可勝數。

統率京師軍隊的袁紹為假像所

懾，不敢妄動，拋棄軍隊逃出關中，董卓從容吞併了西園八校尉禁軍和何進留下的軍隊。此後董卓又收買呂布殺死丁原，兼併了并州軍。至此，董卓的兵力大為增強，成為朝中唯一的實力派。

為了更好地控制局面，董卓決心廢立天子，以陳留王劉協取代漢少帝。劉協也是漢靈帝之子，他的生母王美人被何后鴆殺，收養他的董太后也死於何進、何后之手。有這兩重關係，董卓自覺無論怎樣處置何太后與少帝，都不必擔心劉協敵視。於是董卓以手中的軍權強行壓制了盧植等公卿的反對，廢少帝，擁立獻帝劉協，鴆殺何太后，除掉了獨擅朝政的絆腳石，將朝廷牢牢掌握在手裡。

但事情並未就此結束，董卓通過廢立皇帝為專權鋪平了道路，他還用裹脅、威逼的方法起用了王允、蔡邕、周毖、伍瓊、鄭泰、荀爽等一大批大儒名士，企圖建立自己的官僚體系。可是這一切努力全是徒勞，東漢的士大夫階層不會和一個擅自廢立的西北武將建立密切的關係，他們很快就同董卓分道揚鑣，紛紛投入反對董卓的陣營中。

不僅如此，作為一個受羌胡文化侵染的軍閥，野蠻性和掠奪性在董卓軍隊呈現得淋漓盡致。董卓獨擅朝政後，以酷刑處置反對公卿，使得滿朝文武人人自危。董卓並下令將觀看社戲的百姓盡情屠殺，男人割下頭顱計軍功，女人抓去做營妓。董卓的西涼軍在京城四處燒殺搶掠，姦淫婦女，就連宮中的侍女和公主也不能倖免。

種種暴行使董卓成了天下人的公敵。沒有多久，一個討伐董卓的聯盟形成，群雄混戰開始，東漢名存實亡，轟轟烈烈的大亂世拉開了帷幕。

延伸知識

張仲景著《傷寒雜病論》

張仲景（約一五〇～二一九年），東漢後期的醫學家，南陽（今屬河南）人，曾任長沙太守。東漢末年，瘟疫流行，張氏宗族的兩百多人在不到十年時間就死去三分之二，其中大部分死於傷寒發熱。張仲景悲憤之餘，刻苦鑽研《內經》、《陰陽大論》等古典醫藥書籍，總結東漢以前眾多醫家的臨床經驗，於東漢末年撰成了《傷寒雜病論》這部臨床醫學巨著。

《傷寒雜病論》共十六卷，分為傷寒和雜病兩大部分內容，在漫長的流傳過程中，演變為《傷寒論》和《金匱要略》兩部書。《傷寒雜病論》是中國臨床醫學中影響最大、歷史最古老的經典著作。自宋代以後，官辦醫學校將《傷寒雜病論》列為學生必讀教材。

自唐、宋以後，《傷寒雜病論》的影響遠及朝鮮、日本、東南亞諸國。直到今天，日本還有許多專事研究《傷寒論》的團體，不僅直接採用《傷寒論》的原方治病，並以現代科學方法將張仲景創立的古方劑製成成藥，廣泛用於臨床。

越窯黑褐釉印紋罐　東漢

討董戰爭

●時間：西元一九〇～一九一年
●人物：董卓　袁紹　曹操　孫堅

董卓廢立皇帝，正好給了袁紹等地方實力派軍閥一個挑起戰爭的藉口。東漢初平元年（一九〇年），各地軍閥聯合，開始了一場歷時十五個月的討董戰爭。雖然地方軍閥聯軍的總兵力大大超過董卓，又有孫堅、曹操那樣善戰的將領，如果齊心協力，並不是沒有希望獲勝。可是這些軍閥真正的興趣在於拓展地盤，因此討董戰爭最終沒有徹底驅逐董卓，而成了一場虎頭蛇尾的鬧劇。

⊙董卓的戰略

戰爭開始的時候，董卓的處境窘迫異常。袁紹與河內太守王匡駐紮在河內郡（郡治在今河南武涉西南），從北面威脅洛陽，豫州刺史孔伷駐紮潁川郡（郡治在今河南禹縣），兗州刺史劉岱、陳留太守張邈、廣陵太守張超、東郡太守橋瑁、山陽太守袁遺、濟北相鮑信與曹操駐紮酸棗（今河南延津西南），後將軍袁術率軍從南面包圍洛陽。各路軍閥各自擁兵數萬，聯軍總數達到數十萬之眾，自北、東、南三面對董卓形成了巨大的包圍圈。不僅如此，十餘萬黃巾軍餘部已經進入了河東郡（郡治在今山西夏縣西北），有卡斷洛陽西路的態勢。

鎏金銅壺　東漢

圓口，扁腹，橢圓圈足，腹部兩側附一對半環耳，通體鎏金。

儘管四面都有強敵，可是董卓畢竟久經沙場，經過深思熟慮後，決心以關中的富庶和崤函關的險要為後盾，擾亂並削弱聯軍後退守長安，讓聯軍四面包圍的戰略徹底失去意義，於是董卓下令遷都長安。由於當時各地郡守都起兵討董，各地的財稅都不向中央輸送。為擺脫財政上的困難，董卓濫捕洛陽豪富，抄沒家財，死者不計其數。董卓的倒行逆施，讓他在政治上更為孤立，徹底淪為害國害民的國賊。

同年三月，董卓挾持獻帝抵達長安，董卓將朝廷委於司徒王允，自己則率領大軍在洛陽準備迎戰。董卓很快就部署好了洛陽外圍防禦，北守黃河孟津（今河南平縣東北），東守滎陽（今河南滎陽），南守廣成關、伊闕關，構成三面環形防線，依托險要，阻擊聯軍進攻。

同時，董卓並做好一旦洛陽丟失後放棄的準備，在洛陽大規模堅壁清野，搶掠財富，火燒宮廷民宅，把一片白地留給聯軍。董卓的部將呂布奉命大肆發掘兩漢皇陵、公卿家墓，盜取寶物。

延伸知識

鄭玄遍註群經

鄭玄（一二七～二〇〇年），字康成，北海高密（今山東高密）人。鄭玄刻苦向學，師從今文經學家，學習《公羊春秋》等，又追隨古文經學家學習古文《周官》、《禮記》等。後來拜古文經學大師馬融為師，勤奮治學。游學十餘年後，返歸故里講學，學徒達數百千人。黨錮禍起，鄭玄也被禁錮。

兼通今、古文經的鄭玄，對當時傳經中的門戶之見、相互排斥的風氣大為不滿，因而想要打破壁壘，各取所長，融會貫通，自成一家之言。他閉門不出，遍註群經。鄭玄註經，集漢代經學之大成，促進了今、古文經學的融合與統一，影響深遠，以致被後世稱為「鄭學」。著作號稱「百萬餘言」，在整理古代歷史文獻上貢獻很大。

黃巾亂事之後，東漢王朝已經日薄西山，氣息奄奄，諸侯割據混戰不止，烽火相連。社會的動盪與不安，使得儒學的社會功能大大減弱，而佛教的傳入及傳播，道教的創立及興盛，也對儒學形成前所未有的挑戰，經學的衰落成為歷史大勢所趨。儒學的統治地位日漸瓦解和士大夫個人自覺意識進一步發展，直接推動了魏晉「玄學」的興起。

為了打擊聯軍在朝廷內的勢力，董卓並毒殺了廢帝劉辯，斬殺尚書周毖、城門校尉伍瓊，又盡屠袁氏在京家眷，連嬰兒也沒有放過。

⊙洛陽包圍戰

在討董聯軍的三條戰線中，以東線駐紮酸棗的人馬最多，達到十萬之眾。可是聯軍眾將卻害怕董卓手下羌胡騎兵的悍勇，沒有人敢先發起進攻。

實在看不下去的曹操對將軍們說：「我等舉義兵，是為誅除暴亂，大軍集結，諸位還遲疑甚麼？如果董卓假借朝廷威望，依托洛陽險要，向東出兵，號令天下，那倒是不小的麻煩。此賊焚燒宮殿，劫持天子，海內震動，這是天亡董卓，我等一戰可定天下，不可喪失時機！」可是這時的曹操還不是後來權重天下的一代梟雄，人微言輕，沒人聽從他的意見。

迫不得已，曹操只好帶著所部幾千人馬孤軍獨進，在滎陽和董卓的悍將徐榮血戰一天。因為寡不敵眾，身中流矢的曹操只好趁夜色率軍退走。徐榮原本打算進攻聯軍的基地酸棗，可是一看曹操幾千兵馬都能激戰一整天，覺得聚集大軍的酸棗恐怕更難攻取，於是率軍向洛陽退走。

曹操帶領著傷亡慘重的軍隊回到酸棗後，發現聯軍諸位將領正沉醉在宴會之中，喝得爛醉如泥，根本沒有做戰爭的準備。失望至極的曹操就帶著隊伍，到聯軍北線的河內郡投奔了

陶水塘稻田　東漢

袁紹。沒過多久，酸棗附近的糧食全被十幾萬大軍吃完，東線聯軍土崩瓦解，各位將軍帶領著兵馬返回了。

就在曹操敗退的同時，洛陽北線的戰事也已經開始。河內太守王匡帶領北線主力，企圖渡過黃河進攻洛陽。董卓為進一步打擊聯軍鬥志，以疑兵佯渡平陰渡（今河南孟津東北），親率精兵祕密從小平津（今河南平縣北）北岸猛擊王匡側後，在渡口北岸大破王匡，王匡全軍覆沒。

至此，聯軍東線不戰瓦解，北線慘敗，只有南線的孫堅所部還在向洛陽進軍。

⊙南線獨進

初平二年（一九一年）正月，聯軍盟主袁紹在軍事失利後，打算用政治來奪取主動。袁紹以獻帝年幼，受制於董卓，不知是否仍在人世為理由，企圖推舉漢朝宗室劉虞為帝，以與董卓相抗衡。這是袁紹的私心，想用新朝廷把關東諸將團結在周圍。

可是聯軍討伐董卓是以反對董卓私自廢立為理由，如果聯軍也擅自廢立，又用甚麼立場討伐董卓呢？況且董卓廢立的都是漢靈帝嫡系子孫，袁紹擁立的劉虞則是漢室疏遠的旁支，無疑是自毀旗幟。

曹操、劉虞等人堅決抵制袁紹的做法，曹操憤慨說：「袁紹向劉虞稱臣，我自向西尊奉獻帝。」劉虞也直斥袁紹的做法為「逆謀」。

看到反對的呼聲這麼強烈，袁紹不得不放棄了另立皇帝的計畫。

與此同時，洛陽南線的戰鬥愈發激烈。孫堅被兼程趕到的徐榮打敗，孫堅單人匹馬從小路突圍逃脫。但這位虎膽猛將卻毫不氣餒，收拾殘兵，重振軍容，屯據陽人聚（今河南汝陽東北）。董卓派中郎將胡軫率五千人來攻，遭到孫堅迎頭痛擊，大破胡軫，擊斬都督華雄，取得討董以來聯軍的首次勝利。

陽人聚大捷引起了交戰雙方的強烈反響。聯軍內部許多將領妒忌孫堅建立的功勞，袁紹的族弟袁術為了不讓孫堅獨得大功，竟然斷絕了對孫堅的糧草供給。

忍無可忍的孫堅連夜疾馳百里去見袁術，用刀劃地說：「我孫堅不顧安危，上為國討賊，下為將軍報家門血仇。我與董卓並無殺害骨肉的私怨，而將軍卻聽信讒言猜疑孫堅，這是甚麼道理！」袁術覺得理虧，這才重新調發了軍糧。

董卓和孫堅是西北戰場上的同僚，深知孫堅有著卓越的軍事才能。為了避開這個勁敵，董卓派部將李傕向孫堅提親，並答應為孫氏族人任命太守、刺史一類的官職。

孫堅嚴詞拒絕董卓，大罵說：「董卓逆天無道，不夷滅三族，懸頭以示四海，我死不瞑目，哪有與國賊和親的道理！」

於是孫堅繼續進兵，與董卓展開大戰，大破董卓麾下的悍將呂布，光復了帝都洛陽，取得聯軍第二次大捷。

孫堅步步緊逼，攻勢犀利無比，董卓也為之膽寒，對左右部下說：「聯軍鼠輩，不足為懼，勁敵唯有孫堅，只可惜他追隨袁家小兒，終是個死而已。」於是董卓留部屬把守要道，自己引兵向西開往長安。

⊙戰爭的終結

孫堅原本打算繼續進發，攻克長安，迎接獻帝回洛陽。可是聯軍後方卻發生了變亂。袁紹、袁術一向不和，袁術任命孫堅為破虜將軍兼豫州刺史，想拉攏孫堅，可是袁紹卻趁孫堅進攻董卓未歸，以周昂為豫州刺史，襲擊孫堅的後路陽城（今河南登封東南），想讓孫堅不得建功。

前有勁敵，後有追兵，任孫堅是一代豪雄，也無可奈何，只有回軍撤退。撤退的路上孫堅憤而長歎說：「大家同舉義兵以救社稷，眼見逆賊就要消滅，不想個個牽扯，我還能和誰齊心奮鬥呢！」

四月，董卓回到長安。此時討伐聯軍和董卓軍已脫離接觸，討董戰爭就悄然結束了。

雖然沒能從董卓手中奪回皇帝，但聯軍眾將的目的達到了：遏止了董卓獨霸大權的局面，把董卓和朝廷逼入關中一角，使關東廣大地區成了他們的天下。接下來的問題只是通過兼併混戰，如何分配關東地區。雖然曹操和孫堅在北方仍沒有占領勢力範圍，但在討董戰爭中表現出的膽略和勇氣，成為他們日後稱霸的保證。

陶船　東漢

這件陶船船首有碇，用於船隻的停泊。船後有舵，舵桿通過舵室固定在尾部。它不同於近代的舵，仍保留著由梢演變而來的跡象，但比梢短，比一般河船的舵則長些。舵是中國古代造船技術上的重要發明，這是現知最早之例。陶船上塑有六個人物，分立各處作操作狀。如按陶塑人物身高比例推算，真船可長達十四～十五公尺，載量約有「五百斛以上」。此外甲板上佈置有六組矛和盾，說明這是一般有武裝保護的內河航船的模型。

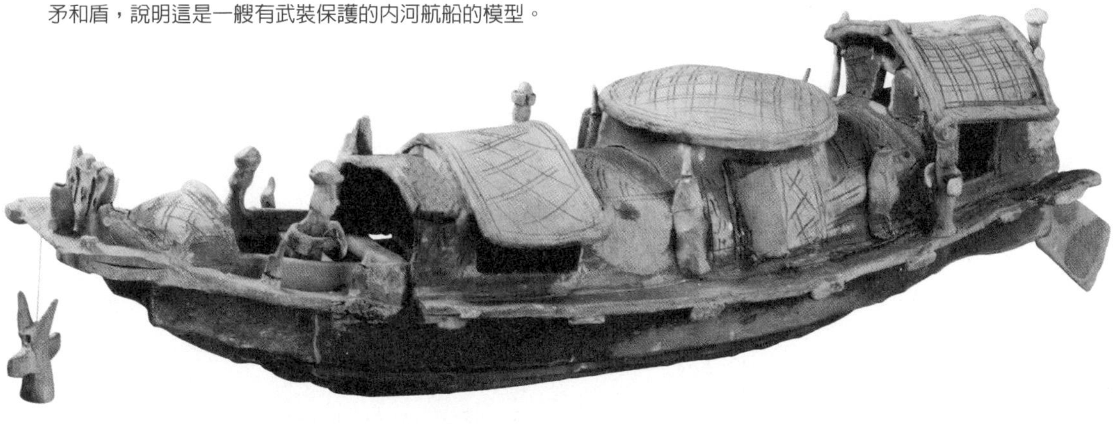

絕世詭謀賈文和

●時間：東漢末年～魏文帝時期
●人物：賈詡

賈詡是三國時代一個非常有政治謀略的投機者，憑藉滿腹心機，翻手為雲，覆手為雨，掀起無數驚濤駭浪。他的一聲怒喝讓本已潰散的涼州軍官重新振作，把握了洛陽的政局；他的一番分析，讓張繡的南陽集團投靠了曹操，間接加快了北方的統一。賈詡的才華與謀略直接影響了三國時代早期的政治格局。

東漢初平三年（一九二年）三月，長安發生了一件大事。此後四五天，全城酒肆中的好酒都銷售一空，街上到處鞭砲齊放，熱鬧非凡，人人慶賀國賊董卓的伏誅，而促成這件大事的就是并州軍首領呂布和司徒王允。

呂布，字奉先，五原郡九原（今內蒙古包頭市西）人。從小在烽火不斷的邊塞長大，呂布練就了一身好武藝，箭法也是百步穿楊。呂布原本隸屬并州刺史丁原，後來被董卓收買，殺死丁原，率并州騎兵歸順董卓。

董卓雖給呂布加官封侯，與呂布情同父子，可是董卓性情粗暴，為人苛刻，稍不如意就亂發脾氣，曾經因為小事用手戟投擲呂布，呂布對董卓已經懷恨在心。呂布又與董卓的侍妾有私情，因此心裡不安，惟恐董卓發覺，對自己不利。

早有心除掉董卓的司徒王允也是并州人，以同鄉情誼結交呂布。呂布在王允的勸說和安排下，定下了誅董大計。

三月四日，趁著董卓入宮祝賀獻帝病癒，呂布派親信騎都尉李肅和勇士秦誼等十餘名并州兵偽裝成宮中衛士，準備對董卓下手。

董卓的車馬剛入宮門，李肅首先發難，一戟刺中了董卓的手臂。董卓滾下馬車向呂布呼救，呂布厲聲喝道：「有詔討賊臣！」便親手要了董卓的性命，埋伏的眾人一擁而上，取下了董卓的首級。

董卓自入京以來，權傾天下，數十萬關東聯軍對他無可奈何，最終卻被十幾個刺客殺死，連屍體都被點了天燈，家產盡數抄沒，董氏全族皆被斬首。

⊙計轉乾坤

董卓一死，朝政被司徒王允和呂布的并州兵所把持，追隨董卓的涼州將士惶恐不安。正當涼州軍官群龍無首之時，一個人站出來大聲道：「諸位棄軍單人逃亡，一個亭長就能把你們制服，還不如率大軍向西，攻陷長安，為董公報仇。要是成功，足以把握朝廷以征天下，要是事敗，再走也不遲！」一番話徹底扭轉了涼州軍行將覆滅的危局。

這些邊塞長大的戰士在這一號召下鋌而走險，在董卓部將李傕、郭汜的率領下揮兵向西，沿途收拾散兵，抵達長安時已由數千壯大至十萬。聲勢浩大的西涼軍僅用十天就攻陷了長安，呂布敗逃，王允被殺，此時距董卓之死還不到一個月。

這個運籌帷幄，一席話扭轉乾坤的人，就是董卓麾下的討虜校尉賈詡。賈詡字文和，武威郡姑臧（今甘肅武威）人。賈詡聰明權變，當世無雙，被譽為三國時代的鬼謀奇才。

⊙榮辱不驚

李傕、郭汜把持朝政後，想為賈詡加官進爵。可是賈詡卻堅決不受，說：「這不過是救命之計，哪有甚麼功勞可言！」

這樣的回答並非賈詡謙虛，而是他知道以進犯帝都長安而獲得官爵，無疑宣告自己是逆黨之首，政治風向變幻莫測，凡事都要預留後路。所以賈詡榮辱不驚，儘管此時大獲全勝，仍不接受官爵，有意在朝野眼裡拉開與李傕、郭汜的距離。

最終賈詡只同意擔任尚書的官職。儘管尚書的官秩很低，可是卻相當於皇帝的祕書，負責草擬詔書，選用人才，又有隨意出入宮省的權力，實際上把握著整個朝廷的命脈。

不久，徐州刺史陶謙等人推舉漢朝的元老重臣朱儁為總帥，帶領諸侯光復長安，宣稱要救出天子。李傕等人求計於賈詡，賈詡於是以朝廷名義徵朱儁入朝為官，不費一刀一槍，聯軍已瓦解於無形。

另一方面，賈詡大量選拔名士為官，為關東諸侯加官進爵，劉表、陶謙、曹操等一大批關東實力派軍閥先後獲得了州牧的正式任命，化解了關東諸侯對涼州派系的敵意。高官厚祿安頓了關東諸侯的野心，紛紛表示接受任命並承認朝廷的合法性，至此，再無人提起討伐關中之事。

這時，李傕和郭汜意見不合。這兩個頭腦簡單的軍人都是平級軍官，彼此不存在隸屬關係，所以為了權勢自相殘殺，把長安變成了戰場。

深感李、郭二人難成大事的賈詡，於是出入宮省，為獻帝排憂解難，幾次庇護獻帝免遭李傕、郭汜的毒手，使獻帝對這個罪魁禍首感恩戴德。後來，獻帝從長安逃至河內郡，脫離了李傕、郭汜的勢力，賈詡也交

十二連枝燈　魏晉

燈高一百四十六公分，甘肅雷臺出土。在覆缽形燈座上，插樹燈幹。燈幹分三截製作，附有圓環和鏤空花飾，插合成整體。共有三層燈盞，燈盞的尺寸層層遞減，越高越小。原應有十二燈盞，出土時已有缺失。這件銅燈製工精巧，當所有燈盞都點燃後，燈光透過花葉，光影重重，美不勝收。

文姬歸漢圖（局部）　金　張瑀

此卷畫東漢末年文學家蔡邕之女文姬歸漢的故事。重點突出歸漢的行旅場面，不加配景。人騎疏密錯落，互相呼應，真切描繪出長途跋涉的氣氛和朔風凜冽的塞外環境，並以衆人護面避風之態與文姬挺立的身軀與堅定的面容相對比，襯托出她急切的心理狀態和堅強的性格。筆墨遒勁簡練，富於變化，有吳道子遺風。設色淺淡豐富，典雅和諧，被學界認為是「稀世珍寶」。題款「祗應司張瑀畫」。瑀，字跡不清，郭沫若審定為「瑀」，祗應司為金章宗泰和元年（一二〇一年）設置，則知張瑀後於張珪。

還了印綬，投奔軍閥張繡。

⊙智勝曹操

張繡是賈詡的涼州同僚張濟的族子。關中動盪時，張濟率部出走南陽郡（郡治在今河南南陽），在對劉表的作戰時中流矢而死，張繡統領了張濟的兵馬。賈詡勸張繡與劉表聯合，並前往說服劉表，最終使兩家達成聯盟，共同防備曹操。

不久，曹操率領大軍討伐張繡，張繡自知不敵，不戰而降。曹操得意忘形，納張濟的寡妻為妾。

張繡暴跳如雷，卻又無可奈何，賈詡獻計說：「將軍只要請求穿越曹營調動部隊，又請示曹操，說我軍沒有足夠的車輛運輸甲冑，調動軍隊時士兵需將甲冑穿在身上，曹操必會同意。我軍全副武裝進入曹營後，將軍一聲號令，全軍突襲，曹操只有受俘的份。」張繡大喜，依計行事。

曹操猝不及防，遭遇了平生最慘痛的失敗，不但右臂受傷，長子曹昂、姪子曹安民都死於亂軍之中，連勇冠三軍的猛將典韋也於此役戰死。

建安三年（一九八年），曹操再攻南陽，久攻不下後退走。張繡要率部追擊，賈詡卻說：「不可追，追必敗。」張繡不聽，結果被曹軍打敗。

這時賈詡卻對張繡道：「趕緊再追，再戰必勝！」張繡很奇怪，問：「不用先生之言，才遭此大敗。現在已敗，為何又要追？」賈詡笑著回答說：「兵勢有變，再去必勝。」

張繡於是收攏殘兵追擊，果如賈詡之言，大敗曹軍。張繡問賈詡其中道理，賈詡說：「將軍善戰，卻非曹操的對手。敵軍新退，曹操必定親自斷後，所以將軍追擊必定失敗。曹操此番進攻，並無失策也未盡力，必是後方有變。曹操戰退將軍，必定輕裝速退，留諸將斷後，他們不是將軍的對手，所以再追必勝。」張繡因此非常佩服賈詡。

⊙明智的歸順

賈詡行事常常出人意料，就在袁曹對峙官渡的緊要關頭，他再一次盡展才華，做出了誰都無法想像的決策。

當時袁紹招攬張繡，張繡也想投靠袁紹，可是賈詡卻非常蠻橫，趕走了使者。張繡害怕問到：「何至於此？如今當歸順哪一方？」賈詡回答說：「當從曹操。」

張繡驚訝之極，說：「袁強曹弱，我又和曹操有殺子之仇，怎麼能歸順他？」賈詡笑著說：「袁紹強盛，我們人少，即使全軍投靠，他也不會看重我們。曹操弱小，必然會厚待投靠的人。曹操一向有併吞天下的志向，將軍投靠，他必定盡釋私怨迎接您。」

張繡聽從賈詡，歸順曹操。曹操果然不計前嫌，對張繡加官進爵，並和張繡結成兒女親家。知道張繡肯歸順是賈詡的建議，曹操拉著賈詡的手說：「使我的信義重於天下的人正是你啊！」隨後，曹操表奏賈詡為執金吾，封都亭侯，遷冀州牧。

即使受到曹操的厚待，賈詡仍謹慎如故。他自知非曹操舊臣，為了避免猜嫌，盡量不和其他大臣私下往來，關起門著書，流傳至今的《吳起兵法》一書就是賈詡輯集校註的。賈詡沒有偉大的理想抱負，只求「家與身俱全」。最後，他盡情享受了平淡生活，去世時享年七十七歲。

玉杯 三國 魏

歷史詞典

文姬歸漢

建安八年（二〇三年），曹操派使者周近帶著玄玉璧出使匈奴，贖回了流落匈奴十二年的才女蔡琰。蔡琰，字文姬，陳留圉縣（今河南杞縣）人，東漢末年著名的女詩人。

蔡文姬的父親蔡邕是東漢末年著名的辭賦家、散文家和書法家。蔡文姬自幼向父親學習音律、詩辭，表現出驚人的才華。蔡邕曾在夜裡彈琴，弦斷了，蔡文姬說：「第二弦斷了。」蔡邕以為女兒是偶然猜中的，又弄斷一弦，文姬又說：「第四弦斷了。」當時蔡文姬還是幼童，已經如此精通音律。

漢獻帝初平三年（一九二年），蔡文姬被匈奴人掠走，嫁給匈奴左賢王，開始了在匈奴十二年的生活。蔡文姬回到中原後，根據記憶整理了父親蔡邕四千卷藏書中的四百多卷，並且寫下了〈悲憤詩〉兩章，敘述了戰爭造成的痛苦。

蔡文姬把漢匈兩種音調融合為一，創作了感人至深、有詞有唱的琴歌《胡笳十八拍》。郭沫若曾稱讚《胡笳十八拍》「實在是一首自屈原的《離騷》以來最值得欣賞的長篇抒情詩，決不是六朝人及隋唐人所能企及」。

文姬歸漢後，貢獻餘生於保留和傳播中國古代文化。

【亂世英雄曹操】

●時間：西元一五五～二二〇年
●人物：曹操

曹操的事蹟大家耳熟能詳，他在漢室衰微、群雄逐鹿的亂世中脫穎而出，統一中國北方大部。我們不談他的豐功偉業、猜忌權詐，只略說他在中年以前的活動以及消滅割據勢力的成功之處。

⊙英雄風采

曹操（一五五～二二〇年），又名吉利，字孟德，小字阿瞞，沛國譙（今安徽亳州）人。曹操的祖父是東漢末年很有權勢的中常侍曹騰，父親曹嵩是曹騰的養子。曹嵩的出身，長期以來都不清不楚，西晉時期寫作《三國志》的陳壽就說「莫能審其（曹嵩）生出本末」，也有人認為曹嵩原姓夏侯，後來跟從曹騰改了姓。曹嵩依恃養父，先後做過司隸校尉、大司農、太尉一類高官。

曹操是曹嵩的長子，從小就不規矩。喜歡飛鷹走狗，追狐逐兔，成天在外面晃蕩，不務正業。曹操的叔父看不過去，經常提醒曹嵩。

曹操對叔父相當反感。有一天路上遇到叔父，裝出一副嘴歪臉斜的樣子，說話含糊不清。叔父驚訝，曹操說中風了。叔父回家趕緊告訴曹嵩，曹嵩也很驚愕，怎麼突然中風了？

曹嵩把兒子叫來，沒有甚麼異常，就問：「叔父說你中風了，已經好了嗎？」曹操回答說：「我沒有中風啊？大概是叔父不喜歡我，所以說我不好吧！」曹嵩心中疑惑，以後曹操的叔父再說曹操犯錯，曹嵩再也不信，曹操於是更加肆意妄為。

曹操為人機警，但這時還沒想到轟轟烈烈的大事，也不刻意求名爭利，所以也沒有人看好他。但是也有

車騎圖 三國

識人的，例如當時的名士橋玄。

橋玄擅於觀人之術，曾經對曹操說：「天下即將大亂，非曠世之才不能安定，能安定的人是不是你呢？」橋玄的看法並非沒有依據。曹操武藝超群，又博覽群書，尤其喜歡兵法，曾經為《孫子兵法》作註。

曹操慢慢覺得自己不是池中之物，曾經問著名的人物評論家許劭：「我是個甚麼樣的人？」許劭不說話，曹操糾纏不走，許劭說了一句不知是敷衍還是發自內心的話：「你是治世之能臣，亂世之奸雄。」曹操聽後大笑而回。

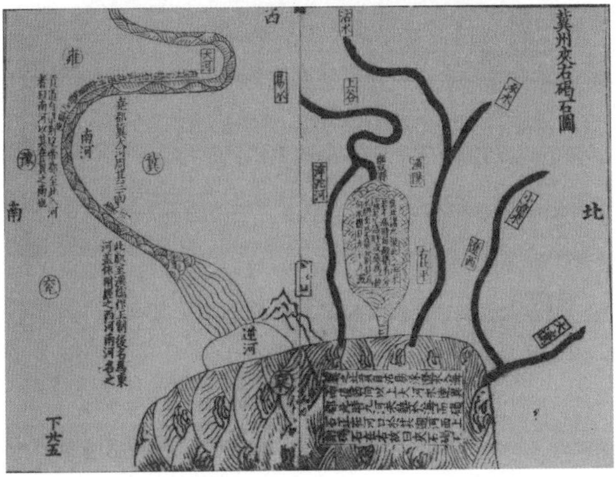

《冀州夾右碣石圖》 北宋

東漢建安十二年（二〇七年），曹操東征歸來，寫下了著名的〈碣石篇〉。宋人考證，碣石大致位於古冀州、兗州交界，黃河入海處右側。

⊙避亂歸家

東漢靈帝熹平三年（一七四年），二十歲的曹操被郡守推舉為孝廉，到都城洛陽為郎官。

不久，曹操任洛陽北部尉（掌社會治安和司法）。曹操一到職，就申明禁令，嚴肅法紀，造五色大棒十餘根，懸於衙門左右，「有犯禁者，皆棒殺之」。皇帝寵幸的宦官蹇碩的叔父違禁夜行，曹操毫不留情，立即處死，從此京師的顯貴大為收斂。後來曹操外調為頓丘縣令，又參與討伐黃巾，屢有升遷。

但是曹操看到朝中宦官、權臣、外戚爭鬥熱鬧，政治形勢險惡，就辭官回家，在城外築了房子，春夏讀書，秋冬打獵，過了一段悠閒的日子。

此時涼州出了亂子，西涼人金城的邊章、韓遂殺了刺史和郡守，糾集了十多萬部眾造反。朝廷急需軍事人才，徵召曹操為典軍校尉，曹操再次到了洛陽。這時靈帝去世，太子即位，大將軍何進輔政。

何進與袁紹想除去干政的宦官，太后不同意。於是何進召涼州軍閥董卓進京，藉以除掉宦官。曹操聽後笑道：「對付宦官只要幾個獄吏就足夠了，何必招引外將呢？」果然，董卓到了洛陽後把持朝政，胡作非為。

曹操看董卓成不了事，改名換姓逃離，途中經過老朋友呂伯奢家。有說呂伯奢的兒子貪圖曹操的好馬財物，搶劫曹操，反被曹操所殺。也有說呂伯奢好心招待曹操，曹操卻疑心他們危害。總之，曹操殺了呂家八口人，還說了那句臭名昭著的話：「寧

四神柱礎　三國　魏

我負人，毋人負我。」

起兵討董

曹操一路倉惶，還是在中牟縣被抓，幸虧功曹（縣裡的官吏）釋放他，曹操才免於一死。曹操回到陳留，散盡家財召集人馬，又得到當地財主的資助，於中平六年（一八九年）起兵討伐董卓。

何進的部下袁紹此時也回到家鄉，召集諸侯討伐董卓。袁家門第顯赫，朋友、學生、下屬眾多，號召力極強。

獻帝初平元年（一九〇年）正月，關東軍閥群起討伐董卓，共推袁紹為盟主。曹操也參加了討董聯盟。董卓的涼州兵驍勇善戰，關東軍十餘萬人到了酸棗，就不敢前進了。各路將領各有打算，彼此爭奪勢力範圍，未將全力放在董卓身上。

三十六歲的曹操正當壯年，於是獨自攻打董卓，結果大敗而回，士卒死傷大半，本身也受箭傷，逃回酸棗。曹操又勸聯軍將領集體行動，沒人理睬，曹操於是到揚州募兵，以圖東山再起。

盟軍沒有消滅董卓，內部倒是糾紛不斷，關東亂起。初平三年（一九二年），司徒王允與呂布在長安定計殺掉董卓，董卓部將李傕、郭汜等攻陷長安，殺王允，擊敗呂布，關中也陷入戰亂。這時，各地州郡牧守各據一方，形成了諸侯割據的局面。

多謀善斷

初平三年（一九二年），青州的黃巾軍發展訊速，濟北相鮑信請來曹操，合軍進攻黃巾。黃巾軍勇猛精悍，鮑信戰死。曹操新兵沒經過實戰磨練，幸虧曹操鼓舞士氣，賞罰分明，又設下埋伏，連連大戰，終於將黃巾軍擊敗。這一仗對曹操極為重要，獲得降卒三十餘萬，人口百餘萬。曹操收其精銳，組成軍隊，號稱「青州兵」，成了曹操的重要力量。

隨後的幾年裡，曹操陸續擊敗陶謙、劉備、呂布等人，占據了豫、兗、徐等州。建安元年（一九六年）八月，曹操親至洛陽朝見獻帝，扶植獻帝遷都許昌。從此，曹操在群雄爭霸的時局中，取得了「挾天子以令諸侯」的政治優勢。曹操在建安五年（二〇〇年）的官渡之戰中又打垮袁紹，隨後幾年肅清袁氏殘餘勢力，攻打烏桓。到建安十三年（二〇八年）前，北方大體平定。

在這十多年的時間裡，曹操能逐次殲滅各方割據勢力，甚至打敗了強大的敵人，與他虛心聽取意見，採納了正確的戰略戰術分不開的。

官渡之戰時，曹軍首次和袁紹部隊遭遇，初戰不利。曹操膽怯，糧草又不夠，想要退回許昌，但這時形勢已經不容退卻了。曹操後方極為不穩，投降的劉備在徐州叛變，徐州東海的豪強也聯兵數萬叛變，豫州在袁紹的大軍威嚇下騷動，許、蔡以南的郡縣都投降了袁紹，許昌的眾多官員和袁紹祕密聯繫，劉備勸說荊州的劉表對曹操發動進攻，江淮的孫策也打算偷襲許都……

曹操的謀士荀彧分析了當時局勢，說：「現在軍糧雖少，但比起劉邦、項羽在滎陽、成皋時要好多了。那時候劉、項二人都不肯先退兵，因為先退的必然勢屈。您以劣勢兵力和袁紹已經相持半年，必有變故發生，正是您出奇制勝的時候，時機不能錯過。」曹操聽取了這個正確意見，沒有撤退，終於獲勝。

官渡之戰後，袁紹勢力並沒有全部消滅，曹操原想先進攻荊州的劉表，荀彧再次勸阻了曹操。

後來袁紹的兩個兒子袁譚、袁尚為爭奪冀州而內訌，袁譚向曹操求救，但曹操仍想先進攻劉表，這次謀士荀攸勸止，讓曹操先打袁尚。荀攸的話很有道理：攻打劉表萬一失敗，劉表、袁尚南北夾擊，後果不堪設想。即使勝了，孫權、劉備也不會就此投降，必然讓曹操陷進荊州的泥潭沼澤裡不得脫身，曹操還是進退兩難。最終曹操先行消滅了北方的袁氏殘餘勢力，統一了整個北方。

曹操是個能人，但能人不是所有時候都能決斷英明。曹操一生決斷不少，錯誤也不少，但直到赤壁之戰前，大的戰略方向並沒犯錯。原因不僅在於雄才大略，而且也因為曹操能夠在謀臣的幫助下改正錯誤。

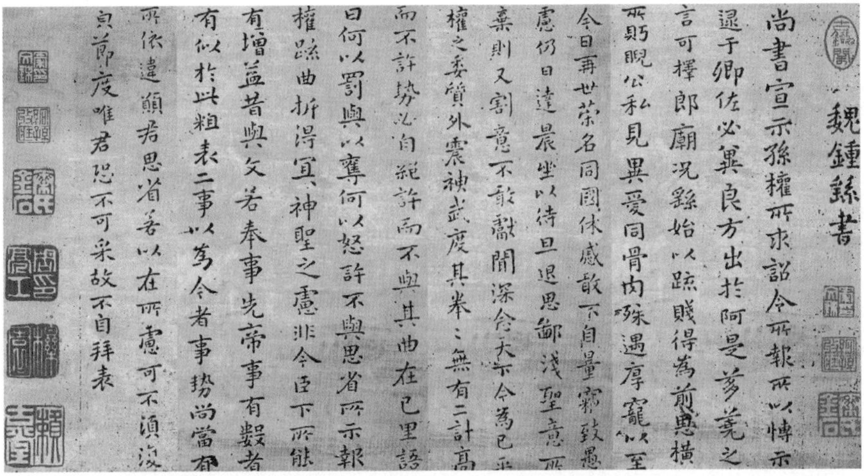

鍾繇宣示表　三國　魏

官渡的狼煙

●時間：西元二〇〇年
●人物：袁紹　曹操

官渡之戰，從建安五年（二〇〇年）二月開始，到十一月結束，歷時九個月，是漢末群雄混戰和三國形成兩個階段中具有決定意義的三大戰役中的第一次大戰，也是曹操統一北方之戰中最重要一戰，官渡之戰讓混亂的中國北方開始趨於統一。

建安三年（一九八年）年底，曹操基本統一了河南（黃河以南）地區。第二年春天，袁紹也消滅了盤踞遼東的公孫瓚，統一了河北（黃河以北）。至此，北方的兼併混戰將近九年，群雄基本覆滅，只剩下袁紹和曹操兩大集團分據河北、河南。

其實雙方明爭暗鬥早在建安二年（一九七年）就已開始了。袁紹自恃兵多將廣，對「挾天子以令諸侯」的曹操極為不服。曹操征伐南陽張繡，想確立朝廷的威嚴，不料慘敗在賈詡的計謀之下。袁紹趁機向曹操下書，言辭傲慢，充斥譏諷的意思。曹操大怒，但知道敵我實力相差過於懸殊，才忍下了一時之氣。

⊙曹操的戰備

建安三年（一九八年）年底，曹操消滅了呂布勢力，結束河南的混亂場面，開始了對袁紹的戰爭準備。

首先，曹操對周邊群雄展開外交攻勢，他讓地方豪強衛覬、鍾繇分別鎮撫關中和弘農（今陝西靈寶北）。曹操並結好到許都觀察形勢的涼州從事楊阜，拉攏涼州牧韋端。曹操又表奏江東的孫策為討逆將軍、吳侯，與孫策結為兒女親家，以拉攏孫策。同時曹操不計殺子之仇，贏得張繡再次歸降。通過以上努力，曹操在一定程度上消除了側後的隱患。同時曹操以天子詔書，令漁陽太守鮮于輔都督幽州六郡，牽制袁紹的側後。

其次，曹操把重點防禦陣地定在官渡（今河南中牟東北）。官渡座落在河北重鎮黎陽（今河南浚縣東）通向許昌的要道上，北有黃河為屏障，西南有大片沼澤，是袁紹大軍進攻的必經之路。

曹操勘定官渡為主戰場後，幾乎

二牛耕地磚畫　魏晉

每次外出征戰回軍時都屯駐官渡，在官渡構築陣地，囤積糧草，修建城壘，準備作戰。曹操當時的部署是以黃河南岸為第一道防線，令于禁率兩千步騎防禦黃河渡口延津（今河南延津東北）一線，以東郡太守劉延防禦白馬（今河南滑縣東）。以官渡為重點防禦戰場，曹操親率精銳主力駐守。以大將夏侯惇留守許昌（今河南許昌東），主持後方事務。

⊙決戰序曲

建安三年（一九八年）六月，割據并、幽、冀、青四州的袁紹開始南下的準備。袁紹按照「吾南據河，北阻燕、代，兼戎狄之眾，南向以爭天下」的夙願，開始具體戰略部署。袁紹去蕪存菁，從數十萬大軍中「簡精兵十萬，騎萬匹」，作為南征的主力部隊。同時以謀士審配、逢紀主持後方，負責糧草運輸。以長子青州刺史袁譚兼任幕僚長史隨征，以河北名將顏良、文醜為先鋒，以步兵校尉高覽、蔣奇、屯騎校尉張郃、越騎校尉韓猛、主簿陳琳、參謀許攸等從軍出征，準備南下直攻許昌。

就在大戰一觸即發的時候，一個始料不及的變化卻令曹操措手不及——劉備在徐州發動了兵變。

曹操原本授命劉備前往徐州（今江蘇徐州東）阻擊袁術，防止袁術南逃。可是野心勃勃的劉備卻趁機殺死曹操任命的徐州刺史車冑，部署勢力，徐州諸縣也紛紛叛曹。迅速壯大的劉備募集了數萬兵馬，打敗了曹操部將劉岱、王忠的討伐。劉備並派使者結好袁紹，打算趁袁、曹兩方酣戰的時機，出其不意偷襲曹操後方，奉迎獻帝。劉備兵變打亂了曹操的軍事部署，形成了對許昌側後的巨大隱患。

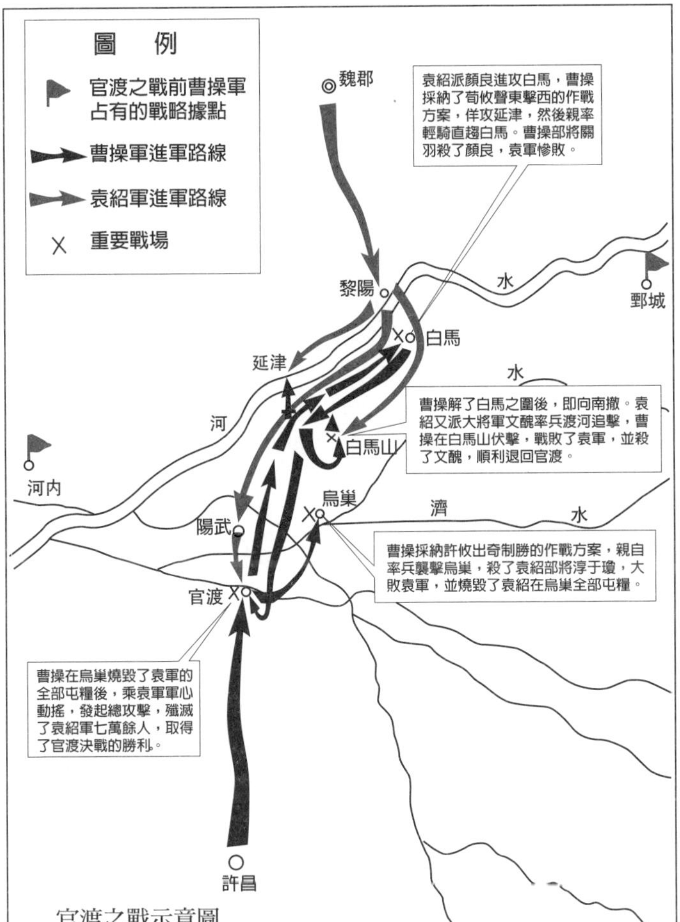

官渡之戰示意圖

建安四年（一九九年）正月，董承、劉備等人奉獻帝衣帶詔的事情敗露，惱羞成怒的曹操決定親征劉備。曹操的將領都認為袁紹才是頭號大敵，不應當先進攻不成氣候的劉備。曹操卻認為劉備不可小覷，必須在未成氣候前消滅，否則必然成為後患。

曹操的頭號謀士郭嘉也說：「袁紹多疑，即使來攻也快不了。劉備新起，人心未定，迅速出擊，定能將他擊敗。」

於是曹操在袁紹的虎視眈眈下，率部遠離許昌，突襲徐州。劉備想不到曹操居然全軍來攻，猝不及防，拋下了妻兒部屬，隻身投奔袁紹。曹操的閃擊戰非常漂亮，許昌距離徐州近千里，曹操只十幾天就趕到徐州，擊垮了劉備。

曹操出征劉備的消息傳到河北後，謀士田豐建議袁紹趁機偷襲許昌。袁紹優柔寡斷，想等曹操和劉備兩敗俱傷，然後坐收漁人之利，就藉口兒子有病，不肯出兵，只是發布了聲討曹操的檄文，虛張聲勢。可是袁紹沒想到曹操進軍如此迅速，等大舉進兵的時候，曹操已經擄掠了劉備的妻兒老小班師而歸。

這場對劉備的閃擊戰雖然規模不大，但極為關鍵，曹操解除了後顧之憂，軍隊士氣大振，官渡主戰場側翼的漏洞再度修補，終於用最佳狀態迎戰正面的袁紹。

⊙大戰開始

建安五年（二〇〇年）正月，袁紹發布了一篇文采飛揚的討曹檄文。二月，袁紹親率十萬大軍南下兵趨黎陽，關係北方命運的官渡決戰正式打響。

袁紹先令先鋒顏良強渡黃河，將曹操的東郡太守劉延圍於白馬。四月，曹操用謀士荀攸之計，不救白馬，先到延津，假裝渡黃河襲擊袁紹側後，調動袁軍來援。袁紹果然中計，將接應顏良的預備隊派出阻擊曹操。

曹操見分散袁紹兵力的計畫成功，立即輕裝兼程奔襲白馬。等顏良發覺曹軍主力來襲時，兩軍相距只有十幾里，不得不以疲憊之兵倉促應戰。曹操以張遼、關羽為先鋒，縱騎突擊，猛將關羽刺顏良於萬軍之中。曹操解白馬之圍後，立刻遷移百姓，沿河西撤。

心腹愛將顏良被殺，讓袁紹暴跳如雷，不聽謀士的勸阻，全軍渡河追擊。曹操發現袁軍紀律不嚴，就命令騎兵解鞍下馬，輜重都放在路上。不久，袁紹大將文醜率領五六千騎兵趕到，疲憊的袁軍看地上堆滿了戰利品，開始大肆爭搶，不聽號令。曹操見敵人中計，親率六百名騎兵突襲，再次大破袁軍，斬殺文醜。至此，袁紹兩員先鋒大將接連喪命，全軍震動，士氣大為低落。

⊙火燒烏巢

初戰獲勝後，曹操利用黃河天險削弱敵人的目的達成，便將大軍撤退到官渡，憑藉準備已久的工事嚴陣以待。袁紹見曹操準備充足，也不強攻，只是派遣劉備、韓猛包抄曹操後方，毀壞農田，一度曾攻到許昌城外。曹操沒有被袁紹的兩翼突擊戰法干擾，另外派遣曹仁統率精銳騎兵，將劉備、韓猛各個擊破。劉備見袁紹難成大事，以聯合劉表為藉口離開了袁紹大營。

兩翼迂迴的戰術失敗後，袁紹決心憑藉雄厚實力進行正面消耗戰。袁紹將大軍向前推進，與曹軍開始接觸。

九月，官渡攻防戰開始，激烈的攻堅戰持續了整整一月，袁紹雖然不能攻克曹軍的壁壘，曹軍也因為糧草枯竭，將士疲憊，兵員得不到補充，也無法繼續支持。

就在曹操內心動搖的時候，首席謀士荀彧看出戰爭進入關鍵階段，雙方都已經到達極限，先退卻的就先陷入被動。荀彧寫信給曹操，說袁紹攻堅不下，士氣低落，局面必將有變，勸曹操繼續堅守。

就在此時，袁紹部將韓猛押送著大批輜重趕到。曹操命令大將徐晃、史渙截擊，燒其輜重車數千輛。沒過多久，袁紹的謀士許攸叛歸曹操，告知袁紹部將淳于瓊正押送糧車萬輛囤積在烏巢的軍情。曹操當機立斷，留下曹洪堅守營壘，親率五千精銳連夜出發奔襲烏巢。曹軍沿途冒用袁軍旗幟，謊稱是袁紹派往烏巢加強戒備的部隊，騙過了袁軍盤查。到達後，曹軍大肆放火，焚燒袁軍的糧草。

袁紹得知烏巢被襲，不聽部將張部全力救烏巢的建議，只派少量兵力救援，卻令張部、高覽進攻曹軍的堅壁高壘。張、高兩人知道大勢已去，索性率軍投降了曹操。至此，袁軍補給斷絕，將領或死或降，軍心徹底崩潰。曹操利用時機，命令大軍全線反擊。心亂如麻的袁紹只好拋棄大軍，帶著兒子袁譚和八百親兵倉皇逃回黎陽。

袁紹逃走後，剩餘的袁氏部隊全部投降曹操。可是曹操已經沒有糧食，無力收編降兵，又不願放回袁紹處，於是「盡坑之，前後所殺八萬人」，袁紹的河北精銳一朝盡喪。至此，官渡之戰結束，袁紹一蹶不振，曹操奠定了統一北方的基礎。

玉枕　東漢

長三十四．七公分，高十三公分，玉青綠色，枕面兩端隆起，中間微下凹。飾陰刻雙線勾連雲紋，線條清晰流暢。此枕係用整玉雕琢而成，在漢代較為罕見。

賣草鞋出身的劉皇叔

●時間：西元一六一～二二三年
●人物：劉備

劉備是人們耳熟能詳的三國英雄，《三國志》的作者陳壽以「折而不撓」來概括劉備的性格和奮鬥歷程。劉備的奮鬥道路與其他人相比，最為坎坷崎嶇，但他百折不撓，敗不氣餒，始終以旺盛的鬥志迎接挑戰，最後終成大業。

⊙劉備家世

劉備（一六一～二二三年），字玄德，涿郡涿縣（今屬河北）人，漢景帝劉啟的兒子中山靖王劉勝的後代。劉備的父親劉弘早逝，年幼的劉備為了生計，與母親賣草鞋織蓆子為生。十五歲那年，劉備在同宗劉元起的資助下，與遼西公孫瓚一起拜在東漢名士盧植門下，學習經書。可是劉備似乎生性頑劣，甚至沒有養成讀書的習慣，史書評為「不甚樂讀書，喜狗馬、音樂，美衣服」。

東漢末年社會動盪空前激烈，天下即將大亂的形勢已很明顯，劉備也開始積極行動，謀劃在亂世建功立業。史書中說這時的劉備已經「少語言，喜怒不形於色，好結交豪俠，年少爭相依附」，儼然一副地方大豪的派頭。劉備所結交豪傑之中，最有名氣的自然是日後成為左右手的關羽和張飛。

⊙亂世發跡

沒過多久，黃巾之亂爆發，各州郡長官紛紛舉兵自保，二十四歲的劉備帶著關羽、張飛，組織軍隊，參加了平定黃巾的戰鬥。

劉備在討伐黃巾的戰鬥中立下了不少戰功，後來又參加平定張純反叛的戰鬥，因為軍功卓著升為安喜尉（縣級的治安長官）。之後，朝廷計畫遣散部分討伐黃巾升官的人，郡督郵（官名）來到劉備所在的縣城，準備遣散劉備。一怒之下，劉備率部屬衝擊縣衙，怒打督郵，出了一口惡氣後，一走了之。當時烽煙四起，朝廷正在用人，所以沒過多久，劉備就率關羽、張飛再度從軍，以軍功擔任高唐縣令。

後來青州黃巾攻破高唐，劉備率

綠釉陶榭　東漢

榭為方形，四欄皆有長方形鏤空花格，正中兩人頭戴小冠，正襟危坐，似在交談，另一人頭戴高冠，身穿長袍，雙手扶欄，舉目遠眺，極富生活氣息。

軍投靠同學公孫瓚，出任別部司馬。公孫瓚命劉備與田楷到青州對抗袁紹，劉備再次立下不少戰功，於是做了平原縣令兼領平原相。劉備在平原政績斐然，很得民心，聲名遠播，引起時人的關注和認可。當代名人孔融曾向劉備求救，名士陳登也說劉備有霸王之略。

不久，一個機會來了，劉備一躍成為割據一方的地方大豪，正式踏入北方爭霸混戰之中。

十二生辰博局紋鏡　東漢

⊙代領徐州

東漢初平四年（一九三年），曹操祭起為父報仇的旗幟，出擊徐州，連續攻拔十餘城，徐州牧守陶謙被迫逃離了郡治彭城（今江蘇徐州）。仇恨使然，曹操悍然下令所過之處雞犬不留。徐州數縣百姓數十萬，慘死在曹軍屠刀下，泗水河道屍體阻塞，河水一時斷流。

第二年夏天，曹操再次率領大軍征伐陶謙。陶謙急忙向盟友公孫瓚求救，並向田楷和劉備告急，請求援助。田、劉二人沒有遲疑，率領部屬進抵徐州，可是兩個人不是曹操的對手，幾次交戰都失敗而歸。幸好這時曹操後院起火，大本營兗州因呂布趁虛而入，曹操被迫撤軍。這是劉備與生平夙敵曹操第一次交鋒，親自體驗到曹操用兵之能和殘酷嗜殺，心中留下了深深的陰影。

曹操撤後，劉備並未回歸平原，直接依附陶謙。陶謙先舉薦劉備為豫州刺史，後來陶謙病重，又將徐州託付劉備。至此，劉備終於獲得了一塊根據地。

⊙徐州混戰

當時，除了曹操外，徐州還有兩大威脅：徐州南面自稱徐州伯，一心想要奪取徐州的袁術，和北面被曹操擊敗前來投靠劉備的呂布。一時間圍繞著徐州，幾方勢力展開了眼花繚亂的兼併戰鬥。

建安元年（一九六年）六月，袁術發起了攻打劉備的第一次戰爭。曹操為了刺激劉備與袁術自相殘殺，舉薦劉備為鎮東將軍。正當劉備與袁術大軍僵持不下的時候，袁術拉攏寄居徐州的呂布，呂布趁機進攻劉備的後路，攻占下邳（今江蘇邳縣南），俘獲了劉備家小。劉備走投無路，只好向呂布投降，呂布成了徐州的新主人。

同年九月，袁術再度起兵三萬進攻劉備。此時的劉備已經無力抵抗，只能向呂布求救。呂布為了防止袁術

陶哺乳俑　東漢

擴大，趕往相救，迫使袁術罷兵而回。劉備不願寄人籬下，就開始建構武裝，軍隊擴充到一萬多人。呂布看到劉備勢力發展快速，擔心成為威脅，便進攻劉備。兵少糧缺的劉備無力抵抗，被迫逃往許昌，投靠曹操。

曹操接納了劉備，任命為豫州牧。同時曹操也為呂布加官晉爵，促使呂布和袁術作戰。呂布以三千騎兵大敗袁術的數萬大軍，袁術的軍事力量大為削弱。曹操趁機征討袁術，徹底摧毀了袁術的勢力。

看完了鷸蚌相爭的鬧劇後，曹操又帶著劉備東征呂布。經過三月苦戰，曹操大軍攻破下邳，擒殺呂布。自此，徐州落到了曹操手中。

⊙煮酒論英雄

儘管屢屢受挫，連徐州都成了他人的嫁衣，可是劉備毫不灰心，志向不改。劉備協助曹操擒殺呂布後，曹操沒把他留在下邳，任命心腹部將車冑為徐州刺史，把劉備帶回了許昌。

曹操表面待劉備極其親厚，升劉備為左將軍，出則同車，坐則同席，關羽、張飛也升為中郎將，其實雙方各懷心計。曹操知道劉備並非常人，不能將地方的行政大權交給劉備。劉備則盡力掩蓋野心，韜光養晦，等待時機，並很快就加入了董承等人謀殺曹操的「衣帶詔」組織中。

劉備既然打算除掉曹操，自然居心不安。一次曹操請劉備吃飯，討論天下英雄，劉備連說幾個人，都被曹操否決。最後曹操笑著說：「今天下英雄，唯使君與操耳。」劉備聞言，一怕曹操視自己為英雄，對己不利，二是以為曹操察覺到了，兩手發抖，筷子居然落在地下。當時正值雷鳴，劉備就以害怕打雷掩飾過去。

事後曹操也覺得失言，差人前往劉備住所觀察動靜，發現劉備在園內安心種菜，才不懷疑劉備。其實劉備此時已如坐針氈，恨不得插翅飛出許昌。

在曹操屢次試探下，劉備用高超演技蒙騙了曹操，終於博得曹操信任。當時袁術窮途末路，打算向北投奔袁紹，曹操便派劉備截擊袁術。劉備一出發，謀士程昱、郭嘉、董昭等人相繼進諫，勸說曹操不可放虎歸山。曹操頓時醒悟，可是為時已晚。

劉備擊敗袁術後，立刻占據下邳，斬殺徐州刺史車冑，與曹操徹底決裂，從此二人成為終生夙敵。

此時官渡之戰已迫在眉睫，曹操派遣大將劉岱、王忠進攻劉備，卻被劉備打敗。劉備錯估形勢，以為曹操前有袁紹，後有劉表、張繡，腹背受敵，無暇東顧，於是傲氣十足對劉

延伸知識

生動活潑的漢俑

與墓葬制度關係緊密的俑像，是兩漢時期雕塑藝術中的重要門類，與秦代相比較，漢代俑像塑造了社會各階層人物，形象生動活潑。西漢早期俑像，性質與秦代兵馬俑相似，多是用軍陣送葬的模擬物，在規格上則比秦俑小。因為沿襲秦俑的風格，造型比較呆板，主要是用整齊的陣列向人們展示為死者送葬的森嚴軍陣。

除此之外，也有彩繪女侍俑，模製燒成陶後敷塗色彩，輪廓線條流暢優美，藝術造型超出軍陣陶俑，富有生活情趣，和另一類侍從木俑、舞蹈奏樂俑同樣具有傳神姿態。東漢時期，這類模擬家內侍僕舞樂俑成為主流，而西漢時數量眾多的兵馬軍陣不再出現，人物形象轉為侍從樂舞和農牧耕作的農夫部曲，俑像的藝術造型也從呆板變為活潑生動。

漢代俑像種類眾多，數量大的是陶俑，另外還有金屬鑄造的銅俑，和不同材料製成的玉俑、石俑、木俑等。漢代尤其是東漢俑像生動反映了當時的社會政治經濟面貌，俑像樸拙的風格，奔放的氣勢，構成獨特的藝術魅力，在雕塑史上寫下了光輝燦爛的一筆。

岱揚言：「你這等人來一百個也不濟事，即便曹操親來，勝負也未可知。」

可是曹操卻真置袁紹不顧，親征徐州。當斥侯（軍隊中的偵察兵）來報發現曹軍，劉備頓時慌了手腳，連忙棄眾而走，北投袁紹，妻子和部將關羽都被曹操俘虜。

⊙再度輾轉

劉備投靠袁紹後，憑藉往日聲望，很快就成為袁紹的坐上賓。袁紹先是讓劉備和文醜共同擔任部隊的先鋒。可是延津一戰，曹操以六百騎兵大破袁軍五六千騎，斬殺文醜，劉備倖免於難，落荒而逃。其後不久，袁紹又委派劉備率兵攻掠曹操後方，許多郡縣響應劉備。可是曹仁率精銳騎兵突襲劉備，劉備再度北逃，回到袁紹大營。

此時的劉備對袁紹有了更深的認識，明白剛愎自用的袁紹終究不是曹操的對手，於是劉備假借「南聯劉表」離去，來到汝南（郡治在今河南息縣），聯絡黃巾龔都等部，又發展部隊數千人。曹操遣部將蔡陽討伐劉備，為劉備所殺。

然而沒過多久，官渡之戰結束，曹操馬不停蹄殺向汝南，劉備最怕曹操親征，曾說「曹孟德單車來，吾自去」。現在曹操親率大軍前來，劉備知道不是對手，就率軍投靠了宗親荊州牧劉表。

這時的劉備，顛沛流離半生，已過不惑之年，卻仍然沒有穩固的根據地和忠實的軍隊。可是壯志未改，也就是在荊州，終於迎來了人生的轉機，踏上克成大業的坦途。

鎏金三足蓋爐　東漢

赤壁烽火

●時間：西元二〇八年
●人物：周瑜　曹操　孫權　劉備

曹操有雄心，有雄才，想藉著平定北方，順道統一南北。但是客觀的條件還不成熟，加之又遇到了另外兩個英傑：孫權和劉備，所以在赤壁大戰中吃了敗仗。

⊙統一之前

建安五年（二〇〇年），曹操在官渡之戰擊敗袁紹，隨後又陸續消滅了袁紹的兒子袁譚、袁熙、袁尚，以及袁紹的外甥高幹等人，揮師平定遼東地區的烏桓，基本統一了北方。

曹操在自家院落裡舉起長戟，原地順時針轉了一圈，發現全國還有兩大塊地方不受管轄：西邊的涼州和南方的荊、揚、益等州。涼州地方小，可以先放一邊，但是荊州和揚州面積大、人口多，為曹操首先想控制的地方。荊、揚二州有長江天險，周圍沼澤湖泊眾多，水軍必不可少。曹操的部隊都是北方人，不擅長搖櫓划槳，能在水裡撲騰的也不多，更不用說在水上排兵佈陣作戰了。曹操於是在鄴城（今河北臨漳）挖了一個大湖，專門訓練水軍。

⊙荊州歸降

曹操首先將矛頭指向荊州劉表。建安十三年（二〇八年）七月，曹操率軍南下，向荊州進攻。第二年，住在荊州襄陽（今湖北襄樊）城裡的劉表，聽到曹操率大軍親征，在憂愁恐懼中病死了，把抗曹的艱巨事業扔給了小兒子劉琮。劉琮年紀輕輕，一上任就要面對這麼嚴重的危機。這時，劉琮掌管荊州水軍的舅舅蔡瑁說：「我有一個好主意——投降！」

劉琮送上降書，曹操很高興兵不血刃就得了荊州。曹操是高興了，荊州還有兩個人很不高興，那就是劉表的遠房兄弟劉備和劉表的大兒子劉琦。劉琦原來在襄陽劉表身邊，受到兄弟劉琮的排擠，所以跑到江夏（今湖北武昌）避禍。至於劉備，八年前被曹操打敗，到荊州投奔劉表，駐紮在荊州北部的新野（今屬河南）。曹軍南下，劉備向南撤退到樊城（在今湖北襄樊），堅決不向曹操屈服。劉備聽到劉琮投降的消息，慌忙兵分兩路繼續向南逃跑：一路是關羽的水軍，向江夏開進，與那裡的劉琦會合。另一隊劉備自己率領，由陸路奔向南郡（郡治在今湖北江陵）。

曹操順利進了襄陽城，收編了劉琮的部隊，又指揮部隊追趕劉備。劉備拖家帶眷逃跑，還有十多萬百姓跟隨，軍民成了一家人，怎能跑得快？曹軍終於在當陽縣（今屬湖北）的長阪坡追到劉備。劉備不能再往南跑了，跟隨張飛一道率領殘軍向東到漢水邊上，正好關羽的水軍到達，接應劉備向江夏撤退，投靠劉琦。劉琦安排劉備駐紮在樊口（在今湖北鄂州）。

延伸知識

船舶技術的發展

中國古代船舶技術一直走在世界前列。漢代，在先前的經驗積累基礎上，船舶技術有了很大發展，造船規模發展驚人，同時，無論在省力高效以及速度方向等把握上，都有新的突破，呈現於風帆、櫓、舵、錨的廣泛使用上。

安帝元初二年（一一五年），大臣馬融上〈廣成頌〉一文，對風帆的使用作了極生動的描寫。由此可見，東漢中期之後風帆已廣泛使用。櫓的發明和使用也是中國造船和船行技術中的一項傑出成就。西漢已用櫓作為船上的重要推進工具了，不但在內河船中廣泛使用，在海船中也適當應用。帆、櫓並用，結合風力和人力，更能增加船的適航性和航行速度。

錨的發明不晚於西漢早期，石質的稱碇，鐵質的叫做錨。廣州出土的東漢陶質船模尾部繫有一物，正視為「十」字形，側視為「丫」字形，基本上具備了後世錨的特點，說明中國在漢代已創造了繫泊設備——錨，沉於水，或擲於岸作固定船位的用途。

⊙孫劉聯合

這時，劉備手下的謀士諸葛亮主動請求任務：「事態危急，不找孫權不行了，我想到柴桑（今江西九江西）請求救兵。」劉備正愁和劉琦擋不住曹操，就讓諸葛亮游說孫權。

孫權這時心裡也是七上八下，曹操已經占了荊州，情勢已很危急。曹操寫了一封信給孫權，邀請一起會獵。甚麼會獵，明明就是將二十六歲的孫權看作一隻可憐的梅花鹿了。

揚州的孫權和荊州的劉琮都相當年輕，孫權手下也有像蔡瑁那樣的投降派，其中以德高望眾的老臣張昭為代表。張昭堅持投降有理，振振有辭地說：「曹公本來就人多，現在又占了荊州，連水軍也有了，咱們則失去了長江天險，瞎子都看得出來我們是打不過曹公的。當年孫策將軍（孫權長兄）也早就預言過，要是打不過北方人，咱們就回老家，也沒甚麼大不了。」

指南車模型 魏

但是大臣魯肅不同意投降，對孫權說：「我們當臣下的投降能當個小官，至少有牛車可坐，等著一步步升遷。主公要是投降，恐怕只有囚車可坐了。那些主張投降的人都是在害您！」

孫權非常同意魯肅的看法，也知道實力不如曹操，可是如果投降，把父兄辛辛苦苦取得的六郡拱手讓人，卻也不太願意。正巧這時諸葛亮到了。孫權問諸葛亮：「您從荊州來，曹操軍隊怎麼樣？」諸葛亮直搖頭說：「厲害，厲害！曹操果然名不虛傳，劉琮望風而降，就連劉豫州（劉備）也吃了敗仗。」

孫權皺眉，心想諸葛先生怎麼長敵人威風，滅自己志氣，又問道：「那麼劉豫州和我該怎麼辦？」諸葛亮說：「劉皇叔是漢室宗親，很有志氣，四方民眾仰慕，絕對不向曹操投降，至於結果就得聽天由命了。您應該評估實力，打不過就投降算了。」

諸葛亮的激將法產生作用，孫權氣乎乎說：「劉豫州是英雄，絕不投降，難道我就不行了！先生不必激我，我想要聯合劉豫州抵抗曹操，就是不知道你們有多少實力？」

諸葛亮心中得意，想是時候了，就回答說：「我們雖然在長阪坡打了敗仗，可是剩下的人馬加上關羽和劉琦的隊伍，一共還有兩萬多人，您要是再派上幾萬精兵猛將，還是可以和曹操爭一高下！」

孫權有了魯肅、諸葛亮的鼓動，很想和曹操對陣，可是還有些猶豫。這時，大將周瑜也從鄱陽趕回來了，與諸葛亮對曹軍的分析相似，勸孫權對曹作戰：「曹操雖然在名義上是漢朝丞相，其實是漢朝的奸賊。孫將軍英雄蓋世，繼承父兄的功業，占據方圓千里的土地，物資豐裕，兵精將

踏飛鳥奔馬　魏晉

馬高三十四．五公分，長四十五公分，甘肅雷臺出土。這匹青銅馬高昂著頭，微朝左顧，馬尾上昂，以少見的「對側快步」的步法向前奔騰，只有右後足踏著一隻飛隼。同時那飛隼雙翅展開的穩定造型，又可巧妙地充作整座銅雕奔馬的支點，顯示出奔馬淩空奔騰的威猛氣勢。

猛，此時正是為國家鋤奸的時候。曹操前來送死，怎麼可以向他投降呢？曹操後方還有涼州的馬超、韓遂，是他的隱患。曹軍遠來疲憊，而且水土不服，容易產生疾病，馬匹也缺乏草料。曹操軍隊又是北方人居多，騎兵厲害，但水軍不行。曹操聲稱八十萬人，其實也就十五六萬，收編的荊州軍隊也不過七八萬，對曹操尚未心服。他們有這麼多弱點，您只要撥給我數萬兵馬，保證為您擊破曹賊！」

孫權有三位當代俊傑為他擂鼓打氣，又聽了這種準確的分析，終於下定決心。在會議廳裡孫權於眾人面前拔出佩劍，「喀嚓」一聲砍掉木案的一角，發狠說：「以後要是誰再勸我投降，下場和這張木案一樣！」

金戒指　漢

⊙火燒赤壁

周瑜領著三萬人馬到江夏郡與劉備、劉琦會合，共同抗曹。周瑜的前鋒在長江南岸的赤壁（在今湖北蒲圻）與曹軍遭遇，打了一場小仗，曹軍敗退，於是曹操命長江南岸的軍隊撤回江北，與水軍聯合行動。曹操的水軍是收編自劉琮的荊州水師，集中在長江北岸的烏林一帶。北方人在波濤洶湧的江上頭暈目眩，風吹浪打下船隊也不成行列，曹操便將這些船用繩索連起來，減輕船隻晃動，這一點很快就被周瑜所利用。

周瑜的大將黃蓋向曹操詐降，以小船逼近，放了幾把火。曹操軍隊水也怕，火也怕，一片混亂，周瑜乘機進攻，曹軍抵擋不住，只好撤退。

曹操敗是敗了，但嘴還很硬，臨走前吩咐將剩下的船也一併燒了，免得周瑜搶去，所以後來他說：「撤退不是甚麼難為情的事，船是我自己燒的！」曹操找臺階下的本事還不錯。

赤壁一戰終於成就了三國鼎立的局面，讓中國的再次統一延緩了幾十年。

青瓷盆　三國

關羽走麥城

●時間：？～西元二一九年
●人物：關羽

據民國年間齊如山增訂再版的《京劇之變遷》一書記載，清代末期宮中演戲，每逢某個角色一上場，皇帝與慈禧太后都得離座起身，走上幾步再入坐。能令皇帝、慈禧太后如此恭敬，享此殊榮的角色就是後人尊為「武聖」、「關聖大帝」的蜀漢名將關羽。

⊙千里走單騎

關羽（？～二一九年），字雲長，河東解縣（今山西運城市南）人。關羽本是亡命涿郡的罪犯，正好遇到劉備和張飛在鄉里糾合徒眾，就投奔了劉備，三人「寢則同床，恩若兄弟。而稠人廣坐，侍立終日，隨先主（即劉備）周旋，不避艱險」。關羽深得劉備信任，長期擔任劉備的副職。

建安四年（一九九年）冬天，劉備襲殺了曹操大將徐州刺史車冑，任命關羽守衛下邳（今山東邳縣南），代理太守。第二年正月，曹操東征，劉備倉皇逃走，關羽被捉。曹操敬佩關羽為「萬人敵」的猛將，拜為偏將軍，想收為己用。後來，袁紹大將顏良攻打白馬，曹操以張遼、關羽為先鋒，關羽於萬軍之中斬殺顏良，解了白馬之圍，曹操表封為漢壽亭侯。

但關羽一直心繫劉備，最終放棄高官厚祿告別曹操，傳為千里走單騎的佳話。

原先，曹操欣賞關羽的為人，察覺無久留之意，對張遼說：「你以情試探之。」張遼詢問關羽，關羽歎息說：「我知曹公待我親厚，但我受劉將軍厚恩，誓以共死，不可背之！我當報效曹公，再行離去。」

張遼如實報告曹操，曹操歎息說：「事君不忘其本，真天下義士！你認為他甚麼時候走？」張遼說：「關羽受主公大恩，一定先報效主公而後離去。」

等關羽殺顏良，曹操知關羽必去，重加賞賜。關羽盡封所賜，拜書告辭，投奔袁紹陣營中的劉備。當時曹操的將領都想追殺關羽，曹操卻說：「各為其主，不要追了。」

萬眾之中斬殺顏良的豪勇，以及千里走單騎的信義，使關羽在人們心目中博得了忠義的美名。

⊙不合格的統帥

作為一名統帥，尤其是劉備集團的第二號人物，關羽是不稱職的，這與他高傲單純的性格，缺乏複雜環境下處理問題的能力是有關係的。

赤壁之戰以後，劉備奪取了荊州諸郡，封關羽為襄陽太守、蕩寇將軍。後來劉備奪取了益州，又拜關羽都督荊州。

這時關羽得知當世猛將馬超投降

了大哥劉備，而且很受劉備的重用。關羽寫信給諸葛亮，問馬超人才如何，有誰可以相比？

諸葛亮知道關羽的脾氣，就回信吹捧了關羽一番，說：「孟起兼資文武，雄烈過人，一世之傑，黥、彭之徒，當與益德並驅爭先，猶未及髯之絕倫逸群也。」益德是張飛的字，而關羽留著一副漂亮的鬍鬚，所以諸葛亮稱呼為「髯公」。

這封信大大滿足了關羽的虛榮心，「羽省書大悅，以示賓客」。這種舉動，未免有些孩子氣的輕浮淺薄。

關帝石牌坊

關羽的故鄉，今山西省運城市常平鄉的關帝牌坊。

和馬超類似的，是關羽對待黃忠的態度。劉備稱漢中王時，因為老將黃忠斬殺敵方大將夏侯淵，立有大功，要為黃忠封侯拜將。諸葛亮知道厚待黃忠必然引起關羽的不悅，就勸阻劉備暫緩封賞，可是劉備不聽。

後來關羽知道自己為前將軍，而黃忠居然封為後將軍，兩人平級，果然大發脾氣，說：「大丈夫終不與老兵同列！」堅決不肯受封。

幸虧劉備派來的使者費詩是個聰明人，勸關羽說：「昔日蕭何、曹參與劉邦都是少年時候的朋友，而陳平、韓信不過是後來逃奔劉邦的，可是論起朝廷班列，韓信居最上，蕭何、曹參可也沒生怨。現在，大王以一時之功冊封黃忠，但在漢王心裡，黃忠能跟將軍您相比嗎？漢王和您榮辱與共，您何必計較官號的高下、爵祿的多少呢？」關羽這才恍然大悟，接受了封賞。

劉備將占蜀漢國土一半的荊州都委任給關羽，足以說明他對關羽的看重和信任，可是關羽仍在區區小事上斤斤計較，就未免有些目光短淺了。

⊙水淹七軍

關羽鎮守荊州後，劉備集團的勢力日益強盛，而關羽面對的曹軍南線陣勢不穩，曹仁所部不過數千兵馬，關羽決定趁機北伐。

建安二十四年（二一九年）七月，關羽以南郡太守將軍糜芳留守江陵（今屬湖北），將軍傅士仁留守公安（今屬湖北），負責後勤供應，防備東吳，自己親率荊州軍主力水、步兵數萬人北攻樊城（今湖北襄樊市）。

得知關羽北上後，曹仁集中僅有的數千兵力在樊城固守待援。曹操聞訊立即部署部隊增援，令汝南太守滿寵趕赴樊城協防，將軍于禁率龐德等七軍增援，將軍徐晃率軍為于禁的預備隊。于禁七軍到達樊城附近後，屯兵於樊城北，與城內曹仁相互呼應。徐晃屯兵于禁後方，等待時機。曹軍

民間的關公年畫

增兵後，關羽企圖圍城先擊援軍，再攻樊城。

同年八月，襄樊地區暴雨連日，山洪暴發，于禁率魏軍登上高處避水。關羽利用荊州水軍優勢，乘大船趁勢發起攻擊，缺乏水軍支持的于禁等人束手無策，只好投降。

魏軍猛將龐德被關羽活捉，誓死不降，最後斬首。曹操聞訊後，流著眼淚說：「我和于禁君臣相交三十年，想不到臨危處難，他反比不上龐德！」後來龐德的兒子龐會隨魏國大軍滅蜀，入成都後，殺盡了關氏全家，這是後話了。

關羽將曹氏援軍消滅後，率軍猛烈攻擊樊城。樊城的城牆是泥土築成，水淹後很多地方都崩塌了，再加上城內外聯絡斷絕，糧食即將用完，軍心混亂，已經有人建議棄城逃走。

汝南太守滿寵堅決反對棄城，鎮定自若地說：「洪水來得快退得也快，如果一旦退卻，黃河以南將不再歸朝廷所有，諸君必須固守到底！」隨後，滿寵把白馬沉入水中，同將士對天盟誓，樊城人心這才安定。

這時從樊城到許都以南，響應關羽的百姓數不勝數，關羽的大名威震華夏，這位漢壽亭侯的功業到達了頂峰。

⊙白衣渡江

早在建安二十二年（二一七年）春天，孫權令都尉徐詳出使曹操，請求歸降，已經緩和了與曹操的緊張關係，就把注意力轉向長江上游的劉備。

這時，孫權政權內聯劉派重臣魯肅去世，再加上關羽咄咄逼人的態度大大激怒了孫權，孫權集團內以呂蒙為首的一派逐漸得勢，孫權在這些人的影響下也改變方針，不再扶植劉備，決心以武力奪取荊州。關羽水淹于禁七軍的消息傳來，孫權對這一大捷並沒有感到興奮，反而更加猜忌和擔心關羽，加上曹操急調兗州、豫州的部隊緊急增援樊城，孫權前線的軍事壓力大為減輕，而關羽的後方江陵更加暴露，孫權於是策劃奪取荊州。

呂蒙向孫權獻策說：「關羽討伐樊城，卻留下不少兵力守衛江陵，仍然耽心我襲擊他的後方。如果大王用治病的名義召我回建業（今江蘇南京），關羽一定會放心，調出守兵增援前線，我大軍正好奪取荊州。」

孫權採納了建議，下詔讓呂蒙回建業治病。繼任呂蒙職位的偏將軍陸遜沒甚麼名氣，關羽就不再戒備東吳，開始抽調江陵部隊北上襄樊前線。

孫權得知消息，認為時機成熟，任呂蒙為大都督，準備在關羽背後下手。這時的孫權仍然心存猶豫，企圖聯合曹操共同夾擊關羽，對外還可以把為曹操解圍作為自己的功勞。孫權向曹操上書，乞求允許他討伐關羽，為曹操效力。

因為關羽的攻勢正焦頭爛額的曹操，對孫權態度的變化自然大為高興，表達願意與孫權結為姻親，共滅關羽。

建安二十四年（二一九年）十月，呂蒙從建業祕密到達尋陽（今湖北廣濟東北），呂蒙命令右護軍蔣欽率水軍從夏口北上漢水迎戰關羽水軍，呂蒙率精兵隱蔽在大船裡，舵手扮成布衣百姓，穿上商人的白衣，沿長江晝夜兼行西上。呂蒙大軍在陸口（今湖北嘉魚西南）會合陸遜，進入荊州境內，沿途把關羽設置在江邊堡壘裡的哨兵全都俘虜，使關羽部隊的烽火不能點燃。

此前，關羽後方江陵、公安守將糜芳、傅士仁為了報復關羽的輕視，供給軍資時不肯盡力，關羽揚言將懲處他們，二人非常害怕。現在呂蒙大

關羽擒將圖 明 商喜

軍兵臨城下，糜、傅二人根本沒讓呂蒙的使者多費口舌，就將公安、江陵兩城獻給了呂蒙。當時關羽所部將士的家屬全都集中居住在江陵，這一下子全成了吳軍的俘虜。

為了消除荊州人士同吳軍的對立情緒，呂蒙展開強大的政治攻勢。呂蒙進城後，慰問關羽軍將士家屬，嚴禁將士騷擾民間和強求強取。呂蒙的一個同鄉士兵，因為拿了百姓家一個斗笠遮蓋官鎧，就被呂蒙斬首示眾。呂蒙並派出隨軍醫生慰問老年人，生病的給醫藥，飢寒的給衣服和糧食，江陵的人心漸漸安定。

關公年畫

圖中關公左側為部將周倉，右側為義子關平。

⊙敗走麥城

同年十月，曹操抵達洛陽，命令徐晃從宛城南下增援樊城。徐晃假裝攻擊樊城以北的堡壘圍頭屯，實際向樊城附近的堡壘四冢屯發起突襲，很快就將四冢屯攻陷。

為了擋住徐晃的凶猛攻勢，關羽親率騎兵五千人迎擊徐晃。當年在曹營時關、徐二人私交很好，現在兩人在陣前見了面，遠遠交談，只談論家常，不涉及戰場軍事。不久，徐晃下馬，向部隊宣布軍令說得關羽頭顱者賞千金。關羽還沒明白過來，對徐晃說：「這是甚麼話呀！」

徐晃回答說：「這是國家公事！」

一場大戰過後，關羽慘敗，解除了樊城之圍。這時江陵失陷的消息傳來，關羽知道腹背受敵，只得退兵回救江陵。

關羽回軍途中，多次和呂蒙以書信互通消息，責備呂蒙不講信義。呂蒙藉機大肆施展攻心術，厚待使者，讓使者周遊城中，到關羽將士家中慰問。有的將士家中還寫信交使者帶回，表示使者傳話可信。關羽部下私下探問使者，知道家門平安，待遇超過平時，也都喪失了鬥志。

隨後，關羽部隊陸續潰散，關羽孤立困窮，退守麥城（今湖北當陽東南）。孫權派人誘降，關羽假裝投降，在城頭樹立旌旗和假人後撤走。在逃散途中，關羽隨身只有十餘名騎兵，孫權急令將軍朱然、潘璋堵截關羽退路。

十二月，潘璋的司馬馬忠俘虜關羽、關平父子，孫權下令斬首，孫權徹底占領了荊州。

蜀後主景耀三年（二六〇年），追諡壯繆侯。

⊙死後加封

在唐代以前，關羽已有了不小的

知名度，和張飛一道以驍勇過人的形象為世人所崇拜，很多勇將都被比作關、張。譬如兩晉的劉遐，前秦的王飛、鄧羌，南朝的檀道濟、蕭摩訶，以及北魏名將楊大眼、薛延伯等人。

關羽真正向神化之路邁進，應該是在宋代。官方開始為關羽加官晉爵，宋徽宗時封關羽為忠惠公和崇寧真君，真君已是道教之神，後又加封為武安王和義勇武安王，由歷史上的侯升為公又升為王。宋高宗時，又封關羽為壯繆義勇王，宋孝宗時改封為英濟王。於是，由官方出面對關羽大加尊崇，使關羽在民間的影響力也越來越大。

明代關羽繼續受封。萬曆十八年（一五九〇年），關羽封為協天護國忠義帝，成了關帝。到萬曆四十二年（一六一四年），進一步封關羽為三界伏魔大神威遠鎮天尊關聖帝君，又成了關聖。到崇禎年間，關羽又有了「關夫子」的叫法，與孔夫子並列。

最後到了清代，從品級來說，關羽已經沒法再晉級了，只好在頭銜上做文章，一路增加，最後變成了「忠義神武靈佑仁勇威顯……關聖大帝」，關羽聲望達到了頂點。

關羽死後千餘年，被神化到了前無古人後無來者的地步，成因是多種多樣的。從統治階層來說，樹立關羽這樣一個忠義楷模，讓人們效法，有利於加強統治。從一般民眾來說，人民心中固有的英雄崇拜，很容易使他們尊崇關羽這樣歷史中的勇者。另一方面，《三國演義》對劉關張生死不渝的桃園之義的渲染，深合下層人民患難相助、不離不棄的道德觀念。

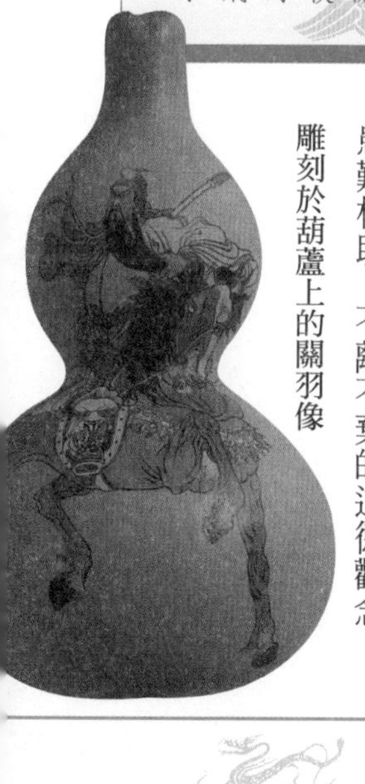
雕刻於葫蘆上的關羽像

歷史詞典

外科鼻祖華佗

華佗，字元化，沛國譙（今安徽亳州）人，東漢末期著名的醫學家。華佗擅長內科、外科、婦科、兒科等，《後漢書．華佗傳》說華佗「兼通數經，曉養性之術」，尤其「精於方藥」，百姓稱華佗為「神醫」。華佗認真學習前人的醫學成就，並且能有所創新，曾先後發明體外擠壓心臟法和口對口人工呼吸法這些現代仍在使用的醫學技術。華佗為中國醫學的最大貢獻是麻醉術——麻沸散的發明和體育療法「五禽戲」的創造。

華佗總結了前人經驗，發明酒服麻沸散的麻醉術，正式用於醫學，從而大大提高了外科手術的技術和療效，並擴大了手術治療的範圍。《後漢書．華佗傳》中記載：如果病人的疾病在於體內，針灸、藥物無法達到效果，華佗就讓病人以酒服下麻沸散，等病人麻醉後，進行外科手術，剖破腹背，割掉壞死的部位。如果病在腸胃，華佗就把病人的腸胃切斷，清除積穢，然後縫合，敷上藥膏。四五天病人傷口癒合，一個月左右病人就完全康復了。

這種在全身麻醉的情況下進行的腫瘤摘除和腸胃切除一類的外科手術，在今天也是難度很高的手術，華佗在一千七百年前就能熟練精巧地完成，而且癒合時間與後世完全一致，也難怪後人尊華佗為「外科鼻祖」。

「五禽戲」是一套使全身肌肉和關節都能得到舒展的醫療體操。動作是模仿虎的撲動前肢、鹿的伸轉頭頸、熊的伏倒站起、猿的腳尖縱跳、鳥的展翅飛翔等，對後世導引養生術的發展產生了深遠的影響。

曹丕建魏

●時間：西元二二〇年
●人物：曹丕

魏文帝曹丕和父親曹操一樣，是個雄才大略的皇帝。曹丕不但以謹慎的言行獲得了父親的信賴，得到王儲的身分，並依靠父親的權勢建立了魏國，取代東漢王朝。曹丕繼續推行屯田政策，讓整個中國北方獲得休息和發展的機會，為日後西晉統一中國打下了基礎。

⊙官場新貴

曹丕，字子桓，曹操的第二個兒子。東漢中平四年（一八八年）冬天，曹丕出生於譙縣（今安徽亳州）。有曹操這個大政治家、大文豪的父親，曹丕從小受到了嚴格的貴族教育，八歲時就能下筆成文，寫出洋洋灑灑的散文。年紀稍大之後，曹丕不但博覽諸子百家的著作，並學習武藝，不但弓馬嫻熟，還是擊劍好手，很有文武雙全的意思。

建安十三年（二〇八年），司徒趙溫想藉機討好一人之下、萬人之上的曹操，就上書獻帝，要求徵召曹丕為官。也許是曹操想剎剎官場上的裙帶之風，也許是不想兒子過早進入是非的官場，曹操不但沒領情，反而上表傀儡皇帝獻帝說「溫辟臣子弟，選舉故不以實」，然後罷免了趙溫的官職。過了三年，赤壁大敗而回的曹操覺得體力已經不如從前，開始著手安排接班人，就直接把兒子曹丕升為五官中郎將，副丞相。

⊙立為王嗣

建安二十一年（二一六年），漢獻帝進封曹操為魏王，賜九錫。當時曹操的正室夫人是丁氏，因為丁夫人沒有子嗣，就收養了小妾為曹操生的孩子曹昂為子。同時，曹操的側室卞夫人連著生下了曹丕、曹植、曹彰、曹熊四個兒子。後來長子曹昂在討伐張繡的宛城之戰中死於亂軍之中，王子就只能在長子曹丕和深受曹操喜愛的次子曹植之間產生。

當時曹丕和曹植身旁各有一群親信，曹丕身邊是尚書崔琰、尚書僕射毛玠和太中大夫賈詡，曹植身邊是名士丁儀和丞相主簿楊修。曹植這些人都是些文章出眾，政治敏感度卻低下的文人，而曹丕身邊都是跟隨曹操辛苦創業的能臣幹將，再加上「立子以長」的觀念，曹丕逐漸占據上風。

曹植絲毫沒有感覺到形勢不利，依然我行我素，一派狂士風采，居然駕著馬車在皇帝的御道上奔馳，引得眾人側目。曹操知道後勃然大怒，不但重重責罰曹植，並處死了車夫和管理車馬的大臣。沒過多久，曹植的妻子穿著踰制的衣服出遊，又被曹操撞見，當即下令賜死兒媳。

這麼多事情發生，曹操對曹植的

印象越來越差，覺得大兒子曹丕知道進退，懂得尊卑，就正式下旨立曹丕為王儲。

⊙建魏稱帝

漢建安二十五年（二二〇年），雄才大略的曹操死在洛陽。當時王儲曹丕正在封地鄴城（今河北臨漳），跟隨曹操出行的諫議大夫賈逵急忙安撫人心，然後派人快馬趕到鄴城請曹丕主持大事。

青瓷水注　三國

曹操的死訊傳到鄴城後，曹丕放聲大哭，悲痛之情溢於言表。中庶子司馬孚（司馬懿的弟弟）就勸曹丕說：「大王去世，天下人都把殿下當作主心骨。您應當上為宗廟，下為國家，怎麼可以像普通百姓那樣愚忠愚孝呢？」

這時曹丕才明白過來，朝廷大權得趕快控制，蠢蠢欲動的兄弟也需盡快壓制，就立刻趕往許昌，召集群臣，商量大事。

當時滿朝大臣聽說曹操的死訊，個個號啕大哭，場面非常混亂。又是司馬孚厲聲大吼說：「現在魏王剛剛去世，天下震動，我們應該輔助王子早日繼承王位，以鎮萬國。」

群臣這才醒悟，安排大隊警衛，開始置辦曹操的喪事，上奏章給獻帝，要求讓曹丕繼承王位。獻帝在群臣的裹挾下，很快就派遣御史大夫華歆宣詔，封曹丕為丞相、魏王、領冀州牧，曹丕完全繼承了遺留的權力。

曹丕繼承王位後，沒有忘記擁立的幾個大功臣，加封賈詡為太尉，御史大夫華歆為相國，大理王朗為御史大夫。然後曹丕把弟弟曹植貶為安鄉侯，把弟弟的心腹丁儀、郎廙等人滿門抄斬，總算消除了弟弟壓迫感。

王位穩固之後，曹丕就積極準備把有名無實的獻帝趕下臺。左中郎將李伏、太史丞許芝揣摩到曹丕的心意，就上表獻帝說：「天下有不少異端景象，說明魏當代漢，陛下還是禪讓給魏王吧！」

這時的獻帝早被曹操調理得「知書達理」，沒有讓大臣費事，就直接在禪讓詔書上蓋了印，簽了字。

這年十月，大臣在繁陽築起祭壇，曹丕在祭壇上接受了皇帝的璽綬，正式即皇帝位，封漢獻帝為山陽公，歷經十二帝、一百九十五年的東漢政權名實俱亡。

曹丕稱帝後，實行「九品中正制」，確立了士族豪強在政治上的特權，開闢了魏晉南北朝時期的氏族門閥制度。曹丕又設置了祕書監和中書省，中書省設置中書令，主管通達百官奏事，起草詔令，以分掉尚書令的權力，改變了東漢後期尚書權力過重的局面。在經濟上，曹丕繼續實行屯田制，重視水利建設，使魏國的實力進一步增強。

夷陵之戰

●時間：西元二二一～二二二年
●人物：陸遜　劉備

夷陵之戰，歷時一年，此戰是三國形成階段具有決定意義的三大戰爭中的最後一戰。通過此戰，吳軍殲滅蜀漢主力數萬，確保了荊州，進一步改變了與蜀漢的力量對比。從此，三國穩定了各自疆域，正式進入鼎立階段。

⊙雙方的戰略

荊州之戰結束，關羽授首，漢中王劉備再度來到了人生的轉折點。

荊州的喪失使諸葛亮隆中對的兩路出兵、鉗形攻魏的計畫變成了泡影。劉備不甘失敗，又過低估計了東吳在荊州的人心向背，決心奪回荊州，為關羽報仇。

蜀漢群臣多持異議，認為不應該攻吳，首當滅魏。這一派以趙雲為代表，實際是主張放棄兩路出兵的原構想，應當在新形勢下一路攻魏。但劉備一意孤行，聽不進意見。

諸葛亮也陷入了兩難的境地，這一爭論，暴露了隆中對兩路攻魏同聯吳之間存在的深刻衝突。諸葛亮不贊成攻吳，卻無法說服劉備，而且諸葛亮身居副職，當時刻意同主公保持一致，況且諸葛亮的兄長諸葛瑾在東吳，來信勸和，諸葛亮如大力反對攻吳，非但得不到良好效果，反有通敵之嫌，因此只有緘口不言，不發表意見。

劉備積極東征，為了擺脫外交上的孤立，也曾試探同曹方媾和。就在關羽死後不久，曹操病逝，其子曹丕代漢稱帝，是為魏文帝。劉備派人弔唁曹操，得知曹丕篡漢，劉備無論如何也沒法與奪取劉氏江山的人和解。

第二年四月，劉備以繼承漢統的名義稱皇帝，以諸葛亮為丞相，改元章武，劉備最終也沒能與曹魏和解，改善外交上的孤立。

在備戰過程中，劉備屬意的車騎將軍、司隸校尉張飛被部下張達等殺死，首級送往東吳，使劉備的出征更為窘迫。蜀漢政權的宿將中，馬超生病，黃忠已亡，魏延鎮守漢中不能離開，而趙雲、黃權對東征持反對態度，劉備只好親自掛帥，提拔了馮習等一批勇敢忠心的新人從征。

成都武侯祠蜀漢昭烈帝惠陵前的石像

歷代帝王圖　蜀主劉備

面對劉備可能的進攻，孫權也積極準備，大力爭取人心，重用歸降的荊州將吏，使荊州人心歸附，奠定了防禦戰的基礎。孫權又對曹魏積極外交，俯首稱臣，以避免兩面受敵。

孫權把毗鄰蜀漢的巫、秭歸二縣從宜都郡（郡治在今湖北宜都）劃出，另設固陵郡，以潘璋為太守，加強邊防。同時以宜都太守陸遜為鎮西將軍，負責西方邊境的防禦。

戰爭爆發時，就蜀、吳雙方兵力來說，劉備占優勢，有七八萬之眾，東吳僅五萬人，又是下游作戰，態勢不利，但吳國國力較強，加上新取得荊州，士氣高漲，人心依附。

⊙戰略大退卻

蜀吳之間以三峽為交通孔道。長江自蜀漢白帝城以東，切斷巫山山峽，經過荊州瞿塘峽、巫峽、西陵峽構成的數百里大峽谷，至夷陵以北的南津關出峽。三峽江面最窄處僅一百公尺，兩岸連山夾峙，難以展開兵力。三峽以北過大巴山，即是原上庸、房陵郡。當時蜀漢大將孟達叛劉就曹，該地已屬魏國新城郡。因此劉備如果出三峽，側後將受到魏國的威脅。

章武元年（二二一年）七月，劉備進兵，夷陵之戰爆發。劉備令吳班、馮習沿三峽進兵，攻破吳將李異的水軍，奪取巫縣和秭歸，在秭歸臨江依山築城。

孫權緊急求和，諸葛瑾也致書勸劉備息兵。孫權一面求和，一面緊急備戰，破格提拔荊州之戰中表現突出的右護軍、鎮西將軍陸遜為大都督，持假節，統率朱然、潘璋、宋謙、韓當等諸軍防禦劉備，平戎將軍步騭率萬人北上，征討配合劉備的五谿蠻。

劉備不答應求和，堅持東征，卻又行動遲緩。滿心以為荊州必定群起響應，因此下令前鋒在秭歸止步不前，等待吳軍後方大亂。但前後拖延了五個月，荊州只有五谿蠻響應，別無反應。章武二年（二二二年）正月，劉備到達秭歸，見等待沒有結果，於是統兵東下。

陸遜深知蜀軍銳氣正盛，同時三峽陸路崎嶇、水路驚險，地形對東吳的防禦和後勤供應十分不利，於是決心實施戰略後撤，一口氣退卻五六百里，在「國之關限」的夷陵重兵佈防，堵住三峽口，把整段三峽的不利地形都讓給劉備承擔。

劉備帳下大將黃權看清了戰略不

利因素，向劉備進言說：「水軍順流進易退難，我請求擔任先驅，試探吳軍，陛下還是率機動兵團在後方鎮守為好。」

但劉備不聽，命黃權節制江北部隊，率軍前進，行軍縱隊拉得很長，以至於當劉備到達夷陵的時候，分據險要的營壘從巫峽一直拉到夷陵道，總共有五十多處，而且分置在江水兩岸，「夾江聯絡」，陷入了「雖有銳師百萬，啟行不過千夫；舳艫千里，前驅不過百艦」的尷尬處境。

陸遜以戰略退卻，迫使蜀漢兵力雖占優勢，但既無法展開，也無法良好機動。劉備進退兩難，破綻一點點暴露出來。

⊙猇亭相持

從章武二年（二二二年）三月開始，陸遜堅壁不戰，雙方轉入以陣地戰為主的相持階段。蜀軍出兵以來，節節推進，占據上流，居高臨下，處於主動和優勢地位，士氣旺盛，但是駐在山林險惡之地，兵力無法展開，部隊疲勞，後方運輸線不但漫長，而且側後處於魏國威脅之下，優勢地位逐漸削弱。

吳軍讓出三峽，後勤運輸大為改善，在平地紮營，養精蓄銳。陸遜利用這一有利地形和條件，堅壁不戰，疲憊敵師，促使敵我優劣進一步轉化，準備反攻，並在相持期間靜觀蜀軍變化。

面對堅壁不戰的陸遜，劉備一籌莫展，在山地設伏，企圖誘使吳軍出擊，令水軍將領吳班棄船上岸，率數千人在平地建立軍營，向吳軍挑戰，另埋伏精銳於附近山谷。陸遜節制吳國諸將，堅決不予理睬。

此時的陸遜已成竹在胸，向孫權上書道：「劉備違背常規，不守根本，自行送死。我雖不才，仰仗您的威望，以順討逆，打敗他不需多久了。回顧劉備的用兵，敗多勝少，一介庸才罷了，不值得擔憂。起初擔心他水陸並進，眼下反而捨船就步，處處結營，我看不會有別的變動。您只管高枕無憂，可以不必掛念。」

惠陵墓碑

蜀章武三年（二二三年）四月，劉備死於白帝城永安宮，遺體於五月運回成都，八月葬於惠陵。甘、吳二夫人也合葬於此。惠陵規模不大，前既無門闕、石刻之類，陵前寢殿也很簡陋狹小。

⊙火燒連營

蜀軍從進兵夷陵以來，一直阻於山林，到閏六月已達半年，時值盛夏，天氣酷熱，士兵疲勞沮喪，智窮力竭，不再採取新的行動。陸遜認為時機成熟，決心發起反攻。

全線反攻開始前，陸遜進行了一次火力偵察，嘗試進攻蜀軍一座營寨。初戰不利，陸遜卻清楚了劉備的部署，於是調動諸軍準備反攻，下令兵士各拿一把茅草，火攻蜀寨，一旦火勢形成，全軍反攻。

陸遜又令大將朱然率五千人攻擊蜀軍前鋒，得手後與韓當合兵，配合自己迂迴攻擊蜀軍側後涿鄉，令水軍逆流攻擊蜀軍水軍，自己進至猇亭，指揮決戰。

歷史詞典

吳入臺灣

吳黃龍二年（二二〇年），吳大帝孫權派將軍衛溫、諸葛直率載有甲士萬人的船隊前往夷洲（今臺灣島）。就在前一年的春天，蜀漢的實際掌控者諸葛亮發動了對魏國的第三次北伐，從曹魏手中奪取了武都、陰平二郡。孫權自然不甘心落於人後，可是吳國如果向北擴張，又無法突破魏國重兵駐防的襄樊防線，孫權只好利用吳軍的水上優勢，向海外擴張。

吳國水軍在海上航行了將近一年，士卒死亡近半，才到達了夷洲。士兵思鄉心切，衛溫、諸葛直只好俘虜夷洲數千民户返航。第二年正月，船隊回到吳國，衛溫和諸葛直被孫權以「違詔無功」的罪名處死。

衛溫航抵夷洲，是大陸與臺灣有明確記載的第一次大規模接觸，此後兩岸的交往更加密切。

吳軍發起的反攻中，朱然攻破蜀軍前鋒，與陸遜、韓當合兵截斷劉備退路。吳軍斬蜀將張南、馮習、胡王沙摩柯等人，攻破四十多座營寨，蜀將杜路、劉寧等無路可走，被迫投降。

劉備收集殘兵北上馬鞍山，圍繞指揮所，繞山部署兵力。陸遜四面圍攻，蜀軍土崩瓦解，戰死數萬人。劉備利用夜色突圍逃走，陸遜派孫桓及李異、劉阿統率步、水軍緊緊追擊。

劉備留傅彤斷後，指揮沿三峽水路退兵。此時蜀軍雖已遭受重大損失，仍頑強抵抗。傅彤所部幾乎全部陣亡，傅彤戰死，從事祭酒程畿在敵船臨近時不肯棄船逃生，搏鬥而死。劉備退至秭歸，收集殘兵，全軍改從步道撤退。

李異、劉阿追擊至秭歸對岸的南山，孫桓殺上夔門道，據要衝阻擊，劉備幾乎喪命。走投無路之際，劉備又恨又怒，仰天長歎道：「我從前至京會見孫權，孫桓才不過是個小孩子，現在竟把我逼到這一步！」

這時，趙雲率兵到達白帝，馬忠也率五千人前來接應，劉備方得脫險，進入白帝城歇息。

劉備退卻到白帝以後，吳將徐盛、潘璋、宋謙爭相向孫權上表，都說一定能俘虜劉備，請求批准進入蜀境追擊。孫權徵詢陸遜意見。陸遜認為曹丕大規模集結部隊，假託幫助吳國討伐劉備，實際是想對吳國用兵，應當馬上撤回部隊。孫權同意，命令李異等將領率部退兵。至此，夷陵之戰以吳國的大獲全勝告終。

劉備遭此重大挫折，心力交瘁，回白帝城後立刻臥床不起。八月，劉備召丞相諸葛亮、輔漢將軍李嚴至白帝城，拜李嚴為尚書令，為託孤準備。同時劉備作出歷史性決定，同意孫權的請和，蜀吳再度聯盟。

蜀章武三年（二二三年）春，在完成託孤後，百折不撓、奮戰一生的漢昭烈帝劉備，於永安宮中撒手人寰。

孫權建吳

●時間：西元二二九年
●人物：孫權

孫權（一八二～二五二年），字仲謀，三國時代著名的政治家，上承父兄留下的基業，聯合劉備集團擊潰了曹操統一中國的夢想。孫權以超卓的政治手腕周旋於曹魏和蜀漢政權之間，最終建立了孫吳政權。連對手曹操都無限感慨地說道：「生子當如孫仲謀。」

建安五年（二〇〇年），官渡之戰最為關鍵的時刻，割據江東，雄心勃勃的孫策在遊獵時被刺客暗殺。臨終前，孫策將十八歲的幼弟叫到床前，令他佩戴印綬，說：「舉江東之眾，決機於兩陣之間，與天下爭衡，卿不如我；舉賢任能，各盡其心，以保江東，我不如卿。」說完這番勉勵的話後，孫策就去世了。這個臨危受命，託付江東命運的青年，就是後來的吳大帝孫權。

⊙初領江東

孫策猝亡後，江東的政局陷入了混亂之中，江東英傑和北方寄寓之士不知年幼的孫權能否成就霸業，有的徘徊觀望，有的另覓新主。幸虧孫策臨終託孤的文武雙璧張昭和周瑜忠於職守，以謙恭的態度輔佐孫權，孫策舊部逐漸歸附，聽命於孫權。同時，孫權待張昭以師傅之禮，以周瑜、程普、呂範、董襲等人領兵，同時招攬人才，北方南遷名士如魯肅、諸葛瑾等都受到禮遇任用，孫氏統治集團內部逐漸穩定。

隨後，孫權把目光放在了山越和江夏。當時江東六郡多為深山險地，是少數民族山越人聚居的地方。山越人強悍好武，拒絕納稅服役，難以對付。孫權分派諸將，鎮撫山越。建安八年（二〇三年）和十年（二〇五年）兩次對山越大規模征剿，在山越人聚居的地方設立縣邑，加大統治強度，使山越的反抗趨於減弱。

平定山越後，為了替父親孫堅復仇，孫權數次攻打荊州劉表部下黃祖據守的江夏郡（郡治在今湖北雲夢南），可是都無功而返。後來黃祖麾下將領甘寧投奔孫權，力主孫權當先奪荊州，後取巴蜀，而圖謀荊州，又首先要消滅黃祖。這番見解與孫權器重的謀士魯肅不謀而合，孫權對甘寧也十分賞識，將征討黃祖之任託付給甘寧。

建安十三年（二〇八年）春，孫

位至三公銅鏡　三國　吳

權親率大軍再征江夏，攻殺黃祖，占領了江夏。可是孫權還沒來得及繼續西進，曹操就率大軍南下，前來爭奪荊州了。這年，孫權才二十七歲。

⊙三角戰略

曹操大軍南下，劉表的幼子劉琮不戰而降。曹操野心勃勃，自以為可一統天下，寫信給孫權，稱「今治水軍八十萬眾，方與將軍會獵於吳」。江東無不震恐，孫權經過魯肅、周瑜和諸葛亮的勸說，決意聯劉抗曹，派周瑜率軍支援劉備抵禦曹軍。

孫劉聯合在赤壁大敗曹操，劉備上表獻帝請封孫權行車騎將軍，領徐州牧，孫權則承認劉備在荊州的權利，並與劉備聯姻，加固同盟。

赤壁之戰後，荊州領土大部分為劉備所得，孫權且把南郡之地借給劉備，共同抵禦曹操。

建安十九年（二一四年），劉備入川奪得益州。孫權令謀臣諸葛瑾索還租借的荊州諸郡。劉備卻狡辯說：「我正要攻打涼州，等涼州拿下，一定把荊州都給你們。」

孫權對劉備的謊言極為惱怒，就派呂蒙、魯肅等人率兵強攻。劉備急速率兵從成都趕回荊州，雙方劍拔弩張。正巧這時曹操領兵攻入漢中，劉備害怕後方益州有失，於是遣使向孫權求和。孫權也考慮到力量不足，就和劉備重申盟好，平分荊州，長沙、江夏、桂陽三郡歸孫權，南郡、零陵、武陵三郡則歸劉備。

建安二十二年（二一七年），呂蒙接替魯肅都督荊州，勸說孫權西攻關羽，徹底占領荊州，孫權同意了這一戰略計畫。

孫權放棄了孫劉聯盟，轉向曹操請降。曹操見孫劉聯盟趨於破裂，自然欣喜，答應讓孫權獨占荊州。後來孫權襲殺關羽，曹操表奏孫權為驃騎將軍，假節領荊州牧，封南昌侯。

蜀漢章武元年（二二一年），為了報奪荊州之仇，劉備興兵討吳。孫權一方面抵禦劉備，另一方面又向魏文帝曹丕遣使稱臣。曹丕接受孫權投降，拜孫權為吳王。

東吳群臣都以為不應該接受魏的官爵稱號，孫權卻不以為意，笑道：「當年劉邦也受項羽的漢王稱號，不過是權宜之計罷了。」

打退了劉備後，孫權立刻和曹丕翻臉，不但不再讓兒子作為人質出使魏國，反而再次聯合蜀漢政權，打退了曹丕的兩次南征，確立了三國鼎立的局面。

青釉褐彩瓷壺　三國　吳

瓷壺高三十二．一公分，口徑為十二．六公分，南京雨花臺長崗村出土。瓷壺胎色米黃，先在胎上以褐彩繪出裝飾圖紋，然後上施青釉，再入窯焙燒，開創了中國古代釉下彩瓷器之先河。過去多認為釉下彩瓷器始燒於唐代，孫吳釉下彩瓷壺的發現，將這一工藝發明的時間提前了三個多世紀。

在三國的三角戰略裡，孫權是三方中最靈活的一方，時而聯劉抗曹，時而聯曹擊劉，最後又結盟蜀漢，始終處於最主動的地位。這種靈活的戰略讓孫權奪取了荊州的千里沃土，其統治的疆域擴展了一倍。

⊙吳國建立

黃武二年（二二三年），吳國群臣請孫權稱帝，孫權卻堅辭不從。這時的孫權害怕過早稱帝，會促使曹魏征討。如果曹魏、蜀漢同時出兵，兩面受敵的吳根本無力抵擋。直到曹魏太和三年（二二九年），曹丕去世，吳與蜀漢的同盟已經牢固，孫權這才稱帝，改年號為黃龍，正式建立孫吳王朝。

青釉人擎燈　三國　吳

燈高三十三．五公分，湖北宜昌出土。瓷燈造型別緻，下有托盤，其上燈柱分為上下兩部分。下部分塑成人形，直體圓首，塑出眉目口鼻，將上部的燈柱托盤頂在頭頂上，並將左右兩臂弧形上舉，從兩側托住托盤。上部自托盤上直豎飾附加堆紋的燈柱，柱頂承托燈碗，是孫吳青瓷燈中較特殊的作品。

孫權即位不久，設立校事、察戰兩個官職，負責監視臣下百官。一方面因為吳政權立身曹、劉之間，所以孫權猜疑之心極重，另一方面和孫吳政權起家的複雜成分有著密不可分的關係。

孫吳政權最原始的班底是孫堅東征西討的舊部將官，這些人來自天南地北，如程普，幽州右北平人；黃蓋，荊州零陵人；韓當，幽州遼西人。其次，就是孫策剛立足江東時起用的士大夫，這些人大都是自中原和徐州南遷的高門大姓，如張昭、薛綜、嚴峻等人。第三，就是孫權培植的勢力，以大臣顧雍、陸遜為首，都是江東士大夫。

在孫策橫掃江東時代，一直都是以南遷士人集團為核心，對江東大族進行限制和打壓。赤壁之戰後，孫權想與曹氏、劉氏集團三分天下，就不能過多任用孫堅舊部和心向中原的南遷士人，所以他對江東士大夫轉為扶持和提拔的態度。

經過孫權的一番努力，等到夷陵之戰後，把持江東政權的核心勢力，已經由孫堅舊部和南遷士人漸漸轉移到孫家宗室和江東士大夫集團，孫吳政權完成了本土化的轉變。

但是到了孫權稱帝以後，江東士大夫的勢力越來越大，甚至超出孫權的控制，成為朝政舉足輕重的力量。對此，孫權一改扶植江東士大夫的政策，重用南遷人士呂壹為中書校事，對江東士大夫開始無比嚴酷的打壓，承相顧雍無罪免職，江夏太守刁嘉遭受誣陷，幾乎被殺。

東吳政權的大功臣陸遜見呂壹專權，無人可制，甚至與太常潘浚相對哭泣，江東士大夫幾乎被逼到了絕境。東吳立國前的那種君臣和睦、上下同心的局面至此一去不復返了。

⊙太子之禍

曹魏黃初二年（二二一年），孫權受曹魏政權封為吳王，孫權立長子孫登為王太子。黃龍元年（二二九年），孫權稱帝後，又立孫登為皇太子。

青瓷倉院　三國

倉院模型，明器（隨葬的縮小實物模型）。

東吳赤烏四年（二四一年），孫登病死，孫權立兒子孫和為太子。可是這時的孫權又覺得孫和同母的弟弟孫霸孝順懂事，就立孫霸為魯王，對孫霸的待遇同太子相當。因此孫和、孫霸兩人為了皇位明爭暗鬥，大臣也分為兩派，陸遜、諸葛恪、顧譚等人維護太子孫和，大臣步騭、全琮、楊竺、吳安、孫奇等人則支持魯王孫霸，雙方展開了激烈的權力爭奪戰。

陸遜、顧譚多次上書，力陳不可廢嫡立庶，孫權不但不聽，反而聽信了孫霸支持者全寄、楊竺的讒言，流放了顧譚。

赤烏九年（二四六年），孫權不分是非，幽禁太子孫和，又族誅苦諫的大臣朱據、陳正，陸遜憂憤而死。

赤烏十三年（二五〇年），孫權命孫霸自殺，以結黨誣陷孫和的罪名殺掉全寄、楊竺、吳安、孫奇等人。吳國大批文武官員遭難，朝堂幾乎因此事一掃而空。

孫和、孫霸兩派勢力全部被殺後，孫權立幼子孫亮為太子。孫權沒有從陸、顧等江東大族中選擇輔政者，挑選的首輔是資望較淺、社會關係單薄的南遷士人諸葛恪。孫權將權力平衡、勾心鬥角的帝王之術玩得爐火純青，最終消除了江東大族對孫家宗族的威脅。

令人感歎的是，孫權玩弄到極致的帝王之術卻讓吳國的棟樑之臣一朝盡喪。雖然再也沒有威脅孫家宗族的權臣出現，吳國卻因此難以與曹魏爭衡。

青瓷獅形水注　三國

諸葛亮病死五丈原

●時間：西元二三四年
●人物：諸葛亮

蜀漢建興十二年（二三四年）八月，將星隕落，蜀漢一代名相諸葛亮在五丈原合上了雙眼。「興復漢室」這面大旗，隨著落葉一同消散在夜空的秋風中。自此，三國時代的草創者基本凋零殆盡，那個英雄仗劍而起，在中華大地縱橫馳騁的年代一去不復返了。

⊙隆中對策

諸葛亮（一八一～二三四年），字孔明，琅琊陽都（今山東沂南南）人。諸葛亮出身於官宦世家，自幼父母雙亡，隨叔父諸葛玄南下荊州定居。叔父死後，諸葛亮躬耕於南陽郡鄧縣的隆中。這時的諸葛亮自比名臣管仲、樂毅。諸葛氏雖然與荊州劉表是世交親戚，與荊州望族蔡氏、蒯氏也是世交故舊，但諸葛亮卻寧願隱居隆中不出。

建安十二年（二〇七年），劉備以海內知名的身分，不計較諸葛亮的身分低微和二十七歲的年齡，三顧茅廬，最終折服了諸葛亮，加入了劉備的軍事集團。

在回答劉備的詢問時，諸葛亮總結歷史，預測形勢，向劉備提出了一個轉弱為強的戰略，就是歷史上著名的〈隆中對〉。諸葛亮認為，根據敵我力量對比，劉備興復漢室的戰爭必須劃分為兩個階段。

首先，在劉備弱小的實際情況下，應該對孫權實行聯合，伺機奪取曹、孫占領區外的中間地帶，依次占領荊州和益州，以壯大自己，與曹操、孫權鼎足相抗。

其次，在第二階段中，對曹操可由戰略防禦轉變為戰略進攻。在曹操集團內部遭到擁漢勢力的反對下，劉備集團趁機從荊州和益州兩路出兵，平定中原，復興漢室。

〈隆中對〉從戰略上為劉備找到了轉弱為強的出路，對劉備集團日後的發展有著重要的指導作用。此後，劉備僅用了七年時間，就從寄人籬下的三流勢力，一躍成為擁有荊、益二州的地方豪強。

但是〈隆中對〉的局限性也很明顯，隆中戰略中興復漢室的長遠計畫是建立在人心思漢的基礎上。但人心的變化是有時限的，當曹魏政權度過草創階段，隨著北方統一和社會的安定，百姓厭惡戰亂，大族特權得到滿足，人心也就不再思漢，北定中原就缺乏了最基礎的民心。〈隆中對〉對此缺乏正確的判斷。

⊙平定南中

劉備占據荊、益兩州之後，圍繞荊州的歸屬，孫劉兩家的衝突漸漸激化，進而演變為全面戰爭，最後以劉備慘敗告終。

沒過多久，蜀漢開國皇帝劉備去世，臨終託孤諸葛亮。此時，荊州已經喪失，蜀漢國土驟然減半，夷陵之戰的慘敗使蜀漢機動主力軍團慘遭全殲。開國皇帝劉備的駕崩，更使國內政治形勢陷入風雨飄搖的危局之中。

面臨這一前所未有的嚴峻困境，諸葛亮首要解決的難題就是南中的叛亂。南中，古稱西南夷，轄境相當今四川大渡河以南和雲南、貴州兩省。南中地區對於此時的蜀漢來說具有重要的戰略地位。首先，其地少數民族驍勇善戰，是重要的兵源。其次，南中戰略物資豐富，盛產馬、犛牛，可以為蜀漢提供戰略物資。再次，南中是通向南亞、中亞的陸上要道，是蜀漢對外貿易的要地。

自秦漢以來，南中的大姓豪強常利用百姓的不滿情緒與中央對抗。劉備死後，南中更是不穩。建興元年（二二三年），雍闓、孟獲等人起兵反叛。諸葛亮因為遭逢國喪，不便用

武侯高臥圖　明

此圖反映的是諸葛亮出山輔助劉備之前，隱居南陽的生活。圖中諸葛亮坦胸露懷，頭枕書匣，仰面躺在竹陰下，舉止疏狂。作者用簡練的線條將諸葛亮沉湎山林之中、放浪形骸之外的高士風度，刻畫得生動逼真。

兵，於建興二年（二二四年）春，關閉了通往南中的靈關，用了一年多時間，進行朝廷的權力交接和南征準備。

建興三年（二二五年）諸葛亮率領大軍南征，軍事征剿與攻心戰術並用，很快就平息了南中叛亂，消滅了雍闓、朱褒、高定等漢族勢力，降伏了以孟獲為代表的當地豪強大姓。

戰後，諸葛亮縮小行政區，把南中四郡劃為七郡，以南征將領李恢、馬忠、呂凱等任太守，然後把孟獲等人調往蜀中做官，承認當地部族首領的權力，實行民族自治。同時，諸葛亮還令南中人員物資支援北伐，徵收南中金、銀、丹漆、犛牛、戰馬，供給蜀國使用，徵發南中羌族加入蜀軍。十二月，諸葛亮凱旋成都，結束了南征。

⊙北伐備戰

南中平定後，開始準備北伐魏國。劉備死後，諸葛亮加緊從政治、外交、經濟、軍事上全面進行北伐準備。在外交上，諸葛亮派使者聯吳。政治上，高度集中軍政大權，籠絡土著地主，調動全國力量準備戰爭。經濟上，與民休息，大力發展農業，多產糧食，增加儲備，保護水利工程，發展煮鹽、織錦等手工業，擴大財政來源。

太和元年（二二七年）三月，魏文帝曹丕去世，明帝曹叡即位。諸葛亮知道這是千載難逢的機會，就向後主上了歷史上著名的〈出師表〉，然後率軍北駐漢中，進入臨戰準備。

當時的魏、蜀力量對比是魏強蜀弱，魏國軍事力量是蜀國的數倍，戰爭潛力更是無比巨大。蜀漢雖然軍力不如對手，可是再度聯吳，吳蜀聯盟對魏國構成戰略均勢。在兩弱抗一強的戰略格局中，魏國不能全力對蜀，蜀漢卻可以全力對魏，完全可能在局部地區造成優勢。同時益州經濟未遭到破壞，仍有較大發展，而且由於諸葛亮善於治國，蜀漢的治理在三國中最有條理。

蜀、魏邊界的地形對於北伐十分不利，兩國邊界東段以秦嶺為界，秦嶺是蜀漢軍進入關中的巨大障礙，東西綿延千里，為黃河、長江主要分水嶺。嶺南為漢中，嶺北為關中。關中是四塞之國，傳統農業區，其要地長安是蜀漢奪取洛陽的必經之地。

從漢中出發北伐魏國，可行道路有四條。兩條在東段：一、出秦嶺子午道進入關中，直抵長安以南。二、經秦嶺褒斜道出斜谷入關中西部，直抵郿縣南。此道是秦嶺主要通道，道

木牛（模型）　三國
諸葛亮創製，用來運送軍用物資，適於山地使用。

路險峻多石，曹操曾稱其為「五百里石穴」。兩條在西段：一、出陽平關經故道、散關，進入隴東。二、出陽平關入魏境，在山高谷深、鋒銳坡陡的隴南山地行軍，從武都郡沮縣沿西漢水漕運，到達隴右之祁山。所以北伐進兵時，必須通過數百里人煙稀少的山道，其中只有祁山道可部分通漕，其餘都要穿越數百里險峻的秦嶺山道，故而後勤保障極為艱巨，補給及時成為勝利的重要關鍵。

諸葛亮進駐漢中後，會議商量北伐路線。督前部、領丞相司馬魏延建議以五千精兵從褒中出發，沿秦嶺南麓出子午道，不出十天可攻到長安。這時諸葛亮率大軍從斜谷出發，一定可以到達長安會師。魏延的計畫十分誘人，但必須具備下列所有條件方能如願：魏延軍十天到達長安，魏國援軍二十多天才能完成集結，諸葛亮大軍從褒斜道定可如期會合，如果上述前提有一個發生意外，那麼魏延的五千孤軍就可能成為魏國刀下的遊魂。

事實上，兩年之後，魏軍在大將軍曹真率領下走子午道，一個月才走不到一半。六年後諸葛亮大軍走褒斜道，兩個月才出谷，而不是一個月，更不要說褒斜道距長安尚有距離。按魏延估計，可以說都出了意外。況且魏延之計，其風險是國力不足的蜀漢承受不起的。

諸葛亮確定首攻隴右，是因為進軍時可避開秦嶺天險，並向西有漢水可供漕運，利於後勤。同時，隴右魏軍兵力比蜀漢北伐軍少，利於以眾擊寡。其次，隴右是產麥區，奪取後可在敵境建立一塊取糧於敵的根據地，並且可瞰制關中，順流而下進攻長安，可以實現「攘除奸凶，興復漢室」的目標。

⊙第一次北伐

蜀漢建興六年（二二八年）春，諸葛亮以聲東擊西之計，令鎮軍將軍趙雲、揚武將軍鄧芝率偏師前據漢中之箕谷，揚言由斜谷進攻，吸引和牽制關中魏軍。諸葛亮率主力出漢中西北，進攻祁山，奪取隴右。祁山位於隴南山地之天水郡（郡治在今甘肅天水西北），有居民萬戶，是此次北伐途

延伸知識

九品中正制

曹魏黃初元年（二二〇年），魏文帝曹丕為了獲得世家大族支持，採納了大臣陳群的建議，建立了九品中正制，於各州郡設中正，分別以本地人在中央任官員者充任，負責察訪、品評本州郡的士人，寫出簡短的評語，稱品和狀。品是等第，依據士人家世高低，定為上上、上中、上下、中上、中中、中下、下上、下中、下下九個品級，狀就是關於士人德行、才能的評語。品和狀寫好以後，由中正司徒逐級上報吏部尚書，作為政府選官的依據。從而，以專職舉士的中正官和吏部尚書負責的選官制度取代了原有的由各級地方行政長官薦舉官吏的制度。

九品中正制在實行過程中，才德標準逐漸忽視，家世則越來越重要，甚至成為唯一的標準，到西晉時終於形成「上品無寒門，下品無勢族」的局面。九品中正制成為維護和鞏固門閥統治的重要工具。

中的戰略要點。

魏國聽說諸葛亮出軍，朝野恐慌。魏明帝急忙任命大將軍曹真都督關右，駐郿縣，迎戰趙雲，以左將軍張郃率領步騎兵五萬為前鋒，前往隴右迎戰諸葛亮。二月十七日，明帝親往長安督戰。張郃率部迅速沿關隴通道西進，企圖上隴山，從街亭要地進入隴右，挫敗蜀漢軍奪占隴右的企圖。

諸葛亮大軍迅速攻占祁山、西縣，這時只要守住由關入隴的咽喉要地——街亭，就能把戰略要地隴右奪到手中。諸葛亮以參軍馬謖率領眾軍為前鋒，扼守街亭，阻止張郃進入隴右，諸葛亮坐鎮西縣，指揮全軍。馬謖奉命占領街亭後，僅令部將高翔駐守舊城護衛水源，主力不據險守城，反而捨水上山，駐在街亭南山上。張郃看破蜀軍弱點後，切斷了南山水源，造成蜀漢軍斷水，然後魏軍發起進攻，大破馬謖。魏國援軍占領街亭，進入隴右，諸葛亮喪失以強勝弱的戰機，只好遷徙百姓千餘戶退回漢中。趙雲、鄧芝也在箕谷與曹真對壘時以優勢兵力失利，第一次北伐以蜀漢失敗結束。

這次北伐所以失敗，是諸葛亮用將不當所導致。當時眾將都認為應該用老將魏延或趙雲為先鋒，可是諸葛亮卻派遣了只會紙上談兵的馬謖領兵，最終招致失敗。其次，諸葛亮未能親臨街亭前線，臨機處置。再次，夷陵之敗讓蜀漢軍中的老兵損失殆盡，而新兵經驗又少，蜀軍根本不是魏軍精銳的對手。

針對此戰暴露的問題，諸葛亮嚴肅軍紀，殺了街亭之敗主要責任者馬謖，將自己的失誤布告天下，以後大軍每次作戰，諸葛亮必親臨前線。此外，諸葛亮並進一步加強軍隊訓練，減兵省將，勵兵講武，提高軍隊的戰術、技術和紀律，使蜀軍面目一新。

⊙最後的北伐

第一次北伐之後，諸葛亮又先後三次北伐中原，可是都因為軍事實力弱於魏國，後勤補給不及，全部無功而返。

《諸葛丞相集》書影　清

建興十一年（二三三年）冬，諸葛亮令各軍把糧食運至臨近魏境的斜谷口，在該處修建倉庫儲存。

建興十二年（二三四年）二月，諸葛亮經過三年準備，集中在漢中的十萬大軍北伐，用木牛流馬運糧。

四月，諸葛亮率軍沿褒斜道出斜谷進入隴東，在郿縣渭水南築壘，進行他的最後一次北伐。行前諸葛亮約吳國同時大舉攻魏，以分散魏軍兵力。魏國大將司馬懿認為渭南為百姓屯田積聚所在，是必爭之地，於是司馬懿率軍渡過渭水，背水築壘，和諸葛亮對峙。

在兩軍相持中，諸葛亮鑑於前幾次北伐都是因為運糧不繼，使作戰意圖不能實現，於是決心在敵境分兵屯田，作長期駐屯打算。

同年五月，吳大帝孫權率領十萬大軍，分三路攻魏，以響應諸葛亮，魏國陷入東西方兩線作戰的不利局面。鑑於蜀遠吳近，魏明帝決定東攻西守。

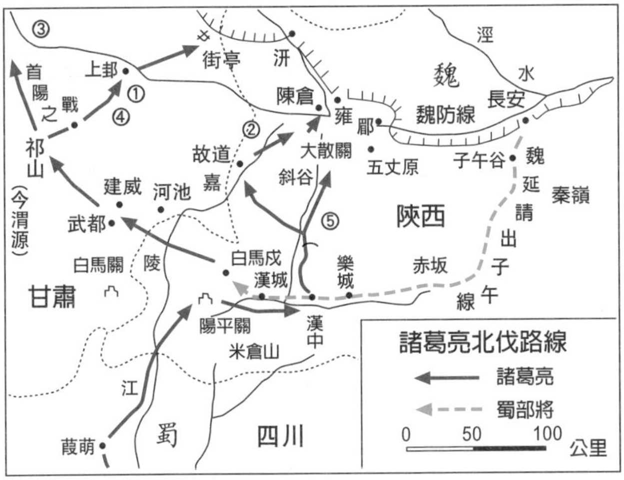

諸葛亮北伐路線圖

七月，魏明帝親自東征，擊退了吳軍的進攻。群臣以司馬懿正和諸葛亮相持，建議明帝前往長安督戰。明帝卻說：「孫權退走，諸葛亮膽破。大將軍可以制諸葛亮，我無憂了。」

司馬懿以逸待勞，堅壁不戰，蜀、魏兩軍相持一百多天。諸葛亮屢次送出挑戰書，百般誘使司馬懿出戰，又向司馬懿送去婦女服飾，笑司馬懿膽小怯戰，不是大丈夫。為了安撫憤憤不平的將領，司馬懿佯裝生氣，上表明帝請求出戰。果然如司馬懿所料，明帝也明白固守是最合適的選擇，派遣衛尉辛毗持節任軍師制止出戰。

諸葛亮得知這些情況後，歎息說：「司馬懿本不想戰，堅持請戰是向部隊做的姿態。將在外，君命有所不受，如果能勝我，何必又千里請戰呢？」

在相持中，諸葛亮早起晚睡，忙於軍務，每天吃飯不多，病勢加重。司馬懿見到蜀漢使者，不問軍事，只問諸葛亮生活起居和工作多寡。得知詳情後，司馬懿大笑，對屬下說：「諸葛亮身體無法承擔，還能長久嗎？」

當年八月，諸葛亮在軍中逝世，這位畢生為興復漢室而努力的蜀漢丞相，壯志未酬，享年五十四歲。蜀漢軍祕不發喪，整軍退兵回國。司馬懿聞訊迫擊，蜀軍舉旗擊鼓，佯裝反擊，司馬懿收軍，不敢進逼。

作為蜀漢第一代領導核心成員和第二代領袖，諸葛亮的去世使蜀漢喪失了咄咄逼人的攻勢，此後的姜維北伐，由於數次都選擇偏遠的隴西出兵，無論是規模還是影響力都遠遠不如諸葛亮。同時魏國伐漢中的失敗，也說明了此時的魏國尚未具備打破兩弱抗一強這一南北戰略僵局的能力。不過隨著北方經濟的日益增長，以及蜀、吳的進一步政治衰落，統一的曙光已經不遠了。

高平陵之變

●時間：西元二四九年
●人物：司馬懿　曹爽

高平陵之變是魏晉歷史上的一件重大事件。性格狡詐、手段老辣、作風無情的司馬懿與其黨羽，在這次政變中奪取了朝廷大權，清除了曹氏勢力，司馬氏代魏的格局由此確立。

曹魏嘉平元年（二四九年）正月初三，是一個陽光和煦的日子。一大早魏國都城洛陽的宣陽門就打開了，一隊浩浩蕩蕩的車駕和人馬出城向北行進。這是當朝君主曹芳出發謁拜先皇明帝曹叡的陵寢——高平陵，大將軍曹爽和兩個兄弟，以及其他文武官員，騎馬陪同在皇帝左右。

⊙排擠老臣

曹爽是已故大司馬曹真的兒子，皇帝曹芳的叔父。明帝曹叡在東宮做太子的時候，就已經十分欣賞曹爽。正始元年（二四〇年），年輕的曹叡病死，臨終前將曹爽和司馬懿召喚到病榻之前，流著眼淚將年幼的兒子曹芳和曹家的天下託付給他們。詔書中拜曹爽為大將軍，司馬懿則任命為太尉。

曹爽雖然和司馬懿同受顧命，但因為他是宗室，所以地位比司馬懿略高一等。曹爽甚是忌憚司馬懿的才能，也不能忍受分享大權，於是上表少帝，說太尉司馬懿勞苦功高，對皇帝忠心耿耿，應該升為太傅（皇帝的師傅），曹芳當然沒有異議。太傅名義上比太尉高，但沒有實權。司馬懿被驅逐出權力中心，雖然內心不滿，卻無可奈何。

曹爽又任命弟弟曹羲為中領軍，曹訓為武衛將軍，都是統帶作為皇帝衛隊的禁軍，其他弟弟也都任以官職，一時間曹爽家「貴寵莫盛焉」。曹爽又信任何晏、鄧颺、李勝、丁謐等，任為腹心，這些人在明帝時被壓抑廢黜，這時候全都有了出頭的機會。曹爽培植私人勢力的做法實在太狹隘了，不但是司馬懿，就是忠於曹魏的大臣，也有不少人心懷不滿，曹爽漸漸不得人心。

⊙司馬懿裝病

為了皇帝的出行和這次祭拜大禮，曹爽做了不少準備。在他覺得一切都沒有問題的時候，足智多謀、號稱「智囊」的大司農桓範小心翼翼地提醒曹爽說：「大將軍不可兄弟幾人同時出城，否則萬一城裡發生變亂怎麼辦？」

曹爽聽完哈哈大笑，說道：「我總掌天下兵權，有誰敢造反？」桓範說：「大將軍忘記了，城中尚有猛虎三隻。」

曹爽沉吟了一會，說：「你是說司馬氏父子？老頭子司馬懿久病纏身，死在旦夕，家中只剩兩個乳臭未乾的黃毛小子，不足為患吧？要是不放心，可以派李勝前去探聽虛實。」

於是李勝前往太傅府。司馬懿很納悶：李勝是曹爽的親信，他為何沒

馬車　魏晉

馬車高四十公分、長六十二公分，甘肅雷臺出土。馬車隨葬於墳墓內的青銅車馬模型。雙輪曲轅車，車輿橫長方形，有蓋，輪較大有十二輻，上有御車俑。前駕一馬，馬胸有二行銘文，為「守左騎千人張掖長張君小車馬，御奴一人。」

事來看我？稍一思索，司馬懿明白了李勝的意圖，於是趕忙吩咐手下人。

不久僕人引李勝進去，司馬懿正在病床上躺著，見李勝到了，吩咐僕人勉強扶起，顫顫巍巍地說：「李大人來了，我不能起床迎候，真是失禮。」

李勝有些意外，沒想到幾個月不見，司馬懿竟然不能站立了，說道：「太傅不必客氣，反倒是我很久都沒來拜望您了。最近天子任命我為荊州刺史，因此特地前來拜辭。」

「咳！咳！」司馬懿猛咳不止，上氣不接下氣地說：「您才華出眾，卻委委屈屈去做并州刺史，可惜可惜！并州距離胡人地界不遠，您要好自為之！」

李勝心中竊喜，以為司馬懿又多了耳背的毛病，大聲說：「是荊州刺史，不是并州！」司馬懿點頭笑著說：「噢，您不是去并州，是從并州來的？」李勝耐心說：「是南邊的荊州。」司馬懿大笑著說：「你看我這耳朵，你是從荊州來的啊？」

李勝心想太傅的腦子也不好使了，回頭對他的大兒子司馬師說：「太傅為何病得如此嚴重？請借紙筆一用。」李勝用毛筆寫下「赴荊州」三個字。司馬懿總算明白了，歎息著對李勝說：「我老糊塗了，不能領會您的意思。如今您要回老家任職，好好做，建立功勳。我死在旦夕，見到大將軍，千萬代我求他……求他照顧犬子，如得眷顧，我死也瞑目。」說罷，司馬懿口渴，婢女拿湯餵他，他的嘴唇哆哆嗦嗦，湯流得滿身都是，然後虛弱地躺下。

李勝向曹爽報告司馬懿的情況，說：「司馬老兒精神恍惚，死期不遠，沒甚麼好擔心的了。」曹爽歡喜地說：「這老頭一死，我們就可以高枕無憂了！」

於是曹爽無所顧慮準備出行，再不對司馬懿有所防備。他們沒有想到，李勝前腳剛踏出大門，司馬懿就從床上爬了起來，喊來司馬師、司馬

青瓷羊尊　三國

昭兩個兒子以及心腹，開始策劃一項陰謀。

⊙起兵奪權

司馬懿從來沒有甘心就這麼被曹爽攆下臺，一直暗中培植親近勢力，結交同黨。兒子司馬師豢養了三千名壯士，朝中對曹爽不滿的大臣聚集在他的周圍，企圖有朝一日能反戈一擊，扳倒曹爽。如今曹爽傾巢而出拜謁高平陵，正是天賜良機！

司馬懿在城樓上凝視著遠去的皇帝車輦隊伍留下的滾滾黃塵，決定動手了，但是那要等到所有車隊渡過洛水之後。隨後，司馬師召集三千死士和護衛家兵，分兩路行動，一路由司馬師率領，攻占城南的武庫，奪取兵器，另一路由司馬昭率領，前去「保衛」皇太后所在的永寧宮。

司馬懿則在省中召集高級官員開會，宣布曹爽意圖篡奪帝位，奉皇太后之令，罷去曹爽官職。官員中有些早已和司馬懿串通一氣，自然贊同，其餘見局面已經控制，也沒有話說。於是司馬懿命令高柔假節鉞行大將軍事，占領曹爽大營，王觀行中領軍事占曹羲大營，洛陽城處於司馬懿控制之下。

正午時分，司馬懿發出了皇太后批准的詔書，快馬送至高平陵皇帝曹芳面前。詔書歷數曹爽種種罪行，皇太后已經批准廢黜曹爽兄弟的請求，可是如果能服從命令，奉皇帝回城，仍然能以公侯身分返回洛陽府第，否則軍法從事！司馬懿並託人寫信，派來說客，說此舉只為兵權，別無他意，若曹爽肯放棄大將軍之職，仍可保留爵位及金錢。司馬懿實在厲害，太瞭解曹爽了，一邊用保持爵位引誘，一邊又施以威脅。

⊙曹爽被殺

在詔書送達之前，洛陽被司馬懿占領的消息已經傳來，曹爽一點準備都沒有，司馬懿殺了他措手不及。曹爽在大帳中踱來踱去，橫下心要和司馬懿死拚一場，但是又有消息說城內的家屬都安全無恙，僅只監視而已，他又舉棋不定了。

這時，洛陽城留守的大將軍府司馬魯芝、參軍辛敞，以及大司農桓範，急急忙忙來見曹爽，他們是從城裡逃出來的。

司馬懿得知桓範逃脫的消息後吃了一驚，著急地對中護軍蔣濟說：「智囊投奔曹爽了！」蔣濟卻說：「駑馬戀棧豆，曹爽必然放不下城中的嬌妻美妾、金銀珠寶，智囊去了也不會為其所用的。」

事實果真如此，桓範來到曹爽軍中，問曹爽說：「事態緊急，大將軍打算怎麼辦？」曹爽臉色灰白，只是不斷歎氣。桓範建議說：「如今之計，大將軍不如奉天子到許都，召集四方軍隊打回洛陽。您以天子之命號令天下，誰敢不從？此里離許都不過一天路程，所缺的只是糧草，但我帶了大司農印在此，所以也不成問題。希望大將軍速作決斷！」

但曹爽依然猶豫不決，經過痛苦的一夜，他的軟弱和胸無大志擊敗了反抗的決心。曹爽打算向司馬懿投降，他說道：「罷了，我做一個富家翁足矣！」

桓範大哭，罵道：「虎狼之側豈容酣睡！想當年曹子丹（曹真）何等英雄，卻生了你們幾個蠢笨如牛的兄弟，如今我老頭子要因為你們遭滅族之禍了！」

曹爽回城後馬上受到軟禁。司馬懿沒有兌現諾言，曹爽甚麼東西都保不住了，他已經沒有資格討價還價。在他富家翁美夢破滅，只想免除一死時，司馬氏的黨羽正在羅織罪名。不久，判決終於產生：曹爽和黨羽何晏、丁謐、李勝、桓範等人及其三族百餘人，都在洛陽北郊處死。

曹爽百餘人的死震撼了朝野，朝中百官見風使舵，紛紛上奏，請皇帝冊封司馬懿為丞相，視為當年的曹操了。司馬氏把持了朝政，清洗曹氏勢力。

少帝曹芳的繼任者高貴鄉公曹髦不甘心做傀儡皇帝，帶了奴僕攻打司馬昭，半路就被阻截，曹髦慘死。

又過了幾年，司馬昭的兒子司馬炎終於以禪讓的方式接過曹家的玉璽，「名正言順」地做了皇帝，建立西晉王朝。

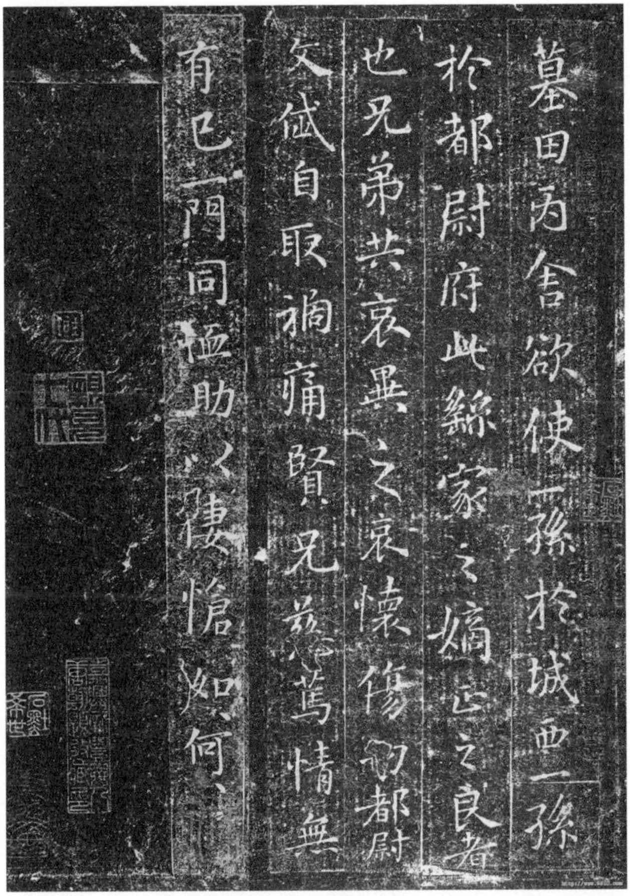

墓田丙舍帖　三國　魏　鍾繇

【孤臣姜維】

●時間：?～西元二六四年
●人物：姜維

關於蜀漢名臣姜維有很多爭議，西晉的陳壽、孫盛分別在《三國志・姜維傳》和《漢晉春秋》兩本書中都認為姜維文不可安邦，武不能定國，不是位合格的大臣。事實上，諸葛亮去世後，整個蜀漢政權也只有姜維念念不忘北伐中原，國破家亡的結局只是國家實力的呈現。司馬光在《資治通鑑》中「姜維之心，始終為漢，千載之下，炳炳如丹」的評論，恐怕才是對姜維這位孤臣的理性評價吧！

⊙命運的玩笑

姜維（?～二六四年），字伯約，天水郡冀縣（今甘肅甘谷市東）人。姜維出身豪門之家，父親姜冏是天水郡的功曹，在羌族叛亂時為了保護太守而戰死。姜維幼年喪父，和母親一起居住，史書上說這時的姜維「好立功名，陰養死士」，是個胸懷大志的人。成年以後，姜維因為父親的功勞被封中郎官，參天水郡軍事。

本來，姜維的命運可能就是這樣：老老實實在曹魏的仕途上緩緩升遷，最終做個太守一類兩千石的官員，安安穩穩度過一生。可是命運卻和姜維開了個玩笑，蜀漢建興六年（二二八年），一件改變姜維命運的事情發生了。這一年，諸葛亮率軍兵出祁山，揭開了蜀魏之間戰爭的序幕。

當時，天水太守馬遵正領著姜維等下屬官員，隨著上司雍州刺史郭淮在外巡視。聽說蜀漢大軍已到祁山，膽小的馬太守就不敢再回天水郡的郡治冀縣，而是跑到了上邽城（今甘肅天水市）躲避。

姜維惦記家中的母親，就和幾個郡吏返回了冀縣。冀縣的百姓正忐忑不安，就推舉姜維前去交涉兵臨城下的諸葛亮，以求城池平安。諸葛亮與姜維一番交談，對姜維的風度和才學大為讚賞，可是沒等二人進一步交流，蜀漢軍的前鋒馬謖就在街亭被魏將張郃打敗，諸葛亮只好率全軍退回漢中。諸葛亮沒有釋放姜維，直接把姜維帶回了蜀國。就這樣，本是魏國郡吏的姜維，戲劇性加入了蜀漢的陣營。

回到漢中後，諸葛亮對姜維格外賞識，諸葛亮寫信給參軍蔣琬說：「姜伯約忠勤時事，思慮精密，考其所有，永南、季常（李邵字永南，馬良

青瓷罐　三國

字季常，二人皆有才名，爲蜀漢良臣）諸人不如也。其人，涼州上士也。」對姜維的評價極高。

不久，諸葛亮就升姜維為奉義將軍，封當陽亭侯，而這時的姜維不過才二十七歲。如果姜維留在曹魏，以曹魏的人才升遷制度，這個朝中無人的邊地郡吏，恐怕終其一生，也很難能像在蜀漢陣營這樣拜將封侯。士為知己者死，諸葛亮的知遇之恩讓姜維死心塌地報效蜀漢。

指南車模型　三國　魏

在晉代孫盛的《漢晉春秋》中曾記載，姜維隻身入蜀後，留在冀縣的母親曾經寫信讓他回歸魏國，姜維回信說：「良田百頃，不在一畝，但有遠志，不在當歸。」硬是捨棄了母子親情，打算在蜀漢做一番驚天地的事業。

⊙孤立的將軍

建興十二年（二三四年），命運給了姜維當頭一棒，對他恩寵有加的蜀漢丞相諸葛亮病死在五丈原。

諸葛亮超越常規提拔姜維，雖然使姜維死心塌地效命，卻也引起了蜀漢眾將的妒忌之心。諸葛亮活著的時候還可以保護姜維，可是諸葛亮的猝死卻讓姜維處在了風口浪尖之上。諸葛亮之後的蜀漢重臣蔣琬和費禕都是諸葛亮出祁山、定隴右戰略的反對者，他們自然也不會重用諸葛亮的戰略繼承者姜維。姜維每想大舉興兵北伐，都被從旁掣肘，每次統領的兵馬都不超過萬人。

蜀漢延熙十六年（二五三年）春，費禕被人刺殺。第二年，姜維加督中外軍事，率數萬大軍出隴西，魏將李簡舉城降。姜維進圍襄武（今甘肅隴西南），大破魏將徐質，乘勝拔臨洮等三縣，遷民還。

延熙十八年（二五五年），姜維與車騎將軍夏侯霸等出狄道，大破魏雍州刺史王經於洮西，魏軍死者數萬。次年，姜維升為大將軍。

姜維本是魏國人，在蜀漢軍中資歷不高卻成了軍隊系統的最高負責人，引起了其他將領的不滿。同時，後主劉禪為了平衡武將系統，又另封了一些其他名號的大將軍，例如封王平鎮北大將軍、胡濟鎮西大將軍、閻宇右大將軍、張翼征西大將軍等等，更加劇了蜀漢軍中將領互不服從，協調失靈的局面。

就在姜維升為大將軍的同年，姜維與胡濟約定在上邽會師，胡濟「失誓不至」，迫使姜維孤軍和魏國大將鄧艾決戰，結果姜維大敗而回。

胡濟如此，至於其他的大將軍，如張翼從戰略主張就反對姜維，更別說協調作戰。右大將軍閻宇與宦官黃皓勾結，策劃奪取姜維的兵權。以姜維身居大將軍高位，就連射聲校尉楊戲在隨軍出征的時候都敢公然嘲笑他，這不能不說是個悲劇。

⊙蜀漢滅亡

蜀漢景耀五年（二六二年），姜維再次被鄧艾打敗，連成都也不敢回。

當時魏國權臣司馬昭正在積極準備伐蜀，姜維探知。第二年，姜維上表後主劉禪說：「鍾會在關中治軍，企圖南下，應當派遣張翼、廖化督諸軍分護陽安關口、陰平橋頭，以防未然。」

此時距離曹魏上次的伐蜀已過去將近二十年，當權的宦官黃皓認定敵人在蜀中天險前必然不戰自退，竟將此重大軍情表隱瞞了。

蜀漢炎興元年（二六三年），魏軍分兵三路，大舉南下。魏軍主將鍾會統兵十二萬，分別從子午道、斜谷和駱谷南下進攻漢中。西路的三萬魏軍由名將鄧艾率領，由狄道進發，牽制姜維，東路由魏國將軍諸葛緒率領，包抄姜維後路。在前堵後追的不利態勢下，姜維擺脫鄧艾、諸葛緒兩路大軍的鉗制，率蜀軍主力及時撤入劍閣，阻擋了鍾會南下蜀地的道路。

蜀漢兩軍相持於劍閣，魏軍糧食轉運困難，漸漸陷入困境。面對著姜維的頑強防守，鍾會差點就要率領魏軍退回本國。但姜維百密一疏，忽略了對陰平（今四川文縣西北）方向的防禦，魏將鄧艾率軍走過陰平七百里無人小路，繞過劍閣天險，奪取江油、緜竹，諸葛亮的兒子諸葛瞻、孫子諸葛尚戰死。

當鄧艾的大軍突然出現在成都城下時，驚慌失措的後主接受了大臣譙周的意見，出城投降，擁有二十八萬戶、九十四萬人口、十萬戰士的蜀漢就此滅亡。

⊙最後一搏

成了階下囚的劉禪，為了表示臣服之心，特意派太僕蔣顯帶著詔令趕赴劍閣，命令姜維率軍投降。屈辱的蜀漢將士激憤之下，拔刀砍石，淚流滿面。

無奈的姜維只好隻身拜見魏軍主將鍾會。以勝利者自居的鍾會得意洋洋說：「你怎麼降得這麼遲？」姜維流著眼淚說：「身為國家大將，我今天投降都是太早了！」

鍾會也不由得對獨撐蜀漢危局、忠心可鑑的姜維以禮相待，鍾會與姜維「出則同輿，坐則同席」。

儘管蜀漢已成昨日雲煙，可是姜維仍然懷有光復故國的心願。他看到鍾會厚待蜀地將士，又陷害獨得滅蜀大功的鄧艾，就知道鍾會有了擁兵自立的野心，姜維就想利用鍾會來復興蜀漢。

姜維私下偷偷勸鍾會：「閣下自淮南出仕以來，算無遺策，晉國能有今天的局面，全是將軍的功勞。如今蜀漢已經平定，將軍功高震主，能平安度日嗎？韓信不聽蒯通稱王的建議，結果被劉邦所殺，文種不像范蠡脫離政治，周遊五湖，結果落了個死於劍下的命運。現在將軍立下大功，威望已經高得不能再高，為甚麼不學范蠡泛舟於江湖之上，做個逍遙散人呢？」這時的鍾會也把姜維當成了心腹，毫不掩飾歎息說：「你說的有理，但我做不到啊！」姜維繼續挑撥說：「既然您不學范蠡，那麼現在就該做點準備了。」鍾會會意一笑，更把姜維當作成就大事的幫手。

經過祕密商量，鍾會和姜維二人決定把所有反對鍾會的北方將領全部殺掉。姜維想借鍾會的刀，消滅那些魏國將領，反過來再除掉鍾會，讓蜀漢復國。

姜維密書給後主說：「陛下忍數日之辱，臣欲使社稷危而復安，日月幽而復明。」拳拳忠心，盡在字裡行間。

鍾會帳下的衛隊長丘建本來是將軍胡烈手下，偷聽了鍾、姜二人的談話後，就偷偷告訴胡烈，胡將軍於是在軍中散布這個祕密。

一夜之間，十幾萬魏國士兵都知道主將出了問題，於是軍隊譁變，攻入了城池，要殺鍾會與姜維。當時姜維正患心口疼的毛病，聽見外面殺聲四起後，姜維忍著劇痛率左右迎戰，手殺五六人，最終寡不敵眾，被砍倒在地，妻子兒女盡數被殺，鍾會也被殺死，復興蜀漢之夢終成泡影。

歷史詞典

馬鈞作指南車

魏青龍三年（二三五年）八月，馬鈞受魏明帝曹叡之詔製作指南車。馬鈞利用差動齒輪機械構造原理，在雙輪單轅車上立一木人，車剛剛起動時，使木人手指南方，由於齒輪作用，不論車行的方向怎樣改變，木人始終手指南方。

馬鈞，字德衡，扶風（今陝西興平）人，是中國古代科技史上最負盛名的機械發明家之一。馬鈞年幼時家境貧寒，又有口吃的毛病，所以不擅言談，卻精於巧思，後來在魏國擔任給事中的官職。

指南車製成後，馬鈞又奉詔製木偶百戲，稱「水轉百戲」。接著馬鈞又改造了織綾機，提高工效四五倍。馬鈞並研製了用於農業灌溉的工具龍骨水車（翻車）。此後，馬鈞改製了諸葛亮所造的連弩。

馬鈞奇思絕世，發明不斷，被時人稱為「天下之名巧」。馬鈞的一系列發明創造，促進當時社會生產力的發展和技術進步。

劍門關

劍門關在四川劍閣縣北二十五公里的劍門山，扼川陜公路，為古蜀道要隘。劍門山即大劍山，古稱梁山。山脈東西橫亙一百餘公里，七十二峰綿延起伏，形若利劍。在其峭壁中斷處，兩山相峙如門，故名劍門。杜甫〈劍門〉詩有：「惟天有設險，劍門天下壯。」三國時諸葛亮任蜀相，曾設官戍守。關巔有姜維城，為姜維屯兵處。

鄧艾之死

●時間：西元二六四年
●人物：鄧艾

鄧艾是三國後期的傑出將領，以一萬孤軍長驅直入，經過艱苦卓絕的進軍，一舉攻滅蜀漢，創造了中國軍事史的奇蹟，滅蜀之戰也成為中國軍事史的經典戰例。鄧艾立功反全家受誅的悲劇，也是中國歷史上眾多功臣良將共有的悲劇，暴露了帝王對能臣既要任用又要猜忌的特徵。

⊙口吃將軍

鄧艾（?～二六四年），字士載，義陽棘陽（今湖北唐河西北）人。鄧艾自幼喪父，家境貧寒，為了維持生計，從小為人放牛。鄧艾長大後做了都尉學士，由於說話口吃，沒能當任要職，只擔任個看田的小吏。

鄧艾雖然身分卑微，卻胸懷非凡大志，努力鑽研兵法。每到高山大澤之處，總要仔細察看地形，指點紮營和屯兵的處所。旁人見他貧寒小吏居然效法大將指指點點，都譏笑他，鄧艾卻毫不在意。

一次偶然的機會，鄧艾見到了太尉司馬懿。司馬懿與鄧艾交談，對鄧艾的才學大為驚歎，便聘他做了僚屬，後升為尚書郎。

司馬懿當時正打算廣墾田地、積蓄糧草以籌備軍資，便派鄧艾到各地查看情況。鄧艾仔細考察之後，認為應當興修河渠，引水灌溉，才能提高農田產量，並可利用水道運輸軍隊物資。鄧艾向司馬懿提交了〈濟河論〉，闡述主張，建議司馬懿效法曹操，分兵屯田以積蓄軍糧，在淮北淮南駐兵五萬屯田，六七年後，可積蓄三千萬斛糧食，以便順利伐吳。

司馬懿非常讚賞，於正始二年（二四一年）大修漕渠。漕渠修好之後，每當東南邊境有事，魏軍便可乘船直達淮河、長江，沿途軍糧供應充足，再也不必從陸上運兵、運糧草而耗費人力物力了。

不久，鄧艾為南安太守，南安（郡治在今甘肅隴西東南）位於曹魏西北戰區，是常年與蜀漢交兵的戰場，自幼喜好兵法的鄧艾終於登上了夢寐以求的戰爭舞臺。

曹魏嘉平元年（二四九年），鄧艾與征西將軍郭淮一同抗擊蜀漢將軍

青釉穀倉罐　三國　吳
罐高四十八公分，江蘇金壇出土。穀倉罐又稱為「魂瓶」，是江南地區孫吳時期墓葬中獨特的隨葬物品，其淵源於漢代隨葬墓中的五聯罐，到孫吳時在罐蓋上堆塑樓閣門闕等建築，是孫吳時期專為喪葬製作的物品中最具藝術價值的文物。

姜維。姜維率軍退去，郭淮打算向西進攻羌人，鄧艾提醒說：「敵人撤走不遠，很可能去而復返，應當分出軍隊防備萬一。」郭淮便留下鄧艾駐守

古棧道

古棧道，由川北重鎮廣元溯嘉陵江而上，行四十五公里，便可在明月峽江左的崖壁上看到三排石孔，這就是聞名遐邇的川、陝古棧道遺址。棧道百里，懸於崖壁，雲霧縹緲，遠遠望去似空中走廊，故又有「閣道」、「雲棧」之稱。

白水北岸。三天之後，蜀漢軍果然去而復歸，最終姜維的偷襲計畫落空。由於戰功卓著，鄧艾被封為關內侯，加討寇將軍。

曹魏正元二年（二五五年），因為在抵禦吳軍入侵的戰爭中再度立功，鄧艾進封為方城鄉侯、安西將軍。

不久，姜維出兵攻魏，在洮西大破魏雍州刺史王經，數萬魏軍戰死，西北戰局危在旦夕。鄧艾跟隨魏國大將軍陳泰趕赴西北，擊退了姜維。

魏軍將領都認為姜維經此挫敗，已經勢窮力竭，不會再出兵東進了，鄧艾卻反對說：「洮西之敗，不過是小敗，姜維狡詐難以對付，他一定會再來攻打我軍。」

果不出鄧艾所料，姜維不久又率兵向祁山大舉進攻，看到鄧艾早有防備，便回軍進攻南安，鄧艾據守武城山，雙方爭奪有利地形。激戰過後，鄧艾大破姜維，聲威大震。

甘露元年（二五六年），朝廷特下書嘉獎，任他為鎮西將軍，都督隴右諸軍事，封鄧侯。

此後，姜維多次進攻魏國，都被鄧艾擊敗。任憑姜維奇兵百出，鄧艾總能料敵如神，先期制敵，竟使姜維屢戰屢敗，再也沒能於西北戰場得勢。

⊙滅蜀元勳

曹魏景元三年（二六二年）冬天，司馬昭以鍾會為鎮西將軍，假節都督關中諸軍事，徵調四方兵力十八萬，大舉伐蜀。當時鐘會率魏軍主力主攻駱谷，鄧艾和將軍諸葛緒則負責牽制姜維。

姜維得知鍾會占領漢中，立即率軍回撤，擺脫了鄧艾和諸葛緒的圍追堵截，順利據守劍閣（今四川劍閣北）天險。鍾會率軍進攻劍閣，蜀漢軍據險堅守，鍾會久攻不下，糧草又接濟不上，只得準備撤軍。司馬昭精心制訂的滅蜀大計眼看就要失敗。

在這關鍵時刻，足智多謀的鄧艾

根據觀察，提出了一個出奇制勝的大膽計畫，這就是偷襲蜀漢疏於防備的陰平古道，繞過劍閣，直插蜀漢的心臟。

同年十月，無計可施的司馬昭批准了鄧艾的建議，鄧艾親率一萬精兵偷渡陰平道，行進在岷山之中，翻越摩天嶺。大軍途經馬閣山時，道路跌滑不通。鄧艾軍包裹馬腳，掛牢車子，搶修閣道，方才通過。

陰平小道的最後一段山高水險，道路傍水背山，峻峭險狹，北來者右靠崖壁，只能以左肩擔物，無法換肩，號稱「左擔道」，實在是艱險無比。鄧艾大軍經過左擔道時，鄧艾以六十六歲的高齡身先士卒，用毛氈裹住身體，率先滾下絕壁，將士見主將如此，個個奮勇爭先，鄧艾全軍終於通過了綿延七百餘里的陰平古道。

十一月，鄧艾大軍到達江油（今屬四川），蜀漢守將馬邈投降。後主劉禪得知後，命令諸葛亮之子衛將軍諸葛瞻率眾軍阻擊。

諸葛瞻進至涪縣（今四川綿陽東北），停住不前。尚書郎黃崇深知鄧艾孤軍深入，利在速戰，如果戰事曠日持久，魏軍必陷困境，於是就勸諸葛瞻搶占山區，依託險要，阻止鄧艾軍進入平原。可是諸葛瞻猶豫不決，被士氣如虹的鄧艾所部擊敗，諸葛瞻、黃崇戰死，軍事重鎮緜竹（今屬四川）被魏軍占領。鄧艾乘勝前進，蜀漢國都成都已遙遙在望。

蜀漢朝廷原本估計魏軍不會很快到達成都，所以沒做守城準備。等到鄧艾率軍兵臨成都城下，蜀漢政權陷入了一片混亂。後主劉禪命令群臣商量應對之策，最後聽從了益州土著集團領袖，光祿大夫譙周的投降主張，派使者攜帶降書和印璽，向鄧艾請降。

十一月，後主帶著太子、群臣，用牛車載著棺材，捆綁自己，出城投降。同時送上了蜀漢戶口冊，計戶二十八萬，人口九十四萬，甲士十萬，官吏四萬，全部歸於魏國。鄧艾率軍進入成都，蜀漢滅亡，三國鼎立的局面自此一去不復返了。

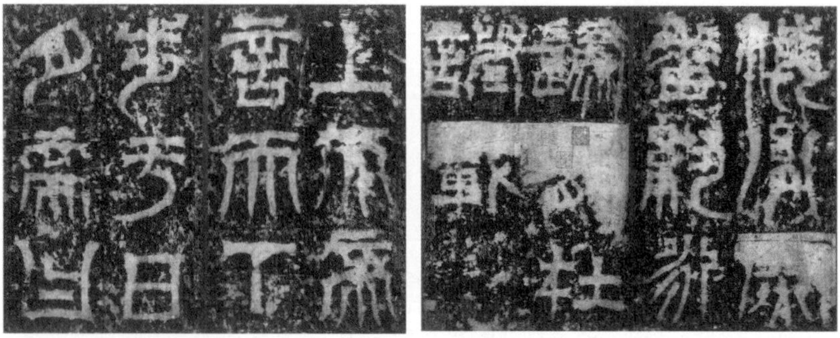

三國・吳・天發神讖碑

此碑立於吳天璽元年（二七六年），吳末帝孫皓為造成天命歸吳的輿論，偽稱天降神讖而刻此石。石在江蘇江寧天禧寺，圓幢形，環而刻之。清嘉慶十年（一八〇五年），此石毀於火災，圖為明代拓片，現藏北京故宮博物院。碑文以隸法入篆，起筆見方而收筆尖銳，字勢奇偉，開懸針篆一路，於後世書壇頗有影響。魏晉時，隸書走著漢末程式化的老路，楷書和草書逐漸發展成熟，篆書仍在某些場合出現，但已有古體。在各種書體交相發展中，《天發神讖碑》是別開生面的，帶有周秦遺意的詭奇之風。

⊙蒙冤慘死

鄧艾滅蜀漢後，立即採取一系列措施安撫民心。嚴格約束部隊，讓降順的百姓各安舊業，使蜀地稱頌不已。效法東漢開國元勳鄧禹平定河東的做法，承制拜劉禪行驃騎將軍，劉禪的太子、諸王也都拜為都尉，對蜀漢官吏留用任命，或選拔為僚屬。

鄧艾獨得大功，不免居功自傲，常對蜀漢降官說：「你們幸而遇到了我，才有今天，若是遇上吳漢（東漢開國元勳，滅據蜀割據公孫述的將領）那樣好殺之人，早就都被屠殺殆盡了。」

鄧艾還說：「姜維一代雄才，可惜遇到了我，他就無計可施了。」

同年十一月，朝廷下詔褒獎鄧艾，進封為太尉，增邑二萬戶，並封其二子為亭侯，各食邑千戶，鄧艾的功業達到了頂點。鄧艾喜不自勝，可是卻沒想到，居功自傲的種種作為早已讓自己身處危地了。

司馬昭猜忌成性，鄧艾踰越身分拜劉禪為將軍以及任用蜀地官吏，使司馬昭大為氣憤，司馬昭讓監軍衛瓘告喻鄧艾，讓他凡事必須先請示，不得隨便處置。鄧艾接到指責後，非但沒有認錯，反而再次上書司馬昭，為行為辯解。

不僅如此，鄧艾又建議滅吳之前不要把劉禪送到洛陽，以免造成歸降之君要遭流徙的印象，不利吳國歸降。一系列的舉動引發了司馬昭更大的疑心，懷疑鄧艾擁兵自重，圖謀不軌。

鄧艾獨得滅蜀大功和居功自傲的態度，也使主將鍾會和其他同僚嫉妒和反感。於是鍾會和同僚一起向司馬昭誣告鄧艾謀反，司馬昭下令逮捕鄧艾。

鄧艾見到司馬昭手令後，仰天長歎說：「我鄧艾忠心耿耿，怎會落到這步田地？秦國大將白起的下場，又在今天重演了！」

鄧艾被捕後，鍾會便與姜維策劃謀叛，結果激起兵變，鍾會、姜維都被亂兵殺死，此時鄧艾的囚車才剛剛離開成都。鄧艾的部下見鍾會已死，便追趕囚車，要迎接鄧艾回成都。

奉命逮捕鄧艾的監軍衛瓘聞訊，怕鄧艾會對自己不利，便派部將田續追殺鄧艾。田續在緜竹以西追上囚車，鄧艾和兒子鄧忠都慘遭毒手，鄧艾的其他兒子在洛陽全都處死，妻子兒孫遷徙流放到西域。功勳蓋世的一代名將，竟落得如此淒慘的下場。

瞿塘峽

古代水路入川要經過長江三峽。那裡雖風光綺麗，但行船十分艱難。圖為唯一的入川水路，長江三峽之一——瞿塘峽。

樂不思蜀

●時間：西元二六四年
●人物：劉禪 司馬昭

近年來有人為劉禪翻案，認為他並不缺乏政治能力，導致蜀漢亡國是因為客觀條件的限制以及諸葛亮等人不給他鍛鍊政治能力的機會等等。然而這只是一家之言，我們不得不承認劉禪是個平庸的人，遠比不上他的父親，更比不上諸葛亮，蜀漢亡在他手中並不意外。

曹魏咸熙元年（二六四年），位於洛陽南城的安樂公府第十分熱鬧，喜氣洋洋，因為這裡來了一位貴客——魏國的大權臣司馬昭。為了迎接司馬昭，安樂公府的廳堂特意打掃和重新佈置了一番。

甘露元年青瓷熊燈 吳

⊙府邸夜宴

廳堂被燭燎照得如同白晝，人聲喧嘩。司馬昭為了優待劉禪，特地帶來了一群優伶送給他，一邊喝酒聽他們說唱助興。司馬昭不時把眼光投向劉禪和他昔日的幾個大臣：這麼好的笑話，大家應該一起享受？

劉禪的文臣郤正也愉快笑著，但是心底卻在歎息：時間過得真快，主公到洛陽已經快一年了。按照蜀漢的紀年，去年也就是景耀六年（二六三年）夏天，魏國召集大軍攻蜀，分三路進兵。十二月，鄧艾在緜竹打敗了衛將軍諸葛瞻，率領部隊來到成都城下。光祿大夫譙周等大臣勸主公投降，說繼承了諸葛丞相才智的諸葛瞻率領幾萬大軍都打不過鄧艾，我們守著空虛的成都又有甚麼用呢？主公聽從，送上降書，出城到鄧艾的營壘投降。主公雖然是異國的皇帝，鄧艾對他倒還比較尊重，吩咐好好伺候，然後向司馬昭報功。司馬昭不放心將主公留在成都，命令送到身邊，於是主公帶著全家和幾個舊臣搬到了洛陽，可是洛陽哪裡有成都好呢！

司馬昭興致很好，看到大家也都高興。悠揚的絲竹聲響起，幾個男女出現在大家面前。

劉禪發出一聲歡呼：「這不是從蜀國來的嗎？好久沒有看到這麼優美的舞姿了！」司馬昭點頭微笑，說：「是從益州來的，不是蜀國，已經沒有蜀國了。」劉禪笑著說：「那是當然，不論蜀國還是益州，先看看再說！」司馬昭嘴角上翹，揮手示意舞伎開始。

⊙樂不思蜀

在他鄉重溫曾在蜀漢宮廷中流行的蜀地音樂和舞蹈，蜀漢舊臣個個動容，心中的哀戚就像沉在湖底的淤泥，全都浮升上來。

但劉禪的心裡是一潭無底的死水，只覺得高興，不時評點舞伎和曲調。臣下看看他，又看看司馬昭，又是尷尬，又是傷心。劉禪卻不在乎，隨著樂師哼著小曲。

司馬昭問劉禪：「你來洛陽快一年了吧，感覺怎麼樣？還想念蜀國嗎？」劉禪說道：「洛陽比成都繁華多了，我早就想不起蜀國的模樣了。」司馬昭不由大笑。

⊙荒誕君王

再好的筵席也有散的時候，司馬昭終於離開了。路上他向左右感歎：「早知道劉禪是個無情的人，只是沒想到一至於此！即使諸葛亮活著，也不可能保全他的帝位，更何況是姜維呢？」賈充諂笑著說：「殿下說得很對，但是假若不是劉禪沒用，咱們又怎麼能吞併他呢？這是您的福氣啊！」

郤正在司馬昭走後，對劉禪說：「主公是漢高祖的後代，昭烈帝（劉備）的兒子，雖然亡了國，受制於司馬氏，可是也不能讓他笑話。下次司馬昭要是再問您想不想念蜀國，您應該流著眼淚說：『先人的墳墓在隴蜀，雖然我不能祭拜，但沒有一天不想念的。』同時還要閉上眼睛表示悲痛。」

鳥形瓷杯　三國

幾個月過去，劉禪和司馬昭一起參加朝會，司馬昭果然又問起劉禪想不想蜀國。劉禪依照郤正的指示，只是眼淚流不出來，未免美中不足。司馬昭很奇怪：「您的言語和神態怎麼跟郤正那麼像呢！」劉禪睜開眼睛，詫異地說：「本來就是他教的啊，殿下怎麼猜到的？」

劉禪在洛陽悠哉遊哉、波瀾不驚地生活了七八年，到西晉泰始七年（二七一年）才去世，倒是比嘲笑他的司馬昭長壽。

歷史詞典

正始名士服石

東漢末年政治黑暗動盪，禮法殘破，文明準則蕩然無存。名士把丹藥和酒當成麻醉自己、避免政治迫害的護身符。當時帶頭服藥的是正始名士（正始，魏少帝曹芳年號，二四〇～二四九年），以何晏為首，大臣王弼、夏侯玄也熱衷此道。

這些名士服的藥統稱為寒食散，大多以礦石為基本成分，其中有一種以石鐘乳、石硫磺、白石英、紫石英、赤石脂等五種無機物組成，名為五石散，服用者最多。寒食散含有毒素，服藥後，身體忽冷忽熱。藥性發作時，渾身痛苦難言，精神進入一種莫名的恍惚狀態之中，暫時超脫了塵世紛繁複雜的爭鬥。

正始名士開了服石之先河，許多人紛紛仿效，到東晉南北朝時，服石也就演化為士大夫的一種風氣。士大夫藉著揮發的藥性，放浪形骸，做出種種荒誕無稽的舉動。

中國社會科學院歷史研究所 ■ 陳爽教授

西晉

西元二六五～三一六年

曹魏末年，司馬氏執政，滅蜀後，國力迅速上升。泰始元年（二六五年），司馬炎取代曹魏，建立西晉。太康元年（二八〇年），西晉滅吳，三國局面歸於統一，並出現了短期的和平安定局面。

西晉王朝是一個門閥貴族的政權。晉武帝司馬炎制定的政治經濟措施，大多以保護士族門閥的利益為前提，頒布戶調式，規定男女占田的假定畝數和應負擔的田租戶調的實際畝數，允許官吏按官品高低占有不同數量的土地和佃客、蔭戶，承認官僚地主的特權。曹魏時制定的九品中正制到了西晉，已發生相當大的變化。中正官職多為世族門閥出身的官僚所把持，這一制度變成為培植門閥私家勢力的重要工具。

西晉統治時期，豪強大族的勢力得到發展，士庶之間的問題不斷擴大，削弱了西晉的統治力量。門閥士族的空前發展，構成了與皇權的衝突，也直接成為魏晉南北朝時期動亂的根源。

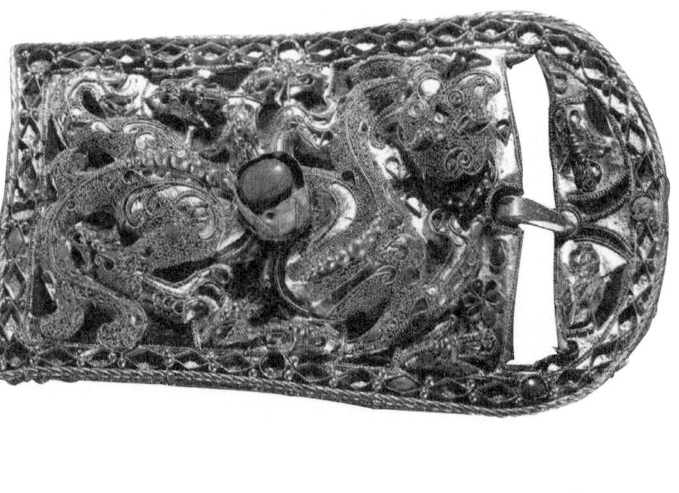

這一時期，統治集團奢侈腐化，聚斂了大量財產，互相爭豪比富。許多士人身處亂世，遂悲觀消極，逃避現實，不問政事，終日飲酒清談，玩世不恭。於是清談、玄學之風一時大盛。

同時朝廷內的權力爭奪激烈複雜，使西晉統治面臨危機。晉武帝為了鞏固皇權，大封宗室為王，以諸王統率兵馬出鎮一方，並擁有地方的軍政權。

晉惠帝統治時期，朝廷內部發生激烈的權力爭鬥，諸王相繼捲入。從永平元年（二九一年）開始，先後有汝南王亮、楚王瑋、趙王倫、齊王冏、成都王穎、長沙王乂、河間王顒、東海王越八王為爭奪皇位，在洛陽一帶相互攻殺，戰亂歷時十六年之久，兵民死亡達數十萬人，許多城鎮焚毀，史稱「八王之亂」。「八王之亂」使西晉初年並不十分發達的經濟，受到更為嚴重的破壞，耗盡了西晉的國力。

從東漢以來，中國西部和北部周邊的各少數民族開始不斷向內地遷徙，北方的民族關係十分複雜。西晉末年，北方民族關係日趨緊張，一些少數民族的上層利用各族人民反抗西晉，以實現個人的政治慾望，紛紛建立由少數民族豪帥占最高統治地位的割據政權。

「八王之亂」後期，參戰諸王相繼敗死，匈奴族劉淵自稱漢王，不久又稱帝。劉淵死後，其子劉聰攻陷西晉首都洛陽，俘虜了晉懷帝，西晉名存實亡。事件發生在懷帝永嘉五年（三一一年），史稱「永嘉之亂」。北方百姓為躲避戰亂，大量南遷，又稱「永嘉南渡」。

建興四年（三一六年），匈奴兵攻入長安，俘了晉愍帝，西晉至此滅亡。

有碑墮淚的羊祜

●時間：西元二二一～二七八年
●人物：羊祜

羊祜是西晉少數的幾個光彩奪目而又有始有終的將領。他一生最重要的創作，是其導演的滅吳計畫。雖然羊祜生前未能看到結局，但這個計畫在他死後實現了。

戰場上很容易培養出友誼，因為大家是生死與共的戰友；官場上很容易留下罵名，因為人的私慾太多。但有一種做人的境界，就是在戰場上交的朋友，不僅包括己方的戰士，而且有刀槍指對的敵人；在官場留下了聲譽，讓上自皇帝下至百姓想起來就痛哭流涕。人世間這兩大難事，羊祜都做到了。

⊙系出名門

羊祜（二二一～二七八年），字叔子，西晉泰山南城（今山東費縣西南）人。出身漢魏名門士族，家譜從他向上數九代，每代都出二千石以上的高級官吏。

羊祜的父親羊衜娶的是漢代名儒左中郎將蔡邕的女兒，姐姐嫁與司馬懿之子司馬師為妻，羊祜迎娶的則是曹魏皇室成員夏侯霸的千金。

羊祜博學多才，善寫文章，口才也很好。由於羊祜名聲在外，州郡長官三番五次請他出來，都被謝絕了，因為朝廷中曹氏集團與司馬氏集團之間鬥得正厲害，羊祜不想參與。

高貴鄉公曹髦當魏國國君時，司馬昭已經牢牢控制大權，於是羊祜接受政府徵辟，先後出任中書侍郎、給事中、黃門郎等職，加入了司馬氏集團。司馬炎受禪稱帝，建立西晉王朝時，羊祜以佐命之功，進為中軍將軍，加散騎常侍，進爵為侯。

⊙鎮守荊州

西晉建立後，野心勃勃的晉武帝司馬炎決定將三國中僅剩的孫吳也消滅了，積極籌劃南征。泰始五年（二六九年），司馬炎任命羊祜為都督荊州諸軍事、假節，鎮守荊州的襄

墓壁磚畫　放獵　魏晉

延伸知識

陳壽撰《三國志》

陳壽（二三三～二九七年），字承祚，巴西安漢（今四川南充北）人，少年時曾求學於蜀國大臣譙周。入晉後，陳壽歷任著作郎、治書侍御史等官職。

太康元年（二八〇年）晉滅吳後，陳壽搜集魏、蜀、吳史料，撰成《三國志》。《三國志》基本屬於紀傳體，共六十五卷，分魏、蜀、吳三志，其中《魏書》三十卷、《蜀書》十五卷，《吳書》二十卷。《魏書》前四卷稱紀，《蜀書》《吳書》有傳無紀。在中國古代紀傳體正史中，《三國志》具有很高的地位，與《史記》《漢書》和《後漢書》並稱為「前四史」，為世人所推崇。

《三國志》取材嚴謹，文筆精練，記事比較真實，凡三國時期在政治、經濟、軍事上有影響的人物，以及在學術思想、文學藝術、科學技術上有貢獻的人，《三國志》都有記載。此外，該書也記錄了國內少數民族以及鄰國的歷史。但由於陳壽是私人著述，並無獲得皇帝的支持，更無權翻閱西晉的國家檔案和資料，所以部分記載過於簡略，也遺漏了一些重要的歷史事件和人物事蹟。

陽（今湖北襄樊），進行戰前準備。作為對孫吳的軍事佈置的一部分，羊祜在這個關鍵的地區駐守了將近十年。

羊祜首先安頓後方，為軍隊補給充足，派士兵墾田。羊祜上任之年，荊州的社會秩序迅速安定，全軍共墾田八百餘頃，年底收穫的糧食足夠十年的軍需。羊祜功績卓著，武帝加封為車騎將軍，負責指揮漢東、江夏地區的全部軍隊。

⊙英雄惜英雄

羊祜到荊州的第二年，孫吳也派陸抗到南邊的荊州做最高軍事長官，兩人很快交上了手。

這次交鋒的結果，羊祜落敗，貶官為平南將軍。羊祜看到孫吳餘威尚在，於是派兵占據了荊州以東的險要之地，先後建立五座城池，把石城（今湖北鍾祥北）以西的大片肥沃土地都納入西晉的版圖之中，孫吳在荊州的戰略空間被壓縮，行動受到限制。

其次，羊祜對孫吳以信義相待，羊祜預先約定交戰的日子，才與孫吳交戰。部將向羊祜獻迷惑敵人之計，羊祜說「妙計，妙計，值得犒賞」，用美酒將其灌醉。有一次，部下從邊界抓到兩個吳國小孩，羊祜馬上命令送回。

吳國的將軍陳尚、潘景來犯，兵敗被殺，親人前來收屍，羊祜將二人厚禮殯殮，送交對方。

對書俑　西晉

羊祜出戰，行軍至吳國境內，如果收割了百姓的稻穀充作軍糧，事後必定按照數量送絹帛作為賠償。

晉、吳兩國荊州的中間地帶野獸很多，打獵的時候羊祜約束部下，不僅不許越過邊界線，而且凡是被吳國人打傷後跑到晉國境內被捉住的禽獸，全都送還對方。

羊祜這些作法，使對方心悅誠服，吳國人十分尊重他，不直呼其名，只稱「羊公」。

陸抗明知羊祜是在收買人心，心下依然十分欽佩，告誡部下說：「羊祜專門做好事，如果我們只做不好的事，那麼仗還沒打我們就已經輸了。現在晉軍勢力強大，我們只要守住邊界就好，千萬不能想占對方的便宜。」在很長的一段時間裡，晉、吳雙方邊境相安無事。

青釉蓮瓣紋蓋罐　西晉

不久，羊祜要求兩國開放邊境，讓百姓自由通商，雙方互派代表，建立溝通管道。陸抗同意了，說：「羊祜的德量，就是戰國名將樂毅和當今諸葛亮也不能超過。」

有一次陸抗得病，羊祜送去一劑特效藥，陸抗命人煎服。手下說：「大人不可，這藥是那邊送來的，有毒怎麼辦？」陸抗呵斥說：「羊祜是那種人嗎？」吃了羊祜送來的藥，陸抗的病很快就好了。作為回報，陸抗送去幾罈好酒，羊祜也不遲疑，仰脖就喝。

吳國的君主孫皓聽說陸抗不打羊祜，似乎還和羊祜成了朋友，派人質詢陸抗。陸抗回答說：「對待小如一邑一鄉的百姓，尚且不可以沒有信義，況且是處理大國之間的關係呢！我如果不這麼做，正好顯現出對方的德行，對羊祜有益無害啊！」

羊祜表面對陸抗和氣，但是滅吳

青瓷騎獸燭臺　西晉

的事情始終不曾忘記。修繕兵甲，訓練隊伍，又以滅吳必須借助長江上游的水軍，推薦王濬當益州軍事長官，密令王濬準備舟船，準備將來順流而下攻打吳國。

⊙建議伐吳

咸寧二年（二七六年）十月，晉武帝改封羊祜為征南大將軍，恢復貶降前的一切職權。經過七年準備，荊州邊界的晉軍實力超過了吳軍，更碰上難得的機遇：兩年前羊祜的勁敵陸抗病死，孫皓統治殘暴，境內各種問題日益激化，危機四伏，吳國百姓怨聲鼎沸，吳國的將領受到猜疑，君臣各不自安。

羊祜看到時機已經成熟，上疏晉武帝請求伐吳。羊祜詳細規畫未來戰爭，建議四路大軍同時進擊，吳國定然不能抵擋，整個戰爭不用很長的時間，就會獲得勝利。

晉武帝十分看重羊祜的上疏，但是朝內大臣卻持反對態度，認為西北

潭柘寺

位於北京潭柘山，始建於西晉，是北京最古老的寺院。

地區的鮮卑人騷亂尚未平定，不應該同時進行滅吳戰爭。武帝態度又猶豫不決。

羊祜為此再一次上表，陳述滅吳與平定鮮卑騷亂並無衝突，而且更加促進西北問題的解決，敦促晉武帝早下決心，平定南方。但是除了杜預、張華等少數大臣外，羊祜的意見沒人理睬。

墓壁磚畫 放獵 魏晉

寂寞的羊祜歎息說：「天下不如意事十之八九，上天送來滅吳的機會，我們卻不要，後來者再辦理此事時，怎麼會不譴責我們呢？」

⊙名臣殞身

咸寧四年（二七八年）八月，羊祜身染重病，返回洛陽，抱病再一次向晉武帝陳述伐吳主張。後來羊祜病體漸重，武帝才要求他帶病指揮這場戰爭。羊祜知道難以率兵了，臨終前向晉武帝舉薦將軍杜預接替。十一月，羊祜病故，終年五十八歲。羊祜眼光精準，在後來的戰爭中，杜預全力發揮，晉軍滅吳的幾路出兵計畫，也基本得到執行。

羊祜高風亮節，為人清儉，為官不謀私利，俸祿全數救濟族內的窮人，賞賜軍士，家無餘財，也沒有子女。死後，堂弟羊琇等依照羊祜的志願，請求安葬在先人墓旁。武帝不許，在帝陵旁邊賜給羊祜一塊墓地，安葬在那裡。

羊祜出殯的那一天，武帝身著素服，放聲大哭。天氣寒冷，武帝的涕淚霑在鬍子上，結成了冰。

羊祜死訊傳到荊州，襄陽集市莫不痛哭流涕，無心做生意，商人全體罷市。孫吳守邊的將士知道消息後，也為這位仁義對手的離去悲傷。

羊祜死後兩年，晉滅吳，朝廷擺宴慶祝，群臣稱讚武帝德行武功了得。武帝拿著酒爵，想起了羊祜，再次流淚說：「這都是羊太傅的功勞啊！」

羊祜愛好登山臨水，尤其喜歡襄陽附近的峴山。曾經對左右說：「自從有了宇宙，這座山就有了。古往今來多少賢人俊傑，都曾登上此山遠眺，如今前人湮沒無聞了，想起來讓人悲傷啊！我死後如果地下有知，魂魄也會時常到這裡來。」

當地百姓為紀念羊祜，在峴山刻了石碑，建起廟宇，歲歲祭祀。由於人們看見石碑就要落淚，所以石碑又名「墮淚碑」。

豪門鬥富

●時間：西晉初年
●人物：石崇　王愷

魏晉時代是一個讓人十分困惑的時代，不說那群言行瀟灑、我行我素的名士，只看西晉王朝剛剛建立時瀰漫朝野的那股窮奢極慾的社會風氣，也和多數王朝建立時君臣勤儉、萬事節約的模樣不同。

⊙武帝赴宴

有一天，晉武帝司馬炎到外甥王濟家做客，王濟大擺筵席招待，送上菜來，杯盤用的都是琉璃器。武帝看看王濟，心裡暗道：「夠闊氣的啊，我一向只在大慶之日宴請百官時才用的，你倒學過去了。」

又看旁邊伺候進食的婢子總有百來人，個個穿著綢緞，舉著酒水和食物，排場不小。再看面前的菜饌，流水一般直送上來，食案上都堆不下了。

武帝問：「甥兒，你平時吃飯就是這樣的嗎？見我來也不用這麼客氣啊！」王濟笑著說：「我平時也差不多，只不過特意添了幾道菜而已。」

武帝拿起筷子，道道菜製作精美，味道可口，特別是一道蒸小豬肉，味道鮮美得不同尋常，就問：「這肉是怎麼做的？味道很特別啊！」王濟笑了笑，說：「噢，豬是用人乳餵養的，自然不同。」

武帝聞此言甚感不快，飯都沒吃完，找個藉口起身走了，王濟都不知道是怎麼回事。

⊙石府的奢華

武帝見王濟奢侈便感覺不快，可是還有人比王濟更加富貴，例如石崇。石崇曾經當過荊州刺史，劫掠過往商人的財貨，發了大財。家產價值千萬金，住宅車馬和王侯不相上下，吃的是山珍海味，妻妾有數百人，都穿著綾羅綢緞，披金戴銀。至於絲竹管弦這些樂器，盡是一世之選。住的地方亭臺樓閣，人造的飛瀑湖澤，巧奪天工，就連廁所也豪奢之極。

石崇家的廁所佈置得富麗堂皇，其中預備甲煎粉、沉香汁之類的香

青釉神獸形瓷尊

這座瓷尊於江蘇宜興西晉周處家族墓四號墓出土，造型奇特，是目前發現的西晉青瓷器中罕見的精品。它是在一件鼓腹下垂的短頸盤口尊上，貼塑出神獸（闢邪）的頭部和四肢，借用瓷尊下垂的鼓腹，作為神獸的軀體，形成蹲踞姿態的大腹神獸造型。獸頭部塑製精細，雙目突出，小鼻闊嘴，獠牙外露，頦下垂長鬚，口內含珠。四肢、雙翼、脊毛和獸尾，亦刻劃精細。棕色胎，遍體內外施青釉。

料，十來個華服麗妝的婢女在旁邊伺候。每次使用，婢女為他換上新衣服，弄得客人都很害羞，連廁所都不敢去了。

有一次大臣劉寔拜訪石崇，中途入廁，進了一間屋子，只見裡面擺著大床，上面罩著絳紗帳，鋪蓋華麗，兩個婢女拿著錦香囊站在旁邊。劉寔慌忙退了出來，對石崇說：「剛才不小心進了您的臥室。」石崇大笑，說：「那只是我的廁所啊！」

⊙王石鬥富

除了石崇，朝中其他有錢人也不少，譬如貴戚羊琇、王愷。這些人養成了一個嗜好：比錢多，寶貝好，其中能夠和石崇一較高下的就有王愷。

王愷是武帝司馬炎的舅舅，也是不同尋常的大富豪，與石崇互不服氣。王愷用糧食做柴火燒菜，石崇就用蠟燭煮飯；王愷用紫色絲布做了一道四十里長的帷帳，石崇就用錦緞做了一條五十里長的；石崇用香料椒粉刷牆壁，王愷就用紅色石脂。

兩人鬥富，王愷老是處於下風，武帝見舅舅王愷比不過石崇，每每暗地用皇宮寶物為舅舅撐腰。

武帝曾經賜給王愷一枝珊瑚樹，高約兩尺，枝幹茂盛，高低疏密有致，十分罕見。王愷得意洋洋，特地帶到石崇家，請他鑑賞。石崇瞟了一眼，順手拿起鐵如意打下，「喀嚓」一聲，就把珊瑚樹打得枝折幹斷。

王愷以為是石崇嫉妒，勃然大怒，厲聲呵斥石崇：「你怎麼敢這樣！」石崇呵呵笑了笑，說：「不要為這個破東西傷和氣嘛，我賠你就是。」

他吩咐左右將府庫裡的珊瑚樹全都拿出，讓王愷挑選。王愷一看，這些珊瑚樹有高三尺的，更有高四尺的，光是枝幹扶疏、光彩奪目的世間

騎馬儀仗俑

俑高二十三．五公分，長十七公分，一九五八年湖南長沙金盆嶺出土。此俑是西晉時期死者的儀仗隊隨葬。

四葉人物紋銅鏡　西晉

銅鏡直徑十六．七公分，飾四葉紋，間飾樹木雙鳥圖案。葉紋中有人物像，四個人分別題為「孔聖人」、「弟子仲由」、「弟子顏淵」、「弟子子貢」。

極品就有六七枝，至於武帝賜給的，隨手拿起就是。王愷又輸了一陣，垂頭喪氣。

王愷總以三件事不及石崇為憾：石崇家裡來了客人，為他們做豆粥，片刻之間就好了。更奇怪的是他家冬天也有只在夏秋生長，味道類似韭菜的一種佐料。石崇還有一條駕車的牛，形狀和氣力都比不上王愷的，但每次和王愷出遊，回洛陽晚了，兩人搶著進城，石崇的牛遲王愷的十步出發，卻能迅若飛禽般超越，王愷的牛車卻追不上。

王愷於是偷偷賄賂石崇的管家和駕車的人，管家說：「豆子最難煮熟了，都是預先煮好的，客人來了，只需加上白粥就行了。至於那種佐料，只是將韭菜根搗碎了，然後摻雜進麥苗而已。」

又問駕牛車的人，那個人說：「您的牛其實跑得並不慢，只是駕車的不會控制。在較勁的時候，只要聽任車轅歪斜，讓牛卡得疼痛難忍，自然就跑得快了。」

王愷大喜，如法炮製，果然不落下風。石崇一查，原來內部有人洩密，把管家和車夫全都殺了。

鬥富鬥到挖空心思，弄虛作假，西晉上層社會的風氣可謂壞到極至。武帝自身沒有樹立好的榜樣，貪戀女色，搜刮財富，又寬待貴戚大臣，讓他們更加肆無忌憚，於是讓人瞠目結舌之事層出不窮。西晉朝廷淹沒在貪鄙無厭、窮奢極欲的濁流之中，迅速腐敗。

歷史詞典

談玄盛行

整個魏晉南北朝時期，社會問題交織，政治動盪，朝臣的命運朝不保夕，文士對功名利祿避之不迭。清談便作為一種遠離時務的風氣逐漸盛行。

清談又稱「清言」或「玄談」，始於東漢末年的人物品題。曹魏政權建立以後，推行「九品中正制」，以此吸納人才入仕，使之成了識別人物、選拔官員的「才性之學」，清談也從單純品題人物變為抽象的才性問題的討論，曹魏時期的文學家劉邵所著的《人物志》就是關於才性問題的代表作。

曹魏正始（二四〇～二四九年）年間後期，司馬氏把持朝綱並進而篡立，政治黑暗。為了逃避政治迫害，文士費盡心思躲開敏感的政治話題，於是少講話，不講話，或者講無關時政痛癢的廢話和模稜兩可的「玄言」。

司馬昭稱西晉文學家阮籍為天下第一謹慎之人，就是因為阮籍談話都言語玄遠，從不評論時事，臧否人物。

西晉另一位文學家嵇康，講話時也盡量意在言中，以此作為全身之道，但還是被司馬氏政權所猜忌，最終被殺。

當時名士多以酒和藥作為護身符，服寒食散和借酒澆愁成為時尚。這種怪誕放達行為的思想和理論，來源於老莊的自然無為思想。

這一時期，清談融入了《老子》《莊子》《周易》，產生了玄學，而玄學清談又與佛學合流，影響了整個兩晉及南北朝佛教思想的發展。

瑪瑙璧　西晉

愚夫妒婦

●時間：西晉初年
●人物：司馬衷　賈南風

中國歷史上的皇帝，惠帝之蠢恐怕空前絕後。歷代皇后，狡詐凶狠如賈后者也少有其人。這對夫妻，將剛建立不久的西晉王朝拉進了泥坑。

⊙太子答題

西晉太熙元年（二九〇年），做了二十五年皇帝的武帝去世了，太子司馬衷繼位，就是晉惠帝，太子妃賈南風則做了皇后。惠帝和賈后夫妻倆在歷史上的名聲都不好，丈夫既笨又呆，老婆善妒凶狠。當初老皇上活著的時候，大臣就說太子恐怕不中用。

有一天晉武帝舉行宴會，臣子衛瓘假裝酒醉，倒在武帝的御座面前，用手撫摸著坐位，嘴裡含含糊糊地說：「可惜這個坐位了！」

武帝平時和兒子說話的時候雖然覺得不大對勁，總以為那是因為兒子怕他，但擋不住眾口一詞，決定試探看看。他把東宮的官員都叫到一塊，讓他們出了幾道政務題目，送給太子回答。

太子司馬衷對著試卷抓耳撓腮，太子妃賈南風一看陣勢不好，偷看了題目，派人到外面要答案。幾個老夫子就引經據典，做了一篇漂亮的駢文。

這時，內侍張泓說：「陛下知道太子不學習，看到這種文章肯定懷疑。現在只要就事論事，把問題解決就行，不可引書。」賈南風同意，就讓張泓寫了份道理粗淺的答案，讓太子謄錄後送給武帝。

武帝看著歪歪扭扭的字跡，就很高興：「誰說我兒子笨的？你們看，他平時不怎麼念書，但是處理政事不是一樣四平八穩？」

其實，武帝不願意承認太子愚鈍，因為他不想把皇位拱手讓給弟弟司馬攸。

司馬攸是武帝司馬炎的親弟弟，為人溫和公允，禮賢下士，愛讀書，善寫文章，才能、聲望都比武帝高，深受父親司馬昭的寵愛，幾次想立為太子。但古代嫡長子繼承制影響深遠，有所謂「立長不立賢」的說法，司馬攸不是長子，名分不合，因此司馬昭最後還是立司馬炎為太子，就是後來的晉武帝。

到了武帝晚年，朝廷內外都想讓武帝將皇位傳給弟弟司馬攸。當年為了與弟弟爭奪皇

畫像磚　男賓觀看童舞　魏晉

位，武帝承受了無盡的憂惶和驚嚇，現在當然不肯將帝位送給這個平生潛在的最大對手，武帝寧願將江山託付給那癡呆的太子司馬衷。

⊙賈妃善妒

太子的位子更穩了，妃子賈南風立有大功。賈南風是武帝寵臣賈充家的女兒，可是長相、品德卻讓人難以恭維，能做太子妃實在是因為武帝糊塗。

歷代帝王像卷　司馬炎圖

唐代閻立本繪。晉武帝司馬炎（二三六～二九〇年），字安世，河內溫縣（今屬河南）人，晉朝建立者，並於太康元年（二八〇年）滅掉東吳，使歷史進入一個短暫統一的時期。

司馬衷十三歲的時候，武帝打算為他娶親。最初，武帝想找個門風好而且漂亮的兒媳婦，中意的是衛瓘的女兒，但是司馬衷的母親楊皇后收了賈充的老婆郭槐不少禮物，堅決主張以賈充女為妃。

武帝說：「衛家女兒有五可，賈家的則有五不可。衛家女人賢慧多子，長得漂亮，身材好，皮膚白；賈家的女人則喜歡嫉妒，生的子女不多，長得醜，又矮又黑。」

但是楊皇后固執己見，賈充的同黨荀顗、荀勖也說賈充女兒賢慧。無可奈何之下，武帝只好同意和賈家訂婚。

賈南風繼承了母親郭槐的妒忌脾氣，又繼承了父親賈充狡詐陰狠的性格。她比司馬衷大兩歲，可憐的太子哪裡是她的對手，既十分害怕她，又被她哄得團團轉，成天只能守著她，別的嬪妃別想沾身。

賈南風性格又十分殘暴，曾經親手殺了好幾個人。有一天她發覺太子的小妾懷孕，盛怒之下用戟擲打，孕婦腹中的嬰兒也沒保住。

武帝聽說這件事，大發雷霆，馬上就要廢掉賈南風這個太子妃，只是由於趙粲、荀勖等大臣說情挽救，才未廢黜。武帝一死，賈后的地位就更沒人能夠動搖了。

⊙白癡為帝

司馬衷做了皇帝，可是祖宗並沒有保佑，讓他變得聰明些。司馬衷的老師曾經為他講「不平則鳴」，說做臣子應該一心為公，遇到對百姓不公的事情，就要站出來說話。

幾天後司馬衷在華林園遊玩，聽見蛤蟆叫，想起老師說過的話，就問老師：「牠們是為公家而鳴，還是為自己而鳴？」老師哭笑不得。旁邊的小宦官靈機一動，說：「在官地裡叫就是為公家而鳴，在私地裡叫就是為自己而鳴。」

過了幾年，天降災異，到處鬧饑荒，大臣向司馬衷彙報，請求開倉放糧，司馬衷就問：「百姓真的沒糧食吃嗎？」有人回答：「千真萬確，已經餓死幾萬人了！」皇帝若有所思，突然說：「沒有糧食，他們為甚麼不吃肉粥呢？」此事一時傳為笑談。

西晉鎮南將軍金印

西晉宣成公金印

⊙賈后專權

惠帝如此愚笨，給了賈后大顯身手的機會。首先賈后要把外戚皇太后楊家的勢力從朝中清除。楊、賈兩家的衝突由來已久，在朝內各樹黨羽，明爭暗鬥。

武帝臨死時下詔由汝南王司馬亮（司馬懿第五子）與楊皇后的父親楊駿共同輔佐不中用的惠帝。楊駿和女兒楊皇后趁機假造詔書，楊駿大權獨攬。

當了皇后的賈南風不甘心，決心與楊家爭奪權力。元康元年（二九一年），她與左右陰謀策劃，密召楚王司馬瑋（司馬炎第五子）帶兵進京，由惠帝下詔宣布楊駿圖謀不軌，殺死楊駿及其黨徒數千人，廢楊太后為庶人，將她囚禁餓死。

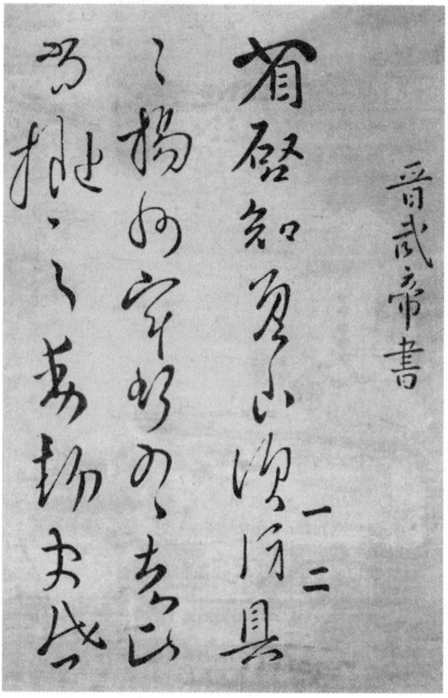

晉武帝　省啟帖

晉武帝司馬炎擅長書法，宋陳思《書小史》載：「帝善行草書。」宋《宣和書譜》說：「武帝喜作字，於草書尤工，落筆雄健，挾英爽之氣。」

傾倒了楊家，賈南風讓汝南王司馬亮入朝輔政，楚王司馬瑋以衛將軍領北軍中候，掌握中央兵權，兩人因而互相爭奪權力。

賈后認為司馬亮、司馬瑋二人都妨礙自己專權，於是誣陷司馬亮與仇家衛瓘想廢掉惠帝，以惠帝名義下詔，命令司馬瑋率軍殺死司馬亮和衛瓘。緊接著，她又否認惠帝曾經下過這道詔書，以司馬瑋「矯詔」擅殺大臣的罪名，收殺司馬瑋。

賈后從此大權獨攬，賈家也是一人得道，全家升天。賈后任用了具有一定的統治經驗的名士張華、裴頠、裴楷、王戎四人並管機要，輔佐惠帝，朝中安靜了一段時間。

不久後，賈后又與太子意見不合，她廢掉太子，引發朝臣不滿，動亂又要開始了。

【八王之亂】

●時間：西元二九一～三〇六年
●人物：司馬倫　孫秀

晉武帝不聽大臣的意見，亂封諸侯王的舉動讓他的白癡兒子司馬衷遭受了厄運。西晉王朝的混亂不是民間問題造成的，也不是外敵入侵造成的，而是被一個妒忌殘忍的皇后和八個權欲熏心的王爺造成的，司馬炎地下有知，不知道會作何感想。

⊙太子之死

賈后把持西晉政權，廢掉太子之後，太子的東宮武官衛督司馬雅、常從督許超、殿中郎士猗等人心懷不滿，打算廢掉賈后，然後復立太子。可是手裡沒有兵權，又認為這種大事得由王公重臣出面才能名正言順，於是就看上了手握兵權的趙王司馬倫，打算先說動司馬倫的心腹謀士孫秀，再讓孫秀勸說司馬倫。孫秀被司馬雅等人的言辭說動，答應勸司馬倫擁立太子。

可是孫秀先把司馬雅等人的意思告訴了司馬倫，然後又勸司馬倫說：「太子剛猛，如果復立，那麼趙王您以前擁立賈后的事情肯定還是會被追究，不如我們等待時機，先讓賈后害死太子，我們再以為太子復仇的名義廢掉賈后，朝廷大權就都在您的手裡了。」

司馬倫覺得有理，就到處散布謠言說朝中大臣要擁戴太子復位。謠言傳到了賈后的耳裡，這個陰險的女人立刻命心腹太監害死了太子，然後又裝模作樣用諸侯王的禮儀埋葬太子。

⊙賈后被廢

賈后殺了太子之後，西晉文武官員對她的恐懼和憎恨都達到了極點，趙王倫和孫秀就準備開始廢后的行動了。

西晉永康元年（三〇〇年）四月的一天晚上，穿上全副甲胄的趙王司馬倫召集了全體禁衛軍，宣布接到晉惠帝的詔書，要帶領禁衛軍入宮廢掉賈后。眾將士也早看不慣凶狠歹毒的醜陋皇后，異口同聲表示願意跟隨司馬倫進宮。

當天晚上，司馬倫和孫秀帶領大隊士兵衝進內宮，控制了宮內的所有要道，司馬倫並派出齊王司馬冏進入抓賈后。

賈后看到司馬冏帶領兵馬入宮，知道大事不好，就問司馬冏說：「你為甚麼來了？」司馬冏回答說：「奉

歸義氐王金印

「歸義」猶言歸化而附之，即歸順之意。此印為晉室頒賜給歸順於晉的氐族部落酋長之印。

皇帝詔書抓妳。」賈后也開始垂死掙扎，大聲說：「皇帝的詔書都是我發出的，這件事誰是主謀？」司馬冏回答說：「這是趙王下的命令。」

賈后悔恨不已，拍著地板說：「繫狗當繫頸，反繫其尾，何得不然！」那意思是說沒看好司馬倫，結果被他反咬了一口。

司馬倫控制了大局之後，立刻殺了賈氏三族，並把依附賈后的張華滿門抄斬，打入冷宮的賈南風也被司馬倫毒死。志得意滿的司馬倫掌握了大權後，以晉惠帝的名義自封為持節、都督中外諸軍事、相國、侍中。由於司馬倫一向昏庸無能，只是依靠孫秀出謀劃策，才有了今天的局面，所以這時實際上是寒門出身的孫秀在操控西晉的政局。

⊙諸王並起

眼看著西晉的朝廷大權落到了佞臣孫秀和無能的趙王司馬倫手中，西晉王室淮南王司馬允心懷不滿，就帶領七百多名死士發動兵變，包圍了司馬倫的府邸。司馬允手下都是久經沙場的戰士，一交手就殺了司馬倫的一千多名士兵，眼看司馬倫無法抵抗，司馬允即將成為匡扶晉室的功臣，司馬倫的禁軍將領伏胤卻假裝送來晉惠帝的詔書，趁機砍下了司馬允的腦袋。主將一死，司馬允的手下也都作鳥獸散。

逃得一死的司馬倫和孫秀開始大肆捕殺同情司馬允的大臣，前後共殺了幾千人，連前面提到的西晉第一富翁石崇，也因為不肯把小妾綠珠讓給孫秀，被劃到了叛臣的名單裡，誅滅三族。

司馬倫消滅了淮南王司馬允的勢力後，野心更大，逼晉惠帝退位當了太上皇，而自己當了皇帝。司馬倫一即位，就把官員兵士都封了大大小小的官職。那時候，當官的戴的官帽上

歷史詞典

晉頒行戶調製度

晉太康元年（二八〇年），西晉朝廷頒布國家的基本經濟、財政制度——戶調式。晉武帝司馬炎頒行戶調式制度的目的是為了平均土地，限制土地兼併，以確保國家的財政收入和徭役徵發。

戶調式共有占田制、戶調制和品官占田蔭客制三大內容。

占田制也叫占田課田制，把占田制和田稅制結合一起，規定正丁男子占田七十畝，女子三十畝；丁男課田五十畝，丁女二十畝，次丁男二十五畝，次丁女及老小不課。占田數是國家規定農民占有田地的數量，而課田數是國家向農民徵收賦稅的畝數。曹魏時期，農民每畝只須交糧四升，而晉朝時農民每畝需要交糧八升，足足提高了一倍。

戶調制是一種徵收戶籍稅的制度，規定丁男之戶每年交納絹三四、綿三斤，女及次丁男立戶，交納丁男戶的一半。戶調制不分貧富，以戶為單位徵收，對普通百姓十分不公。

品官占田蔭客制是一種保障貴族、官僚經濟特權的制度，官員可以按照官品的高低，占有更多的土地，使更多的百姓為私人戶口，不承擔國家的徭役。

蠻夷侯金印　西晉

延伸知識

「太康之英」——陸機

陸機（二六一～三〇三年），西晉文學家，吳郡吳縣華亭（今上海市松江區）人，陸機出身於名門世族。祖父陸遜、父親陸抗都是三國時期吳國名將。吳國滅亡後，陸機與弟陸雲退居故里，閉門苦學。

西晉太康十年（二八九年），兩兄弟來到洛陽，文才傾動一時，譽滿京師，有「二陸入洛，三張減價」（三張指張華、張載與張協）之說。太常張華對他們尤為愛重，說：「伐吳之役，利獲二俊。」

陸機入晉後歷任太子洗馬、著作郎、中書郎等職，後又由成都王司馬穎薦為平原內史。西晉太安初年（三〇二～三〇四年），陸機被成都王司馬穎任命為率後將軍、河北大都督，參加了八王之亂。後來有人向司馬穎進讒言說陸機通敵，司馬穎就殺死了陸機，並夷滅陸氏三族。

陸機今存詩約百餘首，作品注重形式技巧，文辭華美，代表了太康文學的主要傾向。陸機在文學理論方面也多有建樹，所作的《文賦》是中國第一篇系統的創作論，對後世的文學創作和理論發展產生了重要的影響。陸機是西晉太康年間聲譽最隆的文學家，故後人稱之為「太康之英」。

面都用貂的尾巴裝飾。司馬倫封的官實在太多太濫了，官庫裡收藏的貂尾不夠用，只好找些狗尾巴湊數。所以，民間就編了歌謠來諷刺，叫做「貂不足，狗尾續」。

各地諸侯王聽說趙王司馬倫做了皇帝，誰都不服氣，在司馬皇族之間於是展開了一場又一場的廝殺。參加這場混戰的有趙王司馬倫、齊王司馬冏、成都王司馬穎、河間王司馬顒、長沙王司馬乂、東海王司馬越，再加上已經被殺的汝南王司馬亮、楚王司馬瑋，一共有八個諸侯王，這就是中國歷史上著名的「八王之亂」。

八王之亂前後延續了十六年，到了永興三年（三〇六年），八王中的七個都死了，留下的最後一個東海王司馬越，毒死了晉惠帝，另立了惠帝的弟弟司馬熾，這就是晉懷帝。

「八王之亂」這場醜惡的紛爭給人民帶來了無窮的災難，數十萬人民喪失了生命，許多城市遭受洗劫和焚燬。最讓人扼腕的是諸侯王紛紛利用少數民族參加這場混戰，讓中原成為匈奴族和鮮卑族橫行的地域，西晉王朝也即將走到自己的終點。

青瓷鷹形雙耳壺　西晉

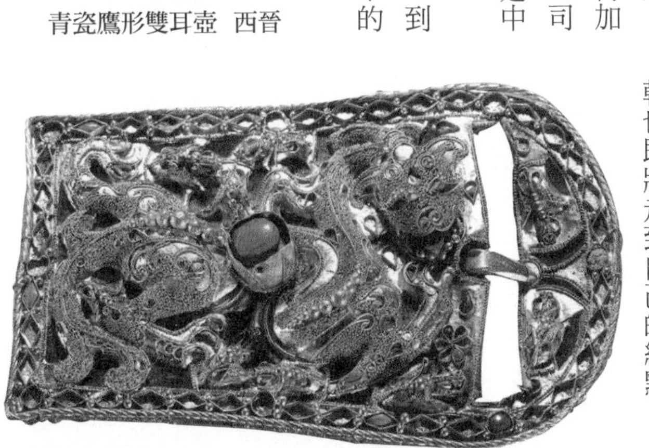

龍紋金帶扣　西晉

帶扣鏤雕一條扭身擺尾的龍，翻騰於雲氣之中。龍身中部鑲嵌一顆綠松石珠，帶扣背面襯黃銅片以加固牌面。

永嘉之亂

●時間：西元三一一年
●人物：劉淵　劉聰　晉懷帝

八王之亂的烽火還沒有在中原大地上平息，匈奴貴族首領劉淵就帶領著匈奴五部發動了推翻西晉的戰爭。可是由於劉淵和繼承者劉聰奉行的是極端的民族歧視和民族壓迫政策，整個中國北方陷入了血腥的割據混戰之中。

⊙劉淵發跡

劉淵（?～三一〇年），匈奴人，祖先是西漢時期赫赫有名的冒頓單于。因為漢高祖劉邦採納了和親之策，把宗室女子嫁給了冒頓單于，所以冒頓單于的子孫都以劉姓作為漢族姓氏。

東漢末年，已經歸附東漢的劉淵祖父於扶羅，帶著匈奴大軍幫助東漢政府鎮壓黃巾後，就率眾留在了中原地區。

後來曹操集團成了中原地區最大的政治勢力，曹操為了防止匈奴人勢力坐大，就把於扶羅留下的匈奴人部落一分為五，劉淵的父親劉豹成為其中勢力最大的左部帥。雖然匈奴人被迫分成了左右南北中五部，但他們都居住在晉陽汾澗之濱（今山西汾水流域），彼此仍保持著密切的關係。

曹魏嘉平（二四九～二五四年）中，劉豹的妻子呼延氏生下劉淵。劉淵從小就聰明伶俐，拜上黨文人崔游為師，開始學習《毛詩》《京氏易》《馬氏尚書》等儒家經典，劉淵特別喜歡讀《春秋左氏傳》和《孫吳兵法》，並且能夠大略背誦。在學習漢族文化的同時，劉淵也沒有放棄匈奴人的騎射功夫，練了一身的好武藝，不但射術精準，而且膂力過人。

曹魏咸熙年間（二六四～二六五年），劉淵作為匈奴五部的人質來到洛陽。當時掌握朝廷大權的司馬昭接見了劉淵，司馬昭既滿意劉淵「姿儀魁偉，身長八尺四寸，鬚長三尺餘」的儀表，又被劉淵的文采武略所打動，打算讓劉淵在手下為官。可是大臣孔恂、楊珧卻以「非我族類，其心必異」的道理反覆陳述，最終司馬昭放棄了重用劉淵的念頭，把劉淵閒置在洛陽城。

⊙擁兵自立

正當劉淵在洛陽鬱鬱不得志的時

青瓷提梁熏　西晉

熏爐作斂口折沿鉢式，口沿上置丁字形提梁，器身外施光潤的青釉。腹體鏤雕三層熏孔，共九十孔。

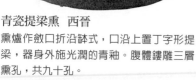

延伸知識

司馬彪治史

司馬彪（約二四〇～三〇六年），字紹統，河內溫縣（今屬河南）人，司馬懿的弟弟司馬敏的後代。司馬彪幼年時勤學好問，孜孜不倦，但由於好色薄行，遭到父親的貶斥，不准當繼承人，所以他就專心致志博覽群書，研究學問。司馬彪曾任騎都尉、祕書郎、祕書丞，著有《莊子注》《九州春秋》等書。

所著《續漢書》八十卷，以紀、志、傳等形式，記載了從光武帝劉秀到獻帝劉協兩百多年的東漢史事。這是司馬彪博採眾書，為彌補漢室中興至建安年間史記煩雜，缺欠很多的遺憾而著的。現僅存八志三十卷，其中紀、傳部分散佚。北宋以後配合范曄的《後漢書》紀、傳刊行。

此外，名士譙周認為司馬遷的《史記》在記載周秦以上史事時多採用的是俗語，沒有專據正典，所以譙周作《古史考》二十五篇，憑據舊典，糾正司馬遷的錯誤之處。到司馬彪時，又認為譙周的《古史考》並不完美，所以對照《汲塚紀年》，稽查考證了其中一百二十多條的不當，並刊行於世，可惜該書後來遺散。

候，從匈奴部落傳來了父親劉豹去世的消息，劉淵趁機結束人質生活，回到了部落，成為匈奴左部新帥。

西晉太康十年（二八九年），朝廷下令將匈奴五部帥改為五部督尉，劉淵又成為北部都尉。到了外戚楊駿輔政的時候，劉淵任命為建威將軍、五部大都督，正式確立了劉淵在匈奴五部中的領導地位。劉淵把所學的儒學經典全部用在治理部落上，《晉書》稱這時的劉淵「明刑法，禁奸邪，輕財好施，推誠接物，五部俊傑無不至者」。不久，部落中有人叛逃到塞外，劉淵也被西晉朝廷罷免了五部大都督的職務，被迫在西晉成都王司馬穎的底下當了個有名無實的寧朔將軍。

青釉豬圈　西晉

豬圈作圓筒式，平底微凹。圓筒上鏤雕長條形柵欄，圈內有一頭豬臥睡於地，其神情非常生動。

當時司馬穎正與東海王司馬越爭奪政權，司馬越的并州刺史司馬騰、安北將軍王浚帶著十多萬人馬準備攻打司馬穎。看到敵人兵力如此強盛，而且還有不少鮮卑、烏丸等騎兵助陣，司馬穎害怕，打算挾持晉惠帝逃到洛陽。

劉淵看到這個機會，就進言願意帶領匈奴五部為司馬穎效力。司馬穎立刻封劉淵為北單于，讓劉淵召集匈奴大軍助陣。

劉淵回到匈奴五部後，僅二十天就召集了五萬大軍，可是司馬穎卻早帶著惠帝南逃到了洛陽。劉淵非常生氣，大罵司馬穎：「你不用我，自己逃命，真是個奴才！」

隨後聽從部下的建議，劉淵於永

玉螭紋韘　魏晉

興元年（三〇四年），正式稱漢王，打出了反晉的旗號。

⊙劉淵稱帝，兩攻洛陽

劉淵豎立反晉大旗之後，西晉的并州刺史司馬騰立刻派出將軍聶玄討伐劉淵，雙方在大陵（今山西交城東南）展開激戰。打慣了內戰的西晉軍隊哪裡是如狼似虎的匈奴人的對手，聶玄全軍覆滅，司馬騰逃出并州。

劉淵的大軍隨後攻城掠地，先後占領了太原（今屬山西）、中都（今山西榆次）、屯留（今屬山西）等戰略要地，基本控制了并州東南部。

隨著劉淵勢力的擴大，鮮卑酋長陸逐延、氐族酋長單徵、東萊王彌及後來成為劉淵心腹愛將的石勒等人都紛紛投降劉淵。

為了進一步提高威望，西晉永嘉二年（三〇八年），劉淵在蒲子（今山西隰縣）稱帝，國號仍為漢，定都平陽（今山西臨汾）。劉淵以長子劉和為太子，任命四子劉聰為車騎大將軍，姪子劉曜為龍驤大將軍。

劉淵稱帝後，加快了對西晉的進攻步伐。永嘉三年（三〇九年）夏天，劉淵派劉聰、王彌進攻洛陽。劉聰率領大軍長驅直入，擊敗了西晉平北將軍曹武，進抵離洛陽只有一百里的弘農郡宜陽（今屬河南）城。劉聰驕傲輕敵，被弘農太守垣延夜襲得手，匈奴人傷亡慘重，劉聰不得不撤軍回國。

同年十一月，劉聰再次率領大軍進攻洛陽，又遭到了晉軍的拚死反擊，被迫再次撤退。

⊙永嘉變亂

永嘉四年（三一〇年）七月，匈奴人的頭狼劉淵病死，太子劉和繼承帝位。劉和生性猜忌，即位不久就打算對手握兵權的劉聰等人下手。劉聰當然不會坐以待斃，帶著十萬大軍揮師反叛，一舉攻入平陽，殺死了劉和，自立為帝。

當時晉惠帝已經被東海王司馬越

青釉雞籠　西晉

雞籠由長方形券棚式罩和平底基座組合而成。籠罩鏤空呈長方形條格窗，內有公、母雞各一隻，造型淳樸可愛。

毒死，在位的是晉武帝第二十五個兒子、晉惠帝的弟弟司馬熾，即晉懷帝。掌握洛陽軍政大權的司馬越不但沒有利用匈奴內亂的時機整頓軍務，反攻失地，反而帶著洛陽城中僅有的四萬精兵奔逃而出，把晉懷帝丟在洛陽。劉聰知道司馬越出逃的消息後，派大將石勒千里追擊，徹底消滅這支西晉最後的武裝力量。

永嘉五年（三一一年），劉聰派劉曜率領大軍向洛陽城發起了最後的攻擊。洛陽城中守軍不過千人，而且城中缺糧，百姓只能以人相食，百官逃亡者十之八九。晉懷帝原本帶著剩下的官員想逃出洛陽，可是剛到大街，就被盜賊逼退回宮，徹底失去了逃離孤城的機會。

劉曜率領的匈奴大軍很快就攻進了洛陽城，晉懷帝打開華林園門，想出逃長安，卻被追兵所縛，成了匈奴人的階下囚。當時的洛陽簡直成了人間地獄，劉曜帶著凶暴的匈奴士兵焚燒宮廟，姦汙后妃，殺官吏士民人。這次慘絕人寰的變亂發生在永嘉年間，所以歷史上稱之為「永嘉之亂」。

永嘉之亂後，晉懷帝被劉曜作為戰利品送到了匈奴漢國的都城平陽。永嘉七年（三一三年）的春節，劉聰在都城平陽的光極殿大會群臣。這位匈奴皇帝命令晉懷帝身穿奴僕的青色衣服，在酒席上為匈奴漢國的大臣斟酒。當時座上的庾珉、王儁等西晉舊臣看到這種場面，不由得悲從心起，當場痛哭流涕。

劉聰一看晉室君臣哭啼，就起了殺機。正巧有人報告說庾珉等人準備帶著晉懷帝逃出平陽，劉聰立刻命令甲士將參加宴會的庾珉等十多名西晉舊臣拉出斬首，然後又用毒酒鴆殺了只有三十歲的晉懷帝。

三年之後，匈奴大軍攻陷長安城，晉懷帝的姪子晉愍帝被殺，西晉至此滅亡。

持刀陶俑　西晉

西晉時期繼續保持著漢末以來的門閥大族擁有大量部曲（即兵士）的社會特點。門閥大族往往在墓中隨葬兵士形象的陶俑，表現墓主人的高貴身分。

東晉十六國

西元三一七～四二〇年

中國社會科學院歷史研究所■陳爽教授

西晉王朝滅亡後，漢族政權退守江東。建武元年（三一七年），鎮守建康（今江蘇南京）的晉宗室司馬睿在江南重建晉室，史稱東晉。東晉政權維持了長期的偏安統治，到元熙二年（四二〇年）被劉裕所建立的宋所取代，共享國一百零三年，歷四代十一帝。

東晉是門閥政治發展的鼎盛時期，皇權衰落。司馬睿稱帝有賴於南方官僚士族的擁戴，東晉政權建立之初，先後平息了王敦和蘇峻之亂，統治趨於穩定。門閥大族王、謝、庾、桓先後支配著王朝政局。

南來士族祖逖曾率軍北伐，一度收復黃河流域。在此之後，當權的士族多標榜北伐以增加門戶威望，其中以桓溫的三次北伐最為著名。他曾經收復洛陽，進入關中，進兵河北，但都未能夠鞏固北伐成果。

太元十一年（三八六年），前秦南下，東晉

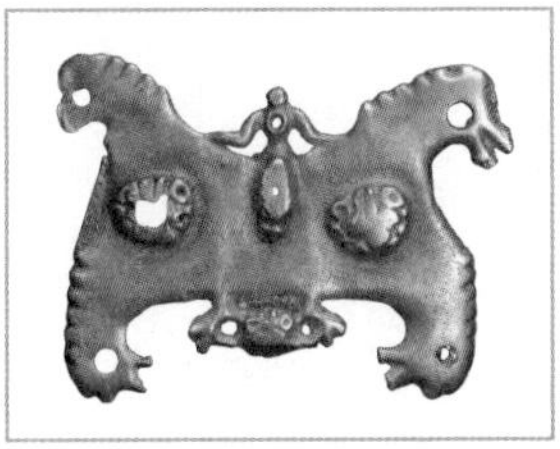

面臨空前威脅，在宰相謝安的運籌下，謝石、謝玄率北府兵大敗前秦軍隊，取得了淝水之戰的決定性勝利。

此後，南方由於外亂威脅解除而爆發內戰，孫恩、盧循起兵。桓玄在內戰中獲勝，一度篡晉。北府兵將領劉裕起兵鎮壓，並北伐樹立威望，最終取代東晉。

東晉統治者不以恢復中原為意，門閥大族致力於南方的莊園經營。北方大族及大量漢族人口遷徙江南，為南方帶來了先進的生產技術。南下的北方人民和土著辛勤不懈，開闢南方廣大的山澤荒野，促進了江南的開發，使中國經濟重心由黃河流域向長江流域轉移。

與此同時，中國北方陷入分裂混戰，黃河流域成匈奴、羯、鮮卑、氐、羌等「五胡」族軍閥爭殺的戰場，各個「胡」族首領紛紛建立政權，和東晉漢族政權長期對峙，史稱五胡十六國。

從永安元年（三〇四年）匈奴貴族劉淵建立漢國，建興四年（三一六年）滅掉西晉，到北涼承和七年（四三九年）鮮卑拓拔部統一北方，這一百多年裡，北方各民族相互爭戰，先後建立了前趙（匈奴）、後趙（羯）、前燕（鮮卑）、前涼（漢）、前秦（氐）、後秦（羌）、後燕（鮮卑）、西秦（鮮卑）、後涼（氐）、南涼（鮮卑）、西涼（漢）、北涼（盧水胡）、南燕（鮮卑）、北燕（漢）、夏（匈奴）十五個政權，連同西南氐族建立的成漢，總稱十六國。

在十六國時期，除十六國之外，還有漢人冉閔建立的魏、丁靈翟氏建立的魏、武都氐帥楊氏建立的仇池國、鮮卑慕容氏建立的西燕、鮮卑拓跋氏建立的代五個政權，總計先後建立了二十一個政權。

上述政權中，後趙、前燕、前秦都曾占據過北方的大部分疆域，尤其是前秦曾基本上統一了北方，不過時間都很短，在百餘年時間，北方戰亂基本上沒有停息。

【王馬共天下】

●時間：西元三一八年
●人物：司馬睿　王導　王敦

王馬共天下這種局面的出現，是西晉八王之亂和永嘉之亂的結果，也是晉朝名門大族勢力發展，直至超越皇權的產物。

⊙司馬睿稱帝

建興四年（三一六年），繼五年前攻陷西晉都城洛陽後，匈奴貴族劉曜又派兵包圍長安，長安城斷糧。十一月，晉愍帝司馬鄴出城投降，西晉滅亡。十二月，司馬鄴被殺。

大興元年（三一八年）三月，愍帝被害的消息傳到建康（今江蘇南京），西晉宗室琅邪王司馬睿為之服喪舉哀。三天以後，司馬睿繼承晉統，即皇帝位，建立東晉。

就在司馬睿的登基儀式上，發生了千百年來罕見的一幕。晉元帝司馬睿整理好衣冠，在莊嚴的鼓角聲中登上大殿臺階，走向御座，文武百官神情肅穆。突然，司馬睿轉過身來走下臺階，從群臣中拉出一個人，畢恭畢敬地說：「仲父，我一個人坐那個位子，心中忐忑，請你和我一道兒上去好不好？」

此言一出，百官臉色稍變，互相對望。這個被稱為「仲父」的大臣連連擺手說：「不行不行！您是皇帝，好像太陽一樣，假如太陽和萬物同輝，臣子又該瞻仰誰呢？」

司馬睿卻不這樣認為，堅持要拉「仲父」上座，好像熱心挽留客人，絕不放手，「仲父」則堅決推辭。雙方拉扯之間，司馬睿看「客人」確實沒有留下來的意思，這才罷手，當起了孤家寡人的皇帝。

這位「客人」名叫王導，司馬睿為甚麼要稱他「仲父」，拉他登上皇帝獨享的御座呢？要清楚真相，需要往前看十多年，從司馬睿還是琅邪王時說起。

⊙知己至交

西晉開國後分封宗室，在徐州北部，今天的山東南部劃出一塊地方，建立了琅邪國，首任琅邪王就是司馬睿的祖父司馬伷。永熙元年（二九〇年），十五歲的司馬睿接過祖父、父親傳下的大印，繼任琅邪王。

琅邪國裡有一個著名的家族——琅邪王氏，王家歷代名人輩出，有不少高官顯貴，是全國數得上的名門大

王導像

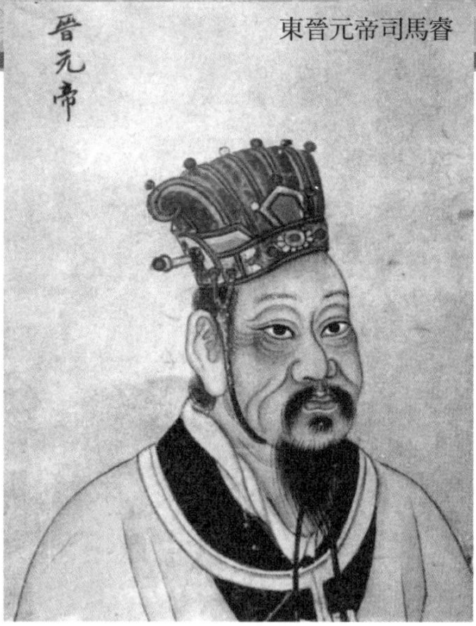

東晉元帝司馬睿

族。司馬睿家雖然是地方上的皇室，也樂意和王家結交，相互通婚。王導出身於琅邪王氏，司馬睿從小就和他相識，兩人交情不錯。

此外，司馬睿和王家其他人都很熟，司馬睿曾經對王導的堂兄王敦說：「我跟您以及茂弘（王導字），可以稱得上是管鮑之交了！」

管仲和鮑叔牙，是春秋時候的人，兩個人互相瞭解，情同莫逆，管仲甚至還說過「生我者父母，知我者鮑叔牙」這樣讓人感動的話。司馬睿將他和王家人比作管鮑，也不過分。

⊙吳人歸心

西晉末年爆發的八王之亂最終以東海王司馬越的勝利收場。永嘉元年（三〇七年），司馬越派司馬睿南渡長江，掌管揚州軍事，王導等人作為輔佐。

此時的司馬睿沒甚麼名望，人們都不瞭解他；倒是王導，已經有了一定的政治閱歷，又出身名門，才華氣度不凡，聲名在外。輔佐司馬睿坐鎮江東、穩定局勢的大任也主要落在了王導身上。王導雖然和司馬睿同歲，但司馬睿處處聽他謀劃，對王導十分依賴，就像第二個父親一樣，因此稱他為「仲父」。

司馬睿作為一個沒有權勢的地方軍政長官，處境十分尷尬，南方人多不聽從。《晉書》記載，司馬睿到了建鄴（建康的前稱，後因避晉愍帝司馬鄴諱改「建鄴」為「建康」，今南京），過了一個多月，竟然沒有當地士大夫前來拜見，王導不禁發愁。

這時候，王導的堂兄王敦將軍到了建鄴，王導對他說：「琅邪王雖然仁義道德修習得好，就是沒有人氣，大哥你呼兵喚將，威風凜

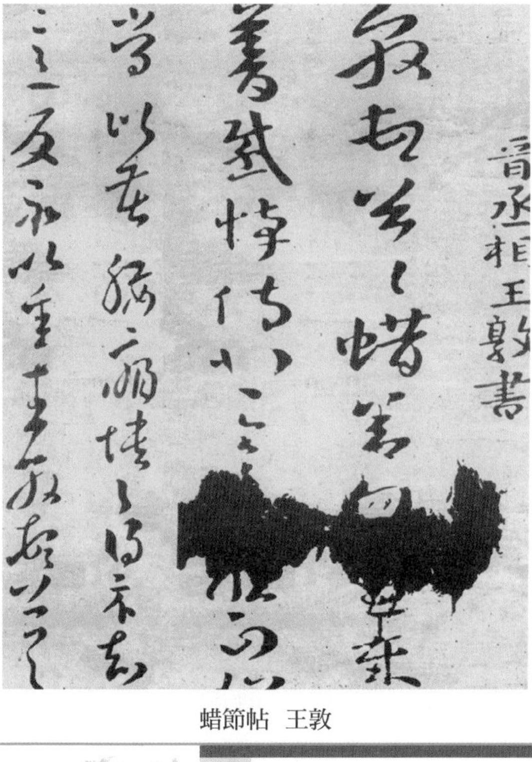

蜡節帖　王敦

凜，應該幫他一把。」王敦點頭說好。

轉眼就是三月上巳節，司馬睿帶著部下出行，到河邊舉行祭祀，祈求消邪去病，舉辦曲水流觴（王羲之〈蘭亭序〉曾描寫過的場面）。司馬睿乘著肩輿，王導、王敦等名流前呼後擁，舉起鮮明的旗幟，帶著雄武的儀仗，浩浩蕩蕩走向城外。

吳地的知名人士紀瞻、顧榮等偷偷察看司馬睿，一見這種場面，又驚又怕，心想：原來司馬睿威風如此！他們趕緊從人群中出來，拜倒路邊，向司馬睿行禮。紀、顧二人是吳地士大夫的首領，眾人見如此，也紛紛進宮拜見司馬睿。

東晉建立以後，王導擔任宰相，王敦則掌握長江中上游的軍隊，形同割據，弟兄兩人一內一外幫助元帝司馬睿穩定局勢，王氏權勢甚至還高過了司馬氏。所以當時人們說了這麼一句意味深長而又符合實際的話：「王與馬，共天下。」

顧愷之 《女史箴圖》局部 東晉

祖逖的北伐遺恨

●時間：西元三一三年
●人物：祖逖

祖逖是西晉末、東晉初的名將，一生以北伐中原為己任，可惜晉元帝始終沒有給祖逖最基本的支持，一代名將最終只留下了一段「出師未捷身先死」的千古遺恨。

⊙出師北伐

晉建興元年（三一三年），在波濤洶湧的長江之上有一支小型的船隊伴隨著水手整齊的號子緩緩前行。這支船隊總共有十幾艘型號不一的船隻，既有東晉水軍標準配制的蒙衝，又有長江邊的漁船，只是船隻都很破舊，船上的人個個面帶菜色，但神情卻異常堅定。

突然間，打頭的船上發出一聲長嘯，只見一位年過五旬的男子突然停下了划槳的動作，一邊用手拍打著船楫，一邊悲涼地說道：「我祖逖這次北伐中原，如果不能掃清中原凱旋而歸，就讓我變成這浩浩的長江之水，永世不得回歸南朝。」船隊中的數百名漢子也齊聲應道：「追隨大人，北伐中原。」

這支船隊的領頭男子叫祖逖（二六六～三二一年），字士稚，范陽郡遒縣（今河北淶水北）人。祖逖出身於官僚世家，父親祖武曾任西晉的上谷太守。祖逖從小就喜歡結交豪傑之士，輕財重義，鄉親大多尊敬他。後來西晉發生八王之亂，北方的五胡民族趁機進占中原，祖逖被迫南渡長江，逃到了司馬睿的領地上。

本來憑著祖逖的本事和祖上的聲望，很容易就能在東晉朝廷獲得官職。可是祖逖心懷故土，向司馬睿提出北伐中原，收復河山。司馬睿原就不想和北方民族的強悍騎兵對抗，可是又不能不理睬祖逖，於是任命祖逖為奮武將軍、豫州刺史，給了祖逖千人的軍糧，就讓祖逖北伐。祖逖沒有因為司馬睿的冷漠而寒心，率領著數百名北方流民，毅然渡江北上，向中原進軍。

⊙收攏人心，力抗石勒

祖逖渡過長江後，沒有立刻進兵，先是招募士兵，等待時機。當時北方的形勢大亂，最大的勢力是割據冀州、豫州一帶的後趙政權，同時中

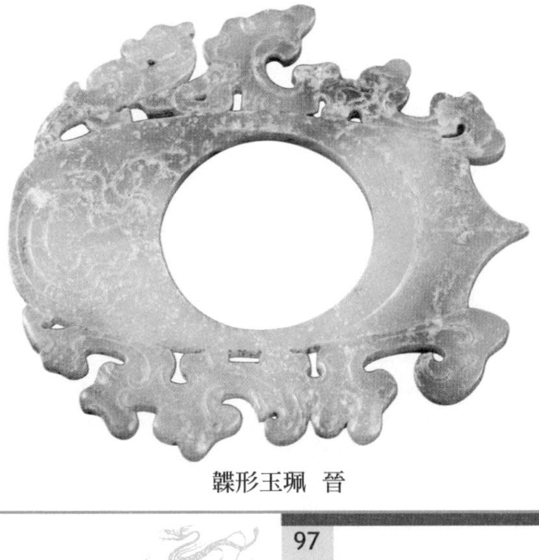

韘形玉珮　晉

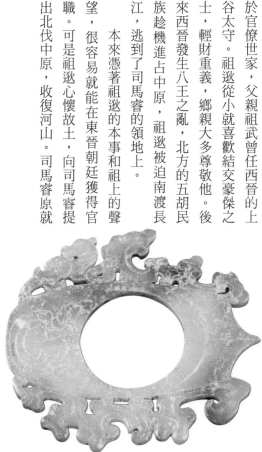

青瓷羊形燭臺　東晉

原還有大大小小幾百支漢族地方的武裝力量。這些亂世梟雄稱霸一方，自稱太守、刺史，隨時投靠晉朝，或是叛投後趙，整個中原四分五裂。對於可以團結的豪強，祖逖勸說以民族大義，共同對抗後趙，河南境內的趙固、李矩、郭默等勢力都被祖逖感召，願意跟隨祖逖完成大業。經過祖逖的努力，北伐部隊占據的土地越來越多，軍隊漸趨強悍。

後趙皇帝石勒眼見國土越來越少，就命令部將桃豹進攻祖逖。兩軍對峙，雙方的軍糧都很緊張，祖逖就命令把沙子裝在糧袋裡，讓部下忙忙碌碌地運「軍糧」，還故意讓幾個殘疾士兵挑著大米走在隊伍的最後面。桃豹的軍隊餓了太久，一看晉軍運糧，便來搶奪。部分搶回了糧食，一看晉軍吃的是大米，自己卻是野菜，軍隊的士氣一落千丈。

正好這時石勒的一千多頭毛驢為桃豹運糧食，祖逖搶先奪走了這批軍糧。無奈的桃豹只好退走，不敢再和祖逖交手。

⊙壯志未酬

在擊退了石勒的多次進攻後，祖逖開始在轄區內鼓勵百姓從事農業生產，河南地區也出現了恢復的跡象。石勒不敢再和祖逖在戰場上交鋒，派人修整了祖逖父母在後趙境內的墳墓，並寫信給祖逖要求雙方互市貿易。祖逖為了積蓄力量，就答應了石勒的要求，用南方的絲綢、茶葉和糧食換取後趙的戰馬和武器，河南地區的百姓也跟著過了一段安穩的日子。

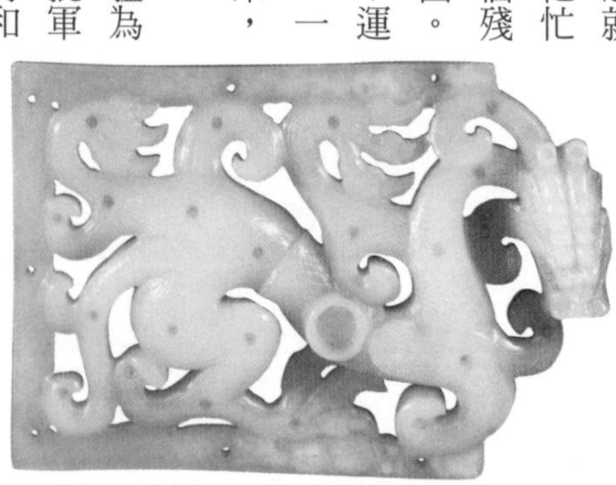

透雕龍紋玉帶鉤　東晉

白玉帶鉤，局部殘缺，正面鏤雕龍紋，背面邊框陰刻銘文兩行，分別為「庚午，御府造白玉衮帶鮮卑頭，其年十二月丙辰就，用工七百」，「將臣范許、奉車尉臣程淫令、奉車都尉關內侯臣張餘」。

正當祖逖厲兵秣馬，準備消滅後趙、收復洛陽的時候，讓人氣憤的事情發生了。東晉大興四年（三二一年），東晉朝廷任命戴淵為征西將軍，都督司、兗、豫、并、幽、冀六州軍事。祖逖心想多年嘔心瀝血，為朝廷開創了一番局面，朝廷又要派人監視，實在令人齒寒。同時，南方又傳來王敦和晉元帝不合，東晉內部可能發生戰爭的消息，心力交瘁的祖逖再也堅持不住，染上了重病。

延伸知識

中國第一部地方志

《華陽國志》又名《華陽國記》，是東晉人常璩在東晉永和四年（三四八年）到永和十年（三五四年）所著，記載了巴蜀地區的歷史、地理、人物等諸多情況，是中國第一部地方志。

常璩，字道將，生卒年不詳，蜀郡江原（今四川崇州東南）人，曾在十六國中的成漢政權擔任散騎常侍，掌管文書。東晉大將軍桓溫滅成漢後，常璩被桓溫任命為參軍，後隨桓溫一起到了建康。

常璩之所以寫下《華陽國志》，一方面是因為心懷故土，一方面也是為了保存蜀地的文化。在編撰體系上，《華陽國志》自成體系，把東晉初年以前的梁、益、寧三州的歷史面貌、政治變遷、不同時期的人物傳記，由遠及近，由廣而微，編撰成書，是一部地方史的傑作。

《華陽國志》詳細記述西南三十多個少數民族和部落的名稱、分佈，特別是一些部落的歷史、傳說、風俗、與漢族皇朝的關係的記載，為研究民族的起源、遷徙歷史等提供了有價值的線索和依據。

就在河南的百姓都在為祖逖祈福的時候，祖逖的病情突然加重，很快就病死在雍丘（今河南杞縣），終年五十六歲。

祖逖雖然沒有實現收復中原的夢想，但他是東晉少有的以收復國土為願望的將領。祖逖之後的桓溫、劉裕等人雖然也多次北伐中原，卻是為了個人的權勢和威望，再也沒有祖逖的那份忠誠和豪壯。

敦煌莫高窟

東晉太和元年（三六六年），敦煌石窟中的莫高窟工程開始營造。敦煌石窟由莫高窟、西千佛洞、榆林窟、水峽口小千佛洞四窟組成，其中莫高窟規模最大，藝術成就最高。

雄渾意氣的桓溫

●時間：西元三一二～三七三年
●人物：桓溫

桓溫是東晉少有的名將，儘管有北伐中原的信念，但整個東晉朝廷的惰性和他個人過於膨脹的權勢慾，還是葬送了東晉統一中國的大好時機。

⊙少年英雄

桓溫（三一二～三七三年），字元子，譙國龍亢（今安徽懷遠西北龍亢集）人。桓家是北方的名門望族，父親桓彝是最早跟隨晉元帝司馬睿南渡長江，建立東晉的親信大臣，後來參與平定王敦的叛亂，封為宣城（今屬安徽）內史。

桓大人升官不久，夫人就生下了桓溫。據說，東晉名臣溫嶠聽了小桓溫響亮的哭聲後，就斷定桓溫長大必然是一代人傑。桓彝看溫大人贊許，取名為桓溫。

東晉咸和三年（三二八年），東晉歷陽（今安徽和縣）內史蘇峻叛亂。桓彝是皇帝的忠實黨翼，就被蘇峻的部將韓晃殺死。為了殺父之仇，年僅十六歲的桓溫就天天拿著長矛睡覺，發誓要為父親復仇。

兩年之後，十八歲的桓溫以弔喪的名義參加了殺害父親的主要兇手、涇縣縣令江播的葬禮。就在葬禮儀式上，桓溫一刀砍死了江播的兒子江彪，然後一路追殺，把江播的兩個兒子全部殺死，報了殺父大仇。

東晉大臣庾翼知道桓溫報仇的經過後，非常欣賞滿身俠氣的桓溫，就向晉成帝說：「桓家的後代很有膽略，希望陛下別當作常人，最好能把公主嫁給他，讓他承擔匡扶國家的重任。」

晉成帝從善如流，立刻把南康長公主嫁給桓溫，並任命為駙馬都尉。

後來，桓溫一路高升，在鎮守荊州的庾翼病死後，年僅三十三歲的桓溫被封為安西將軍，都督荊、司、雍、益、梁、寧六州諸軍事，荊州刺史，東晉整個長江防線的西端全部握

桓溫擁立的傀儡皇帝東晉簡文帝司馬昱

在桓溫手中，真是權傾一時。

⊙兩次失敗

桓溫擔任荊州刺史後，不少東晉大臣對他升遷速度太快而心懷不滿，懷疑他的能力。為了樹立威信，東晉永和三年（三四七年），桓溫率領一萬晉軍西征盤踞在巴蜀的成漢政權，同年成功滅掉成漢，把巴蜀收歸到東晉的管轄範圍之內。

平蜀之後，桓溫加都督交、廣二州軍事，掌握了東晉的全部兵權。桓溫於是積極準備北伐中原，希望以此提高聲望，建立不朽功勳。

永和十年（三五四年）二月，桓溫以氐族建立的前秦政權為主要攻擊對象，發動了第一次北伐。桓溫一路打到了長安城下。可是運輸不暢，缺少軍糧，桓溫還是被前秦主苻堅擊退，第一次北伐失敗。

永和十二年（三五六年）六月，桓溫以羌族的姚襄政權為攻擊對象，再次北伐。戰鬥中，桓溫披著盔甲親自督戰，晉軍無不奮勇向前，迅速擊敗姚襄，奪回了西晉的都城洛陽。興高采烈的桓溫上奏東晉朝廷，希望能還都洛陽。可是東晉司馬氏早就習慣了偏安江南的生活，不願意遷都，無奈的桓溫只好率軍南撤，北伐再次勞而無功。

⊙最後的努力

桓溫回到東晉後，加封為南郡公，桓氏一族全部封了大官，二弟桓雲任江州刺史，三弟桓豁任鎮威將軍，四弟桓祕任輔國將軍，五弟桓沖任振威將軍。

掌握東晉的內外軍政大權後，桓溫整軍備戰，積極準備第三次北伐。桓溫參軍郗超勸告桓溫不要春天出兵，等秋天糧食豐收，軍糧有了保證後再出征。

可是桓溫想北伐建功，再逼司馬氏禪讓，對部下說：「大丈夫不能名垂千古，還不如遺臭萬年。」野心十足的桓溫聽不進部下的勸告，非要用戰爭來博取功名。

興寧二年（三六四年）三月，已經五十多歲的桓溫率領步騎五萬再次北伐，目標直指鮮卑族建立的前燕政權。當時前燕的大權集中在昏庸無能

歷史詞典

王羲之作「天下第一行書」

王羲之（三〇三～三六一年），字逸少，祖籍琅邪（今山東臨沂），會稽（今浙江紹興）人。王羲之是東晉司徒王導從子，曾任右軍將軍、會稽內史，故後人稱他為「王右軍」。王羲之一生喜好遊山玩水和結交朋友。

相傳王羲之七歲學書，十二歲開始通讀前人筆論，主要貢獻也集中表現在書法的成就上，與其子獻之並稱「二王」。王羲之先拜衛夫人為師學習書法，後博採眾長，書精諸體，尤其擅長楷書和行草書，風格妍美流暢，一改漢魏以來質樸書風，把書法推向全新的境界，譽為「書聖」。

傳世代表作有《蘭亭序》《十七帖》《姨母帖》《奉橘》等。其中《蘭亭序》對後世的影響最大，被稱為「天下第一行書」。晉穆帝永和九年（三五三年）三月三日，王羲之與當時的文士名流謝安、孫綽等四十一人會集在會稽山陰縣境內的蘭亭，飲酒賦詩，各抒懷抱，事後集結成冊，編定為《蘭亭集詩》，由王羲之撰寫《蘭亭集序》。

的太傅慕容評手中，能征慣戰的吳王慕容垂被剝奪了兵權，前燕根本沒有將領是桓溫的對手。

開戰不久，前燕的寧東將軍慕容忠被晉軍活捉，征討大都督慕容厲慘敗，桓溫的大軍進抵距離前燕都城鄴城只有二百多里的枋頭（今河南浚縣）。

前燕皇帝慕容暐和慕容評無奈之下只好把兵權交給了慕容垂，任命慕容垂為南討大都督，率領五萬大軍抵禦桓溫。慕容垂不愧是鮮卑族的第一名將，不和晉軍正面作戰，只派前燕范陽王慕容德率領精兵駐守晉軍運輸線上的要地石門（今河南滎陽境內），破壞晉軍的糧道。

慕容垂的戰術果然奏效，失去了後勤補給的晉軍軍心大亂，退軍已成為必然的事情。桓溫眼看著一生最後一次的機會喪失了，萬分後悔沒聽郗超的建議，可是事已至此，也只好退兵了。晉軍燒掉船隻，拋棄輜重，向南退走。

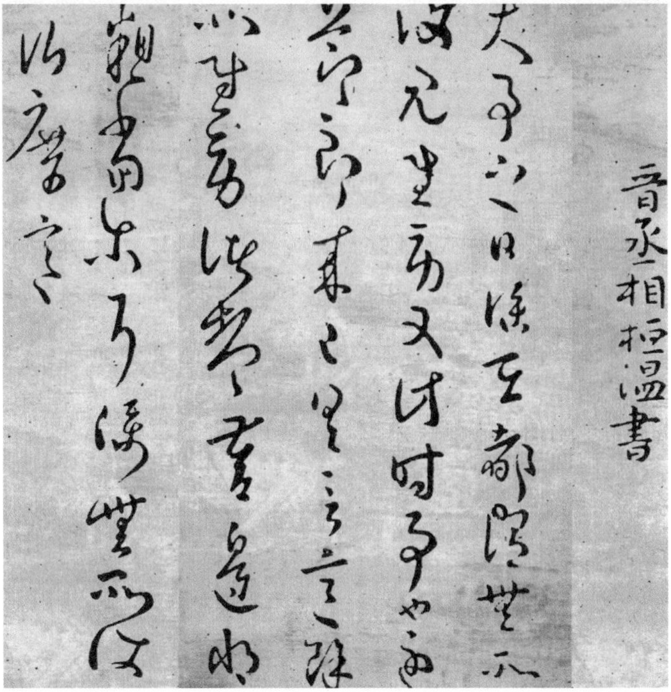

大事帖　桓溫

桓溫，東晉譙國龍亢（今安徽懷遠西北）人，字元子。晉明帝女婿，繼庾氏握長江中游兵權。

慕容垂沒有放過這個機會，率領八千鮮卑鐵騎在後面緊緊追趕。以步兵為主的晉軍跑不過北方的快馬，在襄邑（今河南睢縣西）城被慕容垂追上，一場單方面的屠殺過後，五萬晉軍只有不到二萬逃回了東晉，桓溫的第三次北伐以慘敗告終。

⊙帝王遺夢

北伐之夢破碎之後，桓溫膨脹的權慾並沒有消退，於是走上了權臣篡國的標準道路，先是廢海西公司馬奕的帝位，立會稽王司馬昱為帝，是為簡文帝。隨後，桓溫又要求朝廷賜予九錫。

可是桓溫最終沒有實現帝王夢想，寧康元年（三七三年）七月，六十二歲的桓溫在荊州病故。

桓溫一生確實有功於晉室，也確實有篡權的野心，所以時人評論他功勞遜於曹操、諸葛亮，可是權慾之心與篡權造反的董卓、王敦之流相比，其名聲又好一些。

【東山有賢臣】

●時間：西元三二〇～三八五年
●人物：謝安

隱居東山的謝安是東晉少有的治世能臣，他不但遏制了大將軍桓溫的野心，並帶領東晉朝廷取得了淝水之戰的勝利，讓司馬氏的政權得以延續。

東晉升平四年（三六〇年）八月，江陵（今湖北荊州）的征西大將軍府熱鬧非凡，僕人四處張燈結綵，府門口站崗的十六名衛士也比往日更加威武。

端坐在府邸客廳正座的桓溫笑得非常燦爛，兩隻大手不停地相互摩挲，還不時望著左手邊的謀士郗超說：「桓豁、桓沖還沒有接到安石先生嗎，怎麼也不派人回報？」郗超還沒來得及回答，就見桓氏家兵跑進廳內，大聲稟報說：「客人已到府外，三將軍（桓溫三弟桓豁）請大人出府迎接。」

桓溫沒等說完，大笑著對左右說：「來來，大家和我一起出府迎接安石先生。」

安石先生是誰呢？竟能讓掌握東晉兵權的征西大將軍桓溫如此興奮？原來這位安石先生，就是東晉士族中威望很高的名士謝安。

⊙隱居東山

謝安（三二〇～三八五年），字安石，陳郡陽夏（今河南太康）人。祖父謝衡是西晉著名的大儒，曾經做過博士祭酒、太子太傅等重要的文職。永嘉之亂時，父親謝裒帶著全家南渡長江。由於當時東晉政權基本為南渡的北方士族所掌握，謝裒很快也擔任了吏部尚書的要職。

由於出身名門望族，謝安從小就受到了嚴格的教育，無論是風度、操守和禮儀，都很有名士的樣子。名士桓彝（桓溫的父親）就曾摸著謝安的小腦袋說：「此兒風神秀徹，後當不減王東海（王承）。」用還是小孩的謝安來比東晉初年名躁一時的名士王承，在當時是非常高的評價。

成年後的謝安隱居在東山（今浙江上虞縣一帶），與王羲之、支遁和尚等文人雅士遊山玩水，吟詩作畫，過著悠閒的隱士生活。

當時謝安的堂兄謝尚擔任東晉豫州刺史，都督豫、冀、幽、并四州軍事，握有相當的軍政大權，後來謝尚病死，謝安的哥哥謝奕和弟弟謝萬先

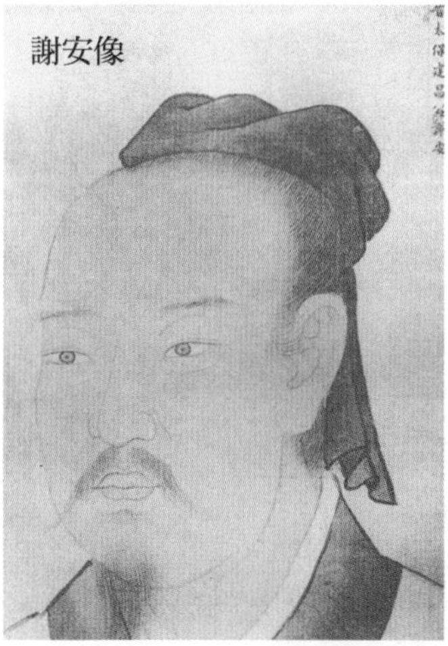
謝安像

後擔任了這個職務，謝家一門富貴，只有謝安過著隱者的生活。

可是謝安越不願意做官，士族中人就越看重他，甚至說：「安石不出，將如蒼生何？」意思是說謝安不出，百姓該怎麼辦啊！

⊙出山任職

升平三年（三五九年），北伐的謝萬兵敗被革職，謝氏家族在東晉朝廷的勢力受到了很大的打擊。面對家族不安的局面，謝安再也不能安居東山，只好決定出仕朝廷。第二年，謝安出任了征西大將軍桓溫的司馬，才出現了開頭桓溫興高采烈迎接謝安的一幕。

謝安出仕後的第二年，被革職的弟弟謝萬就病死了。在安葬了弟弟後，謝安離開桓溫，轉任吳興太守。謝安在任期間，沒有大興土木盤剝百姓，而是輕徭薄賦，讓吳興百姓得到了良好的休養。當地人民為了紀念他，特意修建了「吳興太守謝安碑」。

⊙佑護晉室

咸安元年（三七一年），謝安升任侍中，進入中央政權。這一年對於東晉朝廷，是十分關鍵的一年。手握兵權的桓溫本想立功中原以提高聲

莊園生活圖卷　東晉

東晉風流圖

此圖寫王羲之坐於岸邊水榭之上，溪山環抱，景色怡人。近處山石以披麻皴畫，勾線粗放、簡率。墨染明暗，顯出凹凸感。霧中竹影稀疏，全以淡墨勾點，或隱或現，變幻不定。對岸小溪自遠處流來，注入江中，激起重重波紋。岸邊坡腳純用水墨揮灑，再點以雜草，境界蒼茫深遠，令人神往。

望，卻被前燕名將慕容垂打得慘敗。為了重立威名，桓溫聽從郗超的建議，於同年廢黜了海西公司馬奕，另立會稽王司馬昱為帝，是為簡文帝。此時的謝安洞悉了老上司桓溫的野心，準備盡忠匡扶朝廷，竭力不讓桓溫篡權的圖謀得逞。

咸安二年（三七二年），即位不到一年的簡文帝就在憤怒和恐懼中死去，太子司馬曜即位，是為孝武帝。

原來期望簡文帝會禪讓皇位的桓溫大失所望，於寧康元年（三七三年）二月率軍來到建康城外，準備伺機篡政。當時桓溫在新亭預先埋伏了甲兵，卜令召見謝安和王坦之。

建康城內人心惶惶，傳說桓溫要大開殺戒，王坦之非常害怕，找謝安商量應對的辦法。謝安神情坦然說：

歷史詞典

圍棋興盛

三國兩晉南北朝時期，圍棋開始發展，不但湧現了大批優秀棋手，而且建立了相當於今日段位制的棋品制，出現了棋法研究的專著。

這一時期，士族貴族依靠特有的政治經濟權利，過著奢侈的生活。圍棋作為一種高雅的消遣娛樂活動，得到普遍的鍾愛，上自皇帝、王公大臣，下至文人學士都以此為樂。

這一時期圍棋品評實施產生了棋品制，即按棋手技藝高低分為「九品」。據魏國邯鄲淳的《藝經》記載：「夫圍棋之品有九：一曰入神，二曰坐照，三曰具體，四曰通幽，五曰用智，六曰小巧，七曰鬥力，八曰若愚，九曰守拙。九品之外，今不復云。」其實當時除九品之外，尚有「棋聖」之稱。這種九品制後來傳入日本，成為日本九段制的根據。

最能表現當時圍棋發展水準的，是棋譜和棋法研究專著的出現。據《南齊書．蕭惠基傳》記載：「宋文帝世，羊玄保為會稽太守，帝遣（褚）思莊入東與玄保戲。因製局圖，還於帝前覆之。」這是關於錄製名手棋譜的記載。

至於研究棋法的專著，有《棋勢》四卷、《棋勢》十卷、《棋勢》八卷、《棋圖勢》十卷等。

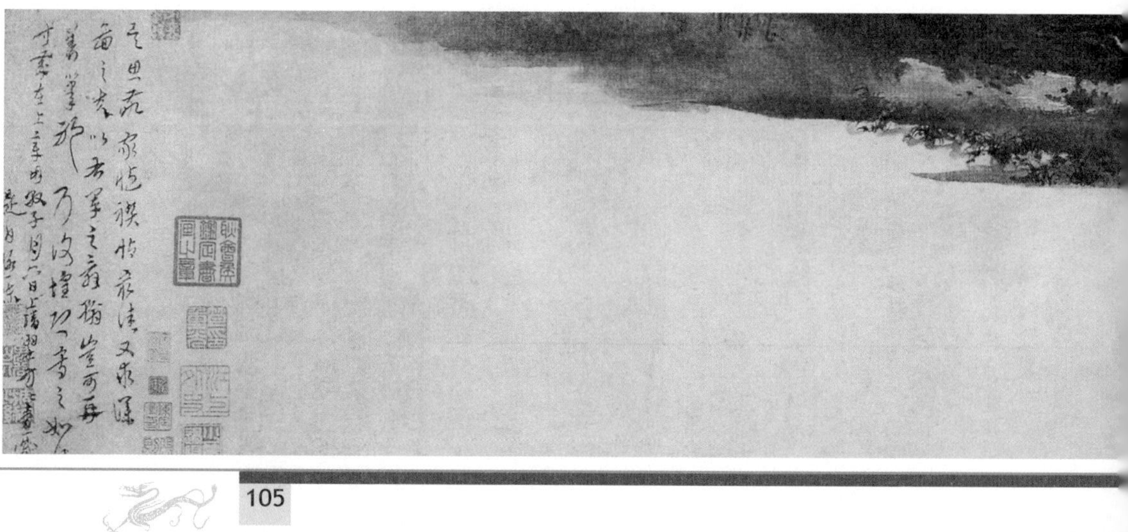

「晉朝的存亡，就在我們一行了。」

謝安就和王坦之出城來到桓溫營帳，王坦之緊張得汗流浹背，汗水把衣衫都霑濕了，連朝見時用的手板也拿顛倒了。

謝安卻從容不迫入座，微笑著問桓溫說：「我聽說有道的諸侯都把人馬駐紮在邊防以保衛國家，桓公怎麼卻把大晉的將士藏在牆後面呢？」桓溫尷尬回答說：「我的身分和地位在這裡，不能不做點防備。」隨後桓溫命令預伏的士兵退下。

當時王坦之以文采風流和謝安並稱於東晉，這次事件之後，人們才知道謝安的鎮定和才能遠遠勝過了王坦之。

桓溫在退兵回荊州的路上得了重病，可是並沒有斷絕篡位的野心，又上表要求朝廷賜予九錫的禮遇。謝安知道不能違逆桓溫，就反覆修改賜予九錫的文書，一直拖到桓溫病死，加九錫的事情也就不了了之。

桓溫死後，謝安任尚書僕射兼吏部尚書，總攬東晉的朝政。為了緩和衝突，穩定政局，謝安並沒有趁桓溫病死的機會對桓氏集團下手，仍然信任和重用桓溫的弟弟桓沖，讓桓沖擔任都督徐、豫、兗、青、揚五州諸軍事和徐州刺史，負責鎮守京口（今江蘇鎮江）。桓沖也深明大義，心甘情願為朝廷鎮守四方。

將相和睦穩定了東晉的政局，人們都把謝安比作安定東晉的王導，而謝安的文采風流似乎更勝王導一籌。

⊙鎮定自若退秦兵

謝安理順了東晉政權的內部紛爭後，便把注意力轉移到北方強大的前秦政權。

謝安知道姪兒謝玄有大將之才，向朝廷推薦了謝玄。有人嘲諷謝安任人唯親，而謝安的政敵郗超卻感歎說：「謝安能不怕譏諷，舉賢不避親，真是有古人的遺風啊！」

謝玄果然沒有辜負謝安的推薦，擔任廣陵太守後，招募江淮子弟和北方流民組建了北府兵，成為東晉最精銳的軍事力量。

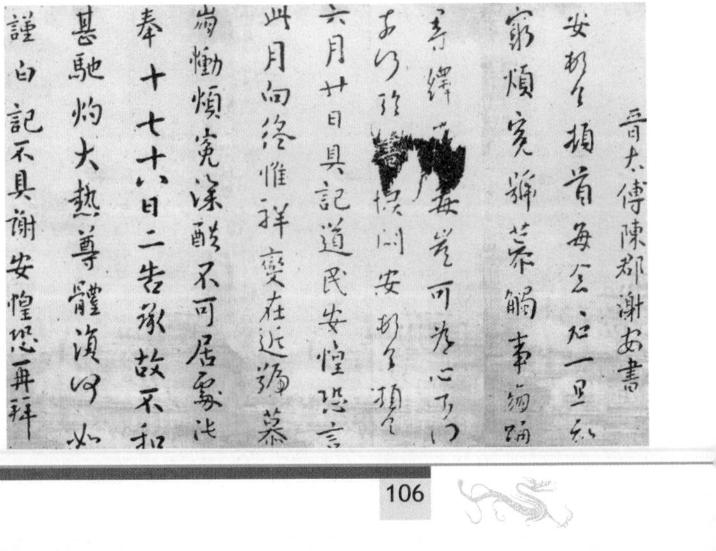

淒悶帖　謝安

太元八年（三八三年），前秦主苻堅率領著號稱百萬的大軍南下，準備消滅東晉，統一天下。建康城內一片震恐，士大夫無不驚慌失措，只有謝安依然鎮定自若。謝安以征討大都督的身分負責軍事，派遣弟弟謝石、姪兒謝玄、兒子謝琰和西中郎將桓伊，率領八萬晉軍前去抵禦。負責長江西線防守的桓沖擔心建康的安危，派遣三千精兵前來協助保衛建康，卻被謝安拒絕了。

謝玄對抵擋秦軍也沒有把握，臨行前向謝安詢問對策，謝安只回答了一句：「我已經安排好了。」就不再談軍事。

後來當晉軍在淝水之戰中大敗前秦的捷報送到時，謝安正與客人對弈。看完捷報，便放在坐位旁，不動聲色繼續下棋。客人忍不住問，謝安淡淡說：「沒甚麼，孩子們已經打敗敵人了。」

等到下完了棋，客人興高采烈走後，謝安才抑制不住心頭的喜悅，連蹦帶跳進入內室，不小心把木屐底上的屐齒都碰斷了。

蓮社圖　南宋

該圖繪東晉太元六年（三八一年）僧人惠遠等十八人在盧山東林寺建蓮社，倡導「彌陀淨土法門」的故事。圖中山石有勾無皴，風格質樸，人物線條勻細挺拔，色彩以墨染為主，間施花青，服飾綴以少量硃砂，形成輔色對比。

⊙溘然辭世

淝水之戰的勝利，使謝安的聲望達到了頂點，讓謝安遭到了琅邪王司馬道子的猜忌。司馬道子夥同謝安的女婿王國寶，在東晉孝武帝面前屢次挑撥離間，說謝氏權威太盛，長久下去會是另一個桓溫。孝武帝本身就糊塗，生怕祖宗的江山在手裡斷送，於是有意疏遠謝安。謝安也意識到面臨的危險局面，逐步把掌握的權力交出，以表明沒有擅權的野心。

太元十年（三八五年），前秦發生內亂，苻堅請求東晉派兵協助平亂。謝安主動要求率軍出鎮廣陵的步丘（今揚州邵伯鎮），名義上是準備援助前秦，實際上是想脫離建康這個是非之地。

謝安著手建造渡海的船隻，準備從海道返回會稽。可是船還沒造出，謝安就患了重病，只得返回建康治病。然而謝安回到建康只有幾天，就溘然長逝了，年僅六十六歲。

謝安死後，東晉朝廷以隆重的禮儀悼念謝安，孝武帝並在靈堂守靈三天，追贈謝安為太傅。

謝安用他的政治才能讓東晉政權度過了相對穩定的三十年，史書上稱他為「江左第一風流丞相」，而百姓們則稱他為「東山賢人」。

孫恩之亂

●時間：?～西元四〇二年
●人物：孫恩

孫恩是東晉時期五斗米道的首領，率領五斗米道的信徒發動了東晉規模最大的一場民間亂事。正是孫恩動搖了東晉王朝的統治，加速了司馬氏政權的垮臺。

⊙結交權貴

孫恩（?～四〇二年），字靈秀，琅邪（今山東臨沂）人。兩晉之交，孫恩家族南遷到了三吳地區（吳郡、吳興、會稽三郡），孫家南渡之後家門破敗。

孫恩的叔叔孫泰很有心計，拜錢塘（今浙江錢塘）有名的「神棍」杜子恭為師，學習「祕術」。杜子恭死後，孫泰利用「祕術」傳人的身分到處宣揚五斗米道。孫泰宣傳有道，不只百姓捐獻財物，進奉子女，加入五斗米道，連朝廷大臣王雅、琅邪王司馬道子的兒子司馬元顯都成了孫家的座上客。孫泰上交權貴，下控信徒，逐漸形成了一股以宗教為紐帶的地方勢力。

⊙孫泰被殺

隆安二年（三九八年），王恭起兵討伐司馬道子。孫泰和司馬元顯關係不錯，就在三吳地區召集了幾千名五斗米道的信徒幫助元顯。

在連年的戰火中，孫泰感覺天下就要大亂，晉朝快要完了，就煽動百姓，準備舉事。不少朝廷大臣覺察到孫泰的動向，但孫泰是司馬元顯的朋友，大臣都不敢揭發孫泰。宣城內史謝輶暗地報告了司馬道子。司馬道子抓住了孫泰和他的六個兒子，全部斬首示眾。孫恩事先得到消息，逃到了

海島之中。

⊙起兵反晉

孫泰被殺後，幾百名五斗米道的信徒認為孫泰沒有死，羽化成仙。這些愚昧的信徒就帶著家產到海島投奔孫恩，準備實現得道成仙的夢想。孫恩本以為叔叔死後，只能逃亡一生，見到這種情況，就打算積蓄力量，起兵反晉，為叔叔孫泰報仇。

不久，孫恩就等到了機會。東晉建國以來，三吳地區就是國家賦稅最重的地區。司馬道子掌權後，地方藩鎮的實權派如王恭、桓玄，不斷威脅中央政權，為了建立嫡系部隊，司馬道子強行徵發三吳地區的人民入伍，使得百姓怨聲載道。連編寫《晉書》的房玄齡在寫司馬道子徵兵這件事時都哀歎說：「東土囂然，人不堪命，天下苦之矣。」

孫恩以司馬道子的徵兵令為契機，於隆安三年（三九九年）十月，從盤踞的海島起兵，攻破了上虞（今屬浙江）。隨後，孫恩揮軍北上，攻破了會稽郡的郡治山陰（今屬浙江）。短短半個月內，東晉會稽、臨海（今屬浙江）、永嘉（今屬浙江）、東陽（今浙江金華）、新興（今浙江淳安）、吳（今江蘇蘇州）、吳興（今浙江吳興）、義興（今江蘇宜興）八郡的百姓紛紛殺死晉朝的大小官吏，響應孫恩，孫恩的軍隊迅速發展到了十多萬人，烽火席捲了東晉的半壁江山。

⊙投水自盡

孫恩占據會稽郡後，並沒有明確政治主張，也沒有建設根據地，自稱為征東將軍，將部下稱為「長生人」，對東晉朝廷發動的反擊沒做絲毫準備。

孫恩暴虐殘忍，有不少人拖兒帶女，影響了行軍的速度，孫恩就把孩子全扔到水裡淹死，又說：「孩子去了仙境，我們大家很快也會去。」

隆安三年（三九九年）十二月，東晉徐州刺史謝琰（謝安的兒子）、北

列女傳仁智圖（局部）　東晉　顧愷之

《列女傳仁智圖》據漢代劉向《古列女傳》第三卷〈仁智傳〉繪歷史上有智謀遠見的婦女。每節後錄其頌語，註明所繪人物。現存各段故事內容依次為：楚武鄧曼、許穆夫人、曹僖氏妻、孫叔敖母、晉伯宗妻、衛靈夫人、齊靈仲子、魯漆室女、晉羊叔姬、晉范氏母。

拜占廷網紋玻璃杯

杯體為淡綠色，腹部貼三條波紋相互銜接成網目紋。杯壁很薄，僅〇．二公分，內壁光滑，外壁有明顯水平紋理，是採用有模吹制方法成型的。

府兵名將劉牢之率領大軍向孫恩軍發起猛攻。孫恩看晉軍攻勢猛烈，立刻下令全軍撤退，丟下了二十幾萬追隨者，帶著親信和子女又逃回了海島。

孫恩撤回海島，重新整頓人馬，準備殺回。東晉朝廷也怕孫恩東山再起，就派謝琰為會稽太守，都督會稽、新安、臨海、東陽、永嘉五郡軍事，負責防禦東晉的東南沿海。

隆安四年（四〇〇年），恢復了實力的孫恩從浹口（今浙江鎮海東南）登陸，再次攻占上虞。謝琰率領大軍與孫恩決戰，可是沒有北府兵和劉牢之的幫忙，謝琰不是孫恩的對手，和兩個兒子死於亂軍之中，數萬大軍也被孫恩消滅。東晉朝廷急忙任命劉牢之為都督會稽等五郡軍事，率領大軍再攻孫恩。孫恩一看劉牢之又來了，急忙再次逃往海島。

隆安五年（四〇一年），孫恩再次渡海登陸，一度發展到十幾萬人，有樓船千餘艘，兵鋒直指建康。東晉朝廷急忙調來了劉牢之的部下劉裕抵擋孫恩。孫恩再次戰敗，退回海島。

元興元年（四〇二年），孫恩率眾攻臨海，強敵面前再次失敗，絕望中投海自殺。許多五斗米道的信徒都認為孫恩沒死，而是化成了水仙，就隨同孫恩一起跳海。

孫恩死後，妹夫盧循繼續領導作戰。義熙七年（四一一年），被劉裕打得走投無路的盧循同孫恩一樣，選擇了跳海結束生命，綿延十二年的戰火終於撲滅了。

樂隊畫像磚　南朝

高三十八公分，寬十九．三公分，河南鄧州學莊村南朝墓出土。

一人三反的劉牢之

●時間：？～西元四〇二年
●人物：劉牢之

> 劉牢之是東晉北府兵中的著名將領，相對於優秀的軍事才能，他的政治才能幾乎為零。先反叛王恭，後來又反叛司馬道子，最後又打算反叛桓玄，最終落了個一人三反的惡名。

⊙北府名將

劉牢之（？～四〇二年），字道堅，彭城（今江蘇徐州）人。劉牢之出生在一個武將世家，祖父劉羲曾經做過西晉的雁門太守，父親劉建英勇神武，擔任過征虜將軍。劉牢之從小苦練武藝，弓馬嫻熟，留有滿臉的大鬍子，加上黑紫色的臉膛，人們都說劉家又要出現一位將軍了。

陶侍女俑　東晉

謝玄出任廣陵太守，大力徵召江淮子弟和北方流民入伍當兵，劉牢之和好友何謙、諸葛侃、高衡、劉軌、田洛等人參加晉軍。沒過多久，謝玄就發現這個來自彭城的紫臉大漢很有將才，提拔為參軍，讓他率領前鋒部隊衝鋒陷陣。

由於謝玄的這支新軍在對抗北方前秦的戰鬥中百戰百勝，因此被稱為「北府兵」。劉牢之戰功卓著，封為龍驤將軍、彭城內史，以功賜爵武岡縣男，食邑五百戶。

⊙一反王恭

東晉太元二十一年（三九六年），喝醉了酒的晉孝武帝被後宮的張貴人殺死，太子司馬德宗即位，是為晉安帝。晉安帝是個白癡，朝政大權落到了琅邪王司馬道子的手中。司馬道子也不是好人，嗜酒如命，不理政事，尚書左僕射王國寶（謝安的女婿）和堂弟王緒趁機控制朝政，為所欲為。

當時劉牢之為青、兗二州刺史王恭的部下。王恭是孝武帝的小舅子，嫉惡如仇，敵視荒淫的司馬道子和助紂為虐的王國寶，就和荊州刺史殷仲堪合謀出兵「清君側」。

晉安帝隆安元年（三九七年）七月，王恭以誅殺王國寶為名，起兵進攻建康。司馬道子聽說大軍逼近，嚇得手足無措，也顧不得王國寶平時幫忙，急忙斬殺了王國寶和王緒，王恭才罷兵而回。

劉牢之是王恭的主力，可是王恭因為門第觀念而輕視劉牢之，當作普通的武將對待，劉牢之非常不滿。惱恨王恭的司馬道子趁機派廬江太守高素勸說劉牢之投靠朝廷，許以高官厚祿。王恭的參軍何澹之知道，密告王恭。但劉牢之和何澹之一向關係不好，王恭始終不相信何澹之的話。

為了安撫劉牢之，王恭決定和劉牢之結拜為兄弟，並把最好的武器和最悍勇的士卒撥給劉牢之指揮。突如其來的禮遇，反而讓劉牢之疑心王恭所為，於是劉牢之率領部隊反叛，王恭被殺。

喜出望外的司馬道子連忙重賞劉牢之，任命為都督兗、青、冀、幽、并、徐、揚七州軍事。劉牢之第一次賣主求榮贏來了滿堂的富貴。

武士俑　東晉

⊙二反司馬道子

元興元年（四〇二年），司馬道子與獨占荊州、截斷長江運輸的桓玄決裂，派劉牢之為前軍都督，討伐桓玄。可是劉牢之怕打不過桓玄的荊州部隊，又怕消滅桓玄後功勞太大，為司馬道子所注意，於是停軍不前。

桓玄知道，就派謀士何穆勸說劉牢之，把「飛鳥盡，良弓藏；狡兔死，走狗烹」的道理反覆陳述，並用高官厚祿收買劉牢之，希望他按兵不動，坐看桓玄和司馬道子的戰鬥。劉牢之手握重兵，謀略又是東晉一等，就和桓玄接觸。

吹笙引鳳畫像磚　南朝

磚高十九公分，寬三十八公分，河南鄧州學莊村南朝墓出土。

延伸知識

陶淵明與田園詩

陶淵明（三六五～四二七年）又名陶潛，字元亮，潯陽柴桑（今江西九江）人。曾祖父陶侃是東晉開國元勳，但到他這一代，家境已經沒落。

陶淵明少年時生活十分貧困，可是學習卻非常勤奮，對諸子百家的書都有所涉獵。年輕的陶淵明本來有「大濟蒼生」的壯志，生活於東晉和南朝宋時代，曾經做過祭酒、參軍等小官，最終無法實現理想。

陶淵明仕途的最後一站是彭澤縣令，上任不到八十天，有郡裡的官員巡視，屬吏要他恭敬迎接，陶淵明卻說：「我不能為五斗米折腰。」從此掛冠而去，不再出仕。

隱居田園的陶淵明於是縱情詩歌，寫下了大量田園詩，如「方宅十餘畝，草屋八九間」，「曖曖遠人村，依依墟里煙。狗吠深巷中，雞鳴桑樹巔」，細緻描寫了純潔、幽美的田園生活，表達了高潔志趣。田園詩之外，陶淵明也寫了〈飲酒〉〈擬古〉〈讀山海經〉等其他內容的詩文。

陶淵明的詩和辭賦散文在藝術上具有獨特的風格和極高的造詣，開創田園詩一體，為古典詩歌開闢了新的境界。作品平淡自然，但無一不是出於真實感受，直接影響到了唐代詩歌的創作。南北朝時的文學評論家鍾嶸在《詩品》中稱譽陶淵明為「古今隱逸詩人之宗」，這也是對陶淵明田園詩的最高褒獎。

劉牢之的外甥何無忌與部將劉裕反覆勸說劉牢之，劉牢之不聽，反而決定全軍投奔桓玄。劉牢之第二次賣主求榮走向危險的邊緣。

⊙三反不成，身敗名裂

桓玄用緩兵計讓劉牢之袖手旁觀，開始集中兵力對付司馬道子、司馬元顯父子。等到徹底消滅了司馬道子的力量，攻入建康城後，桓玄就回頭準備收拾反覆無常的劉牢之。

桓玄以征東將軍、會稽太守的虛職冊封劉牢之，準備剝奪劉牢之的兵權。後悔的劉牢之感歎說：「桓玄剛剛得勢，就奪取我的兵權，恐怕這才是大禍的開始呀！」

不甘心就範的劉牢之開始召集舊部，準備再反桓玄。劉牢之的參軍劉襲說：「身為人臣最不該的事情莫過於反叛，將軍你先反王恭，又反司馬道子，現在你還想反桓玄，一個人三次反叛，怎麼可能成就大事呢！」說完後，劉襲就走出了大廳，劉牢之的手下也大半散去。

劉牢之看大勢已去，只好上吊自殺。部屬收斂了劉牢之的屍體，運到丹徒（今屬江蘇）安葬。

桓玄知道劉牢之自殺後，並沒有放過這個反覆無常的將軍，將劉牢之的棺材挖出，將屍體斬首，曝屍於鬧市。後來劉牢之的部下劉裕擊敗了桓玄，才重新安葬了劉牢之，並恢復原來的官職。

黑釉瓷渣斗
東晉

桓氏的敗亡

●時間：西元三六九～四〇四年
●人物：桓玄

從桓溫的父親桓彝起，桓氏就是東晉的豪門大族，掌握著東晉的主要兵權。可是桓溫的小兒子桓玄沒有父親的本事，卻有比父親更大的野心，最終導致桓氏家族的滅亡。

⊙宴會受辱

東晉大司馬桓溫死後，他的弟弟桓沖繼承了職位和兵權，桓溫的小兒子桓玄（三六九～四〇四年）則繼承了桓溫南郡公的爵位。在桓沖的悉心教育下，桓玄長成了一個儀表不凡、文采武略的英俊少年。桓玄認為是大英雄桓溫的兒子，應當做出一番大事，經常以豪傑自詡，讓本就多疑的東晉朝廷十分擔憂。

有一次，桓玄拜訪當權的琅邪王司馬道子。當時琅邪王府大宴，賓客滿座，歌聲四起，喝多了黃湯的司馬道子突然瞪著眼睛對桓玄說：「你父親桓溫晚年想奪我大晉江山，有這回事嗎？」桓玄嚇得汗流浹背，跪倒在地，不敢回答。

幸好大臣謝重替桓玄回答說：「已故的宣成公（桓溫）對國家立有大功，市井小人的議論不是我們該聽從的。」

司馬道子點點頭，桓玄才壯著膽子爬了起來。從此桓玄怨恨司馬道子和整個司馬皇族。

青釉褐斑瓷缽　東晉

缽高十．二公分，口徑十一．八公分，平底，鼓腹，有蓋。缽體通施青釉，在蓋和腹部處，施褐色斑，使缽顯得樸素大方。

⊙稱霸荊州

由於得不到朝廷重用，以「父為九州伯，兒為五湖長」為志向的桓玄就回到了桓氏的根據地荊州，等待時機。當時桓氏在荊州經營數十年，勢力盤根錯節，連荊州刺史殷仲堪也得讓桓玄三分。

一次，桓玄騎著馬在殷仲堪的刺史府前奔跑，手持武器在殷仲堪面前揮動。殷仲堪的參軍劉邁看不過去，就諷刺桓玄說：「除了玩玩兵器，你懂玄學道理嗎？」意思是諷刺桓玄不讀書又太霸道。桓玄聽了之後不悅。

殷仲堪膽小，看桓玄不高興，就對劉邁說：「你闖下大禍了，還不趕快逃命？」劉邁只得連夜逃往建康。當夜桓玄果然派來殺手暗殺劉邁，全靠劉邁跑得及時，才保住了一條性命。

東晉的征虜將軍胡藩經過江陵，

對殷仲堪說：「桓玄不得志，一肚子的野心，您要小心對您不利呀！」可是糊塗的殷仲堪卻聽不進胡藩的勸告，把桓玄當作得力的屬下。

隆安三年（三九九年），野心勃勃的桓玄果然起兵攻殺殷仲堪，荊州也就落入了桓玄的手中。

延伸知識

商業之都建康城

東晉、南朝時期，由於傳統的儒家義利觀受到社會現實的衝擊，上自皇室公侯，下至「州郡吏民及諸營兵」，競相從事商業活動，經商成為當時的一種社會風尚。

從黃武八年（二二九年）吳王孫權稱帝開始，至開皇九年（五八九年）隋滅陳統一中國，先後有孫吳、東晉、（劉）宋、（蕭）齊、（蕭）梁、陳六個王朝在建康（孫吳時稱建業，東晉南朝時稱建康）建都。

經過幾百年的發展，建康城已經是當時最大的商業城市，城中有四個市，秦淮河北岸有大市，還有小市十餘個。有些市已形成專業市，如穀市、牛馬市、紗市、鹽市、花市、草市等。這些市場每日開市，交易常常從中午延續到黃昏，可見當時建康市場是何等繁榮熱鬧。

當時士人和貴族求富經商比較普遍。如大政治家謝安的一個同鄉被罷官，從廣州販回五萬把蒲葵扇，在建康市上很快售完，獲利數倍。劉宋時蕭道成從會稽到建康，帶貨船十多艘，滿載錦絹紙席等物，以待出售。

⊙起兵反叛

桓玄攻殺殷仲堪的時候，正值孫恩起兵反晉，無暇顧及荊州的司馬道子只好任命桓玄為荊州刺史，都督荊、司、雍、秦、梁、益、寧七州軍事，後將軍。可是桓玄仍不滿意，上書要求更大的權力。無奈的司馬道子只好加桓玄都督江州及揚豫八郡，並以桓玄的哥哥桓偉任冠軍將軍、雍州刺史，桓玄的姪子桓振為淮南太守。

這些讓步並不被桓玄放在眼中，一方面招兵買馬，準備作戰，一方面則截斷長江航運，不讓長江上游的糧食運往建康，致使建康米價飛漲，百姓只能用野菜和穀皮充飢。

元興元年（四〇二年），忍受不住缺糧的司馬道子派兒子司馬元顯率領大軍討伐桓玄。於是桓玄率部乘船順流而下，先後擊敗了司馬道子的大將司馬尚之和司馬休之。紈褲子弟出身的司馬元顯不敢和桓玄作戰，丟下軍隊逃回京城，最終和父親司馬道子一起被桓玄擒獲，相繼被殺。

桓玄攻入建康城後，立刻逼晉安帝加封為丞相，都督中外軍事，後來又封為楚王。

元興二年（四〇三年）十二月三日，桓玄逼晉安帝退位，自稱皇帝，改年號為永始。桓玄終於做到了父親桓溫想做而沒有做成的事情。

⊙身死族滅

桓玄掌權之初，也曾提拔人才，

靈丹入鼎圖　東晉

罷黜小人，國家政治有所起色。可是很快桓玄就露出了暴君的性格，追求奇珍異寶，搶占私人的莊園，並大肆屠殺北府軍的將領。當時整個南方發生了大旱災，許多地方百姓餓死了一半，富戶甚至抱著金銀財寶餓死。

在這種天怒人怨的環境下，北府兵將領劉裕於桓玄稱帝後的第二年起兵，率軍直搗建康。桓玄不但沒有抵抗，反而帶著兒子桓昇和幾千騎兵跑回了荊州。

荊州畢竟是桓家苦心經營多年的地方，桓玄憑藉桓溫的威望，又組建起一支兩萬多人的軍隊。

在此同時，劉裕已經派出北府兵宿將劉毅、何無忌等人率軍直攻荊州。能征慣戰的北府兵，在武昌附近的崢嶸州一舉擊敗了桓玄的主力部隊，桓玄只好放棄荊州，投奔梁州刺史桓希。

當桓玄帶著殘兵敗將走到江陵城西的枚回洲時，接應的益州刺史毛璩的手下趁機對桓玄下手，桓玄當場被殺，年僅三十六歲。

桓玄的叛亂讓東晉的門閥政治走到了終點，也讓顯赫一時的桓氏家族成了野心的犧牲品。

歷史詞典

法顯西行

法顯（約三三七～約四二二年），俗姓龔，平陽武陽（今山西沁縣東南）人。東晉隆安三年（三九九年），已經六十多歲的法顯感慨於國內律藏不全，立志赴印度求取經書與戒律。四月，法顯與慧景、道整、慧應、慧嵬四人從長安出發，經張掖（今甘肅張掖附近），遇智嚴、寶雲等五人，一起西進。

元興元年（四〇二年），法顯度過葱嶺，進入北印度境內，當時法顯同行九人，或死或返，僅剩法顯與道整二人。法顯在摩竭提國巴連弗邑居住了三年，求到《摩訶僧祇律》《薩婆多部鈔律》等六部經書，並學習印度文字，抄寫律文，實現了求法宿願。由於道整不再返回中土，留居印度，法顯就獨自上路，於義熙九年（四一三年）秋回到建康。

法顯自隆安三年（三九九年）離長安，義熙九年（四一三年）返建康，共歷時十三年，前後共經過了三十多個國家，取回了中土所無的大小乘三藏中的基本要籍十餘部，主要有《彌沙塞律》《長阿含》《雜阿含》《摩訶僧祇律》《薩波多律》等六部六十三卷，並巡禮佛跡，參謁聖地。

在翻譯佛經的同時，法顯並將西行取經的見聞寫成了一部不朽的著作——《佛國記》。《佛國記》全文共九千五百多字，詳細記述了印度的佛教古蹟和僧侶的生活，該書後來被佛教徒當作佛學典籍引用。此外，《佛國記》記述了中國南海地區的對外交通和對外貿易的情況。

由於法顯去印度時，正是印度歷史上有「黃金一代」之稱的笈多王朝時期，《佛國記》也成了研究印度古代歷史的珍貴資料。

褐斑青瓷盆　東晉

此盆圓口，寬唇外折，淺腹，底略凹。唇上有對稱的褐斑點八個，腹有弦紋三道，施青色釉，近底處無釉露胎。胎質堅硬，釉色均勻，有細小的冰裂紋，紋飾簡樸，造型優美。

【劉曜建前趙】

●時間：西元三一八年
●人物：劉曜

劉曜原是匈奴漢國的大將，在漢國內部發生內亂的時候，劉曜趁亂而起，建立了前趙政權。可是奪占江山容易保守江山難，劉曜並沒有守住王國，最終落得了身死國破的下場。

⊙少年有大志

劉曜（？～三二九年），字永明，匈奴人。劉曜很小的時候父母雙亡，族叔劉淵收養了他。

劉曜從小聰明而有膽量，八歲時和劉淵上山打獵，突然遇到雷雨，護衛保護著劉淵和劉曜到大樹下避雨。這時天空中突然響起一聲驚雷，身經百戰的匈奴戰士全部撲倒樹下，只有劉曜神色自若，站在劉淵旁邊。劉淵驚訝說：「此吾家千里駒也，從兄不亡矣。」意思是說劉曜這孩子真是我們劉家的好孩子，死去的父親也可以含笑九泉了。

十幾年之後，劉曜已經長成了一個儀態不凡的青年，《晉書》稱「身長九尺三寸，垂手過膝，生而眉白，目有赤光」。劉曜不但繼承了匈奴人騎馬射箭的本事，可以射穿一寸厚的鐵甲，也非常喜歡閱讀史書，琢磨歷朝歷代興衰成敗的道理。

這時的劉曜已經胸懷大志，經常以樂毅等名將自詡。常人都認為劉曜自大，只有劉淵的四兒子劉聰明白劉曜的才能，劉聰對眾人說：「永明是魏武帝曹操一樣的人物，凡夫俗子怎麼能和他比呢？」

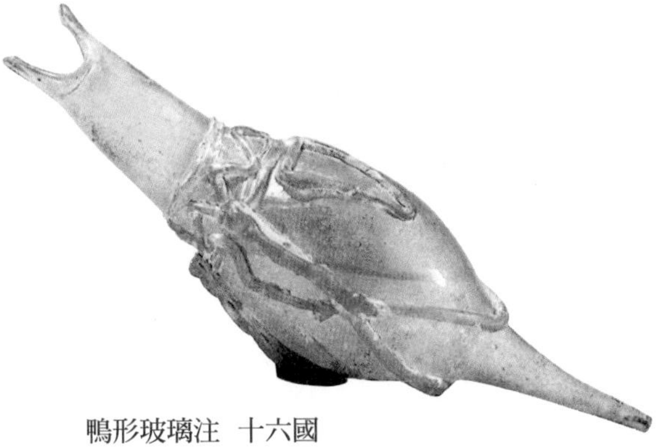

鴨形玻璃注　十六國

此器重心在前，只有腹部充水至半時，因後身加重，才可平穩。造型生動別緻，在早期玻璃器中十分罕見。

⊙滅晉立功

西晉永興元年（三〇四年），劉淵正式建立漢國，封劉曜為建威將軍。同年，劉曜率兵相繼攻克西晉的泫氏（今山西高平縣）、屯留（今山西長子縣）、中都（今山西太原），奠定漢國在并州發展的基礎。

永嘉四年（三一〇年），劉淵病死，太子劉和繼位。以悍勇聞名的劉淵四子劉聰殺死了兄長劉和，自立為大單于、大司徒。隨後，劉聰派劉曜率領匈奴大軍進攻河南，對西晉發起總攻。

永嘉五年（三一一年），劉曜會同大將石勒、王彌，合兵攻破洛陽。

羊皇后像

劉曜的皇后羊氏原本是晉惠帝的皇后，洛陽城破後，匈奴漢國的皇帝劉聰將俘獲的羊氏賞賜給了戰功赫赫的劉曜。

劉曜一聲令下，匈奴士兵到處放火，大肆屠殺西晉王公及官員，前後有三萬餘人被害。劉曜把俘虜的晉懷帝、羊皇后及傳國玉璽全部送到了漢國的都城平陽（今山西臨汾）。

劉聰看堂弟能幹，大喜之下加封劉曜為車騎大將軍，開府儀同三司，雍州牧，封中山王。

攻陷洛陽後，劉曜又進攻關中。不久攻克長安，俘虜了晉愍帝。西晉正式亡於劉曜這個匈奴孤兒的手中。

⊙自立為帝

太興元年（三一八年），在位九年的劉聰病死，兒子劉粲繼位。任性而好色的劉粲，不處理國家政務，反而日夜在後宮和父親的后妃淫樂，朝廷大權逐漸落到外戚靳准的手裡。

靳准看劉粲不得人心，就發動宮廷政變，先把劉粲從皇宮中抓出處死，然後把居住在平陽的匈奴劉氏全部斬殺，連死去的劉淵、劉聰也從墳墓中挖出，曝屍荒野。

鎮守長安的劉曜聽到靳准叛亂，劉氏祖墳都被挖了，氣得口吐鮮血，發誓要把靳准千刀萬剮。隨後，劉曜親自率領大軍由長安趕赴平陽。

日夜兼程的劉曜趕到赤壁（今山西河津縣西北）時，遇到從平陽出逃的漢國太保呼延晏與太傅朱紀。兩名大臣勸說劉曜稱帝，然後再名正言順討伐靳准。

劉曜聽從，就在赤壁稱帝，改國號為趙，史稱前趙。隨後封武將石勒為大將軍，和石勒成犄角之勢，共同進攻平陽。

不久，靳准為部下靳明所殺，靳明把傳國玉璽送給劉曜，請求投降。劉曜處斬靳明，把靳氏一門無論男女全部殺掉。隨後劉曜加封石勒為太宰，領大將軍，以河內二十四郡封石

勒為趙王。

穩住朝局後，劉曜轉向全力對付關、隴地區的敵對勢力。

太興三年（三二〇年），劉曜鎮壓了部下長水校尉尹車的亂事。接著，劉曜率領二十五萬大軍進攻涼州張氏政權，迫使張氏稱藩。

⊙前趙亡國

劉曜在短時期內征服了關、隴地區，漸漸驕傲自大，大興土木，為父母興修陵墓，完全忘記了臥榻之邊還有石勒這頭猛虎存在。

東晉太寧二年（三二四年），石勒的部將石生率軍進攻新安（今屬河南），揭開了劉氏前趙與石氏後趙戰爭的序幕。石勒的羯族部隊能征善戰，劉曜的地盤逐漸減少，軍隊漸漸轉弱。

咸和三年（三二八年）十一月，石勒大軍在洛陽徹底擊敗了前趙軍隊，斬首五萬餘級，並俘虜了劉曜。

石勒令劉曜寫信勸兒子劉熙投降，還算有點骨氣的劉曜在信中告訴兒子「要與大臣一同挽救國家，不要因為我而改變主意」。石勒看留著劉曜也沒用，就把劉曜處死。

第二年九月，石勒攻克了前趙最後的據點上邽（今甘肅天水），前趙滅亡。

鎖諫圖（局部）　唐　閻立本

此圖表現的是十六國時期，匈奴漢國的廷尉陳元達向皇帝劉聰冒死進諫的情景。劉聰是個荒淫奢侈而又殘暴的君主，除興建宮殿四十餘所外，還要為寵愛的劉貴妃建一座華麗的凰儀殿。陳元達為此追蹤到逍遙園內進諫，劉聰大怒，命令將他全家處斬。陳元達用預先準備的鐵鏈把自己鎖在一棵大樹上據理力爭，畫面表現的正是這一緊張時刻。事發後劉貴妃在後堂聽見，便寫條子向劉聰勸諫，劉聰這才接受並讚揚了陳元達，改逍遙園為納賢堂。

從奴隸到皇帝

●時間：西元二七四～三三三年
●人物：石勒

石勒當過農民，又做過馬夫，身分曾經是奴隸，但善於作戰，懂得玩弄權術，終於一步步向上爬到皇帝的位置，統一了半個中國，這是一件讓人驚奇的事情。

石勒這種對政治形勢的良好判斷能力，不是靠讀書，而是憑天資英達和長期的現實磨練而形成的。

⊙被賣為奴

石勒（二七四～三三三年），上黨武鄉（今山西榆社北）人，出身羯族。祖父、父親只是部落的小首領，家境比較困難。石勒雄壯勇健，膽識過人，愛好騎馬射箭。

西晉太安年間（三〇二～三〇三年），石勒家鄉并州發生大饑荒，部落的民眾分散，四處逃難。石勒幾個人從雁門逃到了陽曲（今山西太原東北）。禍不單行，正好遇上西晉并州刺史司馬騰聽從部下建議，大抓胡人，轉賣到山東（太行山以東），用以補貼軍隊開支。

當時才二十幾歲的石勒被抓住了，和其他胡人像牲口一樣，賣給冀州茌平（今山東茌平東南）人師歡為奴。師歡見石勒相貌非常，就免去石勒的奴隸身分，成為一個普通平民。

⊙趁亂而起

師歡家靠近牧場，與養馬的豪強

宋代詩人蘇舜欽豪放好飲，一邊讀《漢書》，拍案叫絕，一邊大口喝酒，《漢書》成了下酒好菜。另外還有人一遍又一遍抄寫《漢書》，細細咀嚼其中滋味。總之，從古到今有多少豪傑之士為《漢書》所傾倒。

十六國中後趙的建立者石勒是個大豪傑，對《漢書》也是欣賞不已，雖然不識漢字，卻很喜歡讓人讀書給他聽。有人講《漢書》，說到酈食其建議漢高祖劉邦分立六個諸侯國，石勒大驚失色，說道：「此法不妥！恐怕天下將再次分裂，劉邦的皇位不穩！」後來講到留侯張良勸阻劉邦，他才鬆了一口氣，說：「幸虧還有張良。」

大婦小妾坐享酒食　魏晉畫磚

汲桑時有往來。石勒正好善於相馬，也就結交了汲桑。這時西晉王朝爆發了八王之亂，政局一片混亂。

永興二年（三〇五年），成都王司馬穎的舊將公師藩聚眾數萬起兵反晉。石勒和汲桑趕著幾百匹好馬投奔公師藩。公師藩正在用人之際，便任命石勒為前隊督。但是石勒向來只有小名，沒有大號，汲桑就為他取了名字，叫做石勒。

公師藩命石勒率領己部隨著前去攻打鄴城（今河北臨漳南）。石勒雖然闖蕩了很久，但打仗還是平生第一回，被敵人打得大敗而回，連公師藩也被殺了。

汲桑和石勒逃回家，回歸了放馬的本行。這回事業越做越大，建起了一支頗為壯觀的隊伍。汲桑自號大將軍，昭告天下要為成都王司馬穎討伐東海王司馬越、東嬴公司馬騰。石勒做了汲桑的前部先鋒，屢立戰功，封為掃虜將軍、忠明亭侯。

鎏金銅佛像　後趙

這是中國迄今為止所發現的有確切紀年銘文的第一尊佛造像。此佛像在風格上已明顯失去了早期造像的風味，是走向「中國式佛像」漢化過程的典型。

⊙投奔劉淵

離上次的鄴城慘敗沒多久，汲桑就和石勒打進了鄴城，殺了司馬騰，然後向南攻打兗州，但是被司馬越打敗，汲桑被殺。石勒跑到樂平郡（郡治在今山西陽泉東南），和烏丸人張伏利度一起投奔匈奴人劉淵。

劉淵看石勒帶了兩千多人投奔，非常高興，任命石勒為督山東征討諸軍事，向東發展。石勒在戰爭中逐漸壯大，先後攻占魏郡、趙郡、鉅鹿、常山等地，兵馬發展到了十多萬。

攻打常山時，石勒得到了謀士張賓，從此如虎添翼，石勒又將所控制地區的漢族士人集中起來，組成一個「君子營」，也就是智囊團，以出謀劃策。

⊙血腥屠殺

石勒率領大軍縱橫南北，成了劉淵向河北、山東擴張的主力軍。由於早年的不幸經歷，石勒特別痛恨漢族官僚，每攻下一座城池，就大殺漢族官僚。

永嘉五年（三一一年），石勒做了一件對南北關係影響深遠的事情。

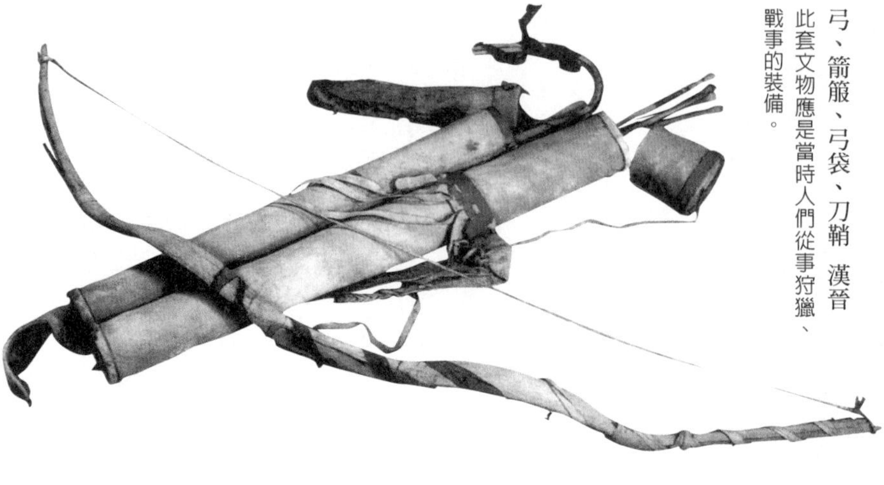

弓、箭箙、弓袋、刀鞘　漢晉

此套文物應是當時人們從事狩獵、戰爭的裝備。

西晉八王之亂後，東海王司馬越獨掌朝中大權，見石勒嚴重威脅晉朝，於是親自率領二十萬大軍討伐石勒，不幸中途病死，晉軍軍心大亂。眾人推舉太尉王衍為主將，向東撤退。

石勒派騎兵追上並擊潰晉軍，圍住後用箭射殺，無一倖免。襄陽王司馬範、任城王司馬濟以及太尉王衍等眾多王公大臣被俘後全都遇害。

晉朝左衛將軍何倫、右衛將軍李惲聽說司馬越死了，就擁著司馬越的妃子裴氏以及世子司馬毗撤出洛陽。石勒攔住，俘虜司馬毗及其他王公卿士，全部殺死。

就在這一年，石勒又會合劉曜、王彌，攻下晉朝都城洛陽。司馬氏和石勒因此結下了深仇大恨。

⊙經營中原

永嘉六年（三一二年）二月，石勒在葛陂（今河南新蔡）駐兵，徵集民工大造戰船，準備過河攻打晉琅邪王司馬睿。這時，天降暴雨，整整下了三個月，沖垮了道路，浸濕了營帳。石勒的士兵缺乏糧草，加之瘟疫流行，石勒只好接受張賓的建議，撤軍北還，占領襄國（今河北邢台），在河北紮下根來。

石勒的北面存在并州劉琨、幽州王浚等割據勢力，王浚獲得鮮卑段氏的支持，勢力較大，曾經大舉進攻石勒。石勒假意臣服於王浚，讓他放心，然後突然襲擊幽州，擒殺王浚。

隨後石勒又進攻劉琨，將劉琨趕出并州。劉琨投奔鮮卑段氏，想聯合鮮卑諸部向石勒進攻。石勒用離間計瓦解聯盟，消滅了幽州的鮮卑段氏。

以後幾年，石勒陸續占有冀州、幽州、并州之後，又吞併青州。

⊙建立後趙

東晉大興元年（三一八年），劉聰病死，兒子劉粲即位。漢政權的大司空靳準叛亂，將劉粲殺死。

十月，劉淵的姪子劉曜軍隊在平

延伸知識

干寶與《搜神記》

干寶，字令升，新蔡（今屬河南）人，東晉著名的文學家、史學家和志怪小說的創始人。干寶少年時就遍覽群書，博學多才，很受晉元帝司馬睿的賞識，召為佐著作郎（皇帝身邊的專職文官），賜爵為關內侯。此後，干寶歷任山陰縣令、始安太守。後來因為東晉名臣王導的推薦，擔任了司徒左長史（司徒的第一助手），負責記錄朝廷言行，之後又升為散騎常侍，負責在皇帝左右規諫過失。

在朝廷任職期間，干寶完成了《晉紀》《周易宗塗》《周官注》等許多著作，其中最有名的還是志怪小說的開山之作——《搜神記》。

《搜神記》中記載了很多神仙鬼怪的故事，意在「發明神道之不誣」，其中也保存了不少民間傳說，如〈干將莫邪〉〈韓憑夫婦〉〈李寄斬蛇〉等篇，暴露了統治者的殘酷本性，歌頌反抗者的優秀品德和社會中的真摯愛情。據《晉書．干寶傳》的記載，《搜神記》一書原為三十卷，宋代時有所佚失，現存僅二十卷。

陽打敗靳準，遷都長安，改國號為趙，史稱「前趙」。石勒幫助劉曜平定靳準有功，劉曜封為大將軍、趙王。可是石勒並不滿足，擁有雄厚的實力，劉曜也深懷戒心，石勒就有了自立之心。

東晉大興二年（三一九年），石勒自稱趙王，與前趙政權對立。石勒雖然沒有正式稱帝，但禮儀已經和天子相當了。他與前趙劉氏自此反目，互相攻伐。

最後於咸和四年（三二九年），石勒滅掉前趙，統一了中國北方的大部分地區，與東晉政權南北對峙，石勒也隨即稱帝。

⊙衣錦還鄉

石勒做了皇帝後，把家鄉武鄉的親老請到後趙的都城襄國。石勒談起從前的卑微生活，真有恍若隔世的感覺。這時，他突然問：「當年的老鄰居李陽怎麼沒來？」有人告訴他李陽不敢來。

原來，石勒在家時，為了爭奪漚麻用的池塘，曾和李陽打過數次架。現在石勒做了皇帝，李陽哪裡還敢來？

石勒笑著說：「李陽是個壯士，為甚麼不敢來？」就又派人專程請李陽。

等李陽到了後，石勒與他相對痛飲，醉醺醺拉著他的手臂，大笑著說：「從前我受足了你的老拳，你也飽嘗了我的毒手，兩相抵消！現在仍然是好朋友。」石勒任命李陽為參軍都尉，李陽感動不已。

石勒又學漢高祖，免去家鄉人三世的賦稅和徭役，表示對帝王故鄉的優待。

咸和八年（三三三年），先為奴隸後為帝王的石勒病死，遺囑不要厚葬，勸誡兒子石弘和姪兒石虎和睦相處，不要重蹈晉朝司馬氏自相殘殺導致亡國的覆轍。不幸，他死後不久，石虎就發動政變，殺掉石勒的兒子石弘，自己當起了皇帝。

石虎行暴

●時間：西元二九五～三四九年
●人物：石虎

在五胡民族建立的十六國中出現了不少暴君，石虎就是其中典型的代表。石虎不僅殺光了叔叔石勒的後人，並讓中原幾十萬漢人死於非命，連石虎的兒子和孫子也死於石虎的屠刀之下。石虎的殘忍可以算得上是「前無古人，後無來者」了。

⊙征戰四方

石虎（二九五～三四九年），字季龍，羯族人，按照《晉書．石季龍載記》的說法，石虎應該是後趙皇帝石勒的姪兒。

石虎六七歲的時候正值北方大混亂，和石勒失散了。後來晉朝的并州刺史劉琨為了向已經是匈奴漢國大將的石勒示好，特意在亂世中找到了石勒的母親和石虎，把一老一小送還了石勒。這時的石虎已經十幾歲了，可是一點不讓石勒省心，整天在軍營裡用彈弓打人，使得整個軍營人人厭惡。

石勒被姪兒惹火了，就向母親稟告，打算殺了石虎以安定人心。石老太太不同意說：「你用活蹦亂跳的小牛來拉車，難免會讓車受到損害，等孩子長大就好了。」

過了幾年，石虎滿十八歲，不但弓馬嫻熟，勇猛更是冠絕三軍。石勒看姪子成了好幫手，就任命石虎為征虜將軍，帶著羯人的軍隊四處征戰。

雖然當了將軍，可是石虎絲毫沒有將軍的樣子，每次征戰都是「坑斬士女，鮮有遺類」。石虎不光殺俘虜，對於石勒軍隊中勇猛善戰而和他關係不好的將領，總是找藉口讓石勒殺掉，或在戰場上從背後下黑手，以此剷除異己。

更讓人憎惡的是，石虎新婚不久，就開始和戲子鄭櫻桃做起了同性之戀。為了自己方便，石虎毫不猶豫殺了結髮妻子郭氏，禽獸之心開始顯露。

重裝甲馬畫像磚　西晉

畫像磚為河南鄧州出土，表現出東晉十六國時期北方重甲騎兵出征的場面。

⊙胸懷異心

大興二年（三一九年），石勒自

稱趙王，建立前趙政權。升石虎為侍中，加封中山公。可是石虎卻早盯上了皇帝寶座，不把封賞放在眼裡。

加封石虎為王之後，石勒立兒子石弘為太子。石虎知道當不了皇帝，怒火中燒，咬著牙和兒子石邃說：「我跟著石勒征戰二十多年，大好的江山都是我打下的，大單于的位置應該讓我坐。可是卻把位置留給了石弘那個黃口小兒。等他死了後，我一定滅他滿門。」

烤羊肉壁畫　魏晉

這就是石虎對養育、栽培他的叔叔的回報誓言，聽著讓人毛骨悚然。

⊙篡位稱帝

咸和八年（三三三年），石勒病死，石虎於是兌現發下的狠毒誓言。先派人把石勒任命的輔政大臣程遐和徐光抓入大牢，然後帶著兒子石邃和大批軍隊衝入皇宮。石弘看到這位殺人如麻的堂兄，嚇得臉色變了，急忙下跪，請求讓出皇位。

石虎裝著正人君子的樣子，厲聲回答說：「先帝剛去世，應該由太子即位，身為大臣，我可不敢違背國家制度。」

石弘堅持，哭著要把皇位讓給石虎。石虎呵斥石弘說：「你要是不配當皇帝，天下人自然會有公論，現在哭哭啼啼做甚麼？」

然後石虎提著石弘的衣領，帶到大殿上，戰戰兢兢的文武百官恭賀新帝登基。石弘登基後第一件事，就是冊封石虎為丞相、魏王、大單于，加九錫，總統朝政。

石勒的皇后劉氏很有膽量，看到石虎霸道，就和彭城王石堪、河東王石生商量討伐石虎。不幸讓石虎知道了，先用火烤死了石堪，又衝進內宮亂刀砍死劉氏，然後親率大軍消滅了石生。

石虎意識到留著石弘禍害不小，就把石弘和石勒另外的兩個兒子秦王石宏、南陽王石恢全部殺死，徹底兌現了斬盡殺絕的誓言。

⊙窮奢極慾

東晉咸康元年（三三五年），石虎把後趙的國都從襄國遷到鄴城。石虎腦袋裡只記得三件事，一是淫慾，二是殺戮，三是享樂。

石虎「發男女十六萬，運土築華林苑及長牆於城北。時逢暴雨，漳水水漲，死者數萬人」。

石虎驅漢丁四十餘萬營洛陽、長

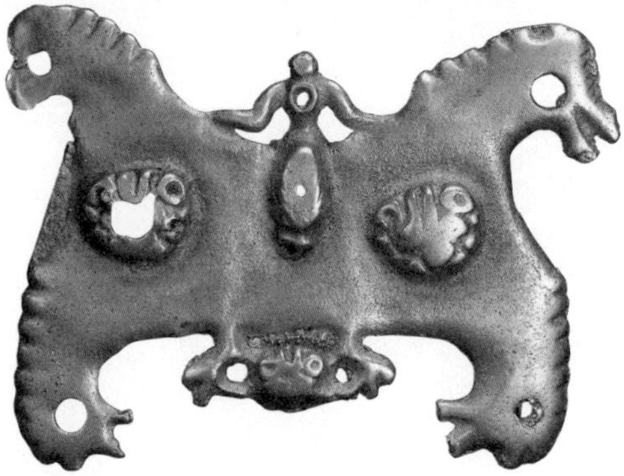

四獸紋金飾件　東晉

飾件長八・九公分，寬六・三公分。「四獸」（或作「四鳥」）分佈於四角，中間騎坐一個人形紋。飾牌的左右兩側與下邊又各有一個獸面紋。

安二宮，造成屍積原野。

修林苑甲兵，五十萬人造甲，十七萬人造船，死亡超過三分之二。

奪漢女五萬入後宮肆意污辱，反抗者均被格殺，死者不計其數。

從襄國到洛陽，再到鄴城，沿途樹上掛滿上吊自殺的人，城牆上掛滿無法繳納賦稅而被斬殺的人頭，屍骨則堆成「屍觀」，恐嚇世人。

血腥屠殺和殘酷的壓迫，北方人口銳減數百萬，中原沃土變成了「白骨露於野，千里無雞鳴」的人間地獄。

最感謝石虎的莫過於後趙境內的虎狼猛獸。隨著人口減少，土地荒蕪，虎狼等野獸成群繁殖。石虎將邯鄲（一說臨漳）以南中原地區數萬平方公里土地劃為狩獵圍場，規定百姓不得向野獸投擲石子，否則即是「犯獸」，將處以死罪。當時被殺或野獸吃掉的人不計其數，百姓的地位竟連野獸都不如。

⊙父子相殘

咸康三年（三三七年），石虎稱「大趙天王」，立兒子石邃為皇太子。石邃流的也是石虎的鮮血，對殺戮的渴望絲毫不遜於父親。坐穩太子寶座後，石邃的本性越發顯露出來，他將宮女的頭砍下，洗淨鮮血，冰鎮之後放在金盤中，與下人傳閱。此外，石邃將被他姦淫的尼姑殺死，把人肉和牛羊肉一起烹調，和手下人一起品嚐，打賭口中是人肉，或是牛羊肉。

宰豬　魏晉

彩繪磚，長三十六・五公分，寬十七・五公分，甘肅嘉峪關魏晉十二號墓出土。

石虎不理朝政，政務都交給石邃處理。石邃初時仍然尊重父親，無論大小都要彙報政務，可是石虎忙於享受，看到兒子就大罵說：「這點小事都辦不了，你能做甚麼？」

但石邃如果不報告，石虎又暴跳如雷，大罵石邃說：「這麼大的事為甚麼不稟報呢！」然後操起棍子對兒子一頓暴打。

平原射獵圖（局部）
高句麗（西元四世紀中葉）
壁畫約高一百公分，寬一百三十公分，吉林集安洞溝舞俑墓主室左壁。

凶殘的石邃開始和手下琢磨弒父奪權。可是沒等下手，石虎就發現了兒子的陰謀，派兵衝入東宮，把石邃、太子妃、石邃的兒女共二十六人全部殺死，又把屍體全部裝在一個特大號的棺材裡埋掉。石虎又將東宮的太監、宮女兩百多人全部殺死，為忤逆的兒子做了陪葬。

⊙暴君之死

石虎新立的太子石宣令刺客殺死了弟弟石韜。石虎再次被血腥氣點燃，命石韜的兩個太監用開膛剖腹的方法殺了石宣，又把石宣的五十多個太監和三百多名軍官全部處以車裂極刑。

處死石宣後，石虎在皇宮內老淚縱橫，對臣下哀歎說：「我真想用石灰水來洗肚子，看看怎麼生出了石宣和石邃兩個逆子。」

可能是石宣、石韜的死刺激了老邁的石虎，很快就染上了重病。晉永和五年（三四九年），五十四歲的石虎在憂愁恐懼中去世。石虎死後不久，他的義孫冉閔就滅掉了後趙。

編寫《晉書》的房玄齡用「積惡致滅，有天道哉」八個字評論石虎死、後趙亡這一段史實。意思是說石虎做盡了壞事，導致國家滅亡，這真是老天有眼，報應不爽。

冉閔與冉魏國

●時間：？～西元三五二年
●人物：冉閔

冉閔是個爭議很大的人物，十六國時期的北方漢族人民把他當做救星，而五胡民族把他當做煞星。冉閔的「殺胡令」沒有把北方的漢族人民從悲慘境遇中拯救出來，反而讓北方的民族仇殺愈演愈烈，這是他個人的悲哀，也是時代的悲哀。

東晉永和八年（三五二年）四月的一天清晨，在廉臺（今河北無極）的平原上正進行著一場以鮮血為盛宴的戰鬥。二十多萬身著紅色戰甲的鮮卑騎兵如同烈焰一樣捲向一支不到萬人的黑甲步兵，而黑甲步兵一面唱著悲涼的戰歌，一面用手中的長矛鐵戟把四面衝來的騎兵挑落馬下，鮮血染紅了大地，殘缺的屍骸漫山遍野。

就在雙方相持之時，一支百人的騎兵隊從黑甲步兵的腹地殺出，領頭的將軍身穿金色的盔甲，騎著紅色的戰馬，左手使著一柄雙刃長矛，右手使一柄連鉤戟，原本悍勇的鮮卑騎兵發出絕望的呼號，紛紛四散奔逃。

可是金甲將軍卻沒有放過失去鬥志的敵人，他催動著胯下的寶馬，揮舞著手中的利矛長戟，追逐著奔逃的敵兵。然而，正在酣戰之際，危險也漸漸逼近了……

⊙軍中出世

這位金甲將軍的名字叫做冉閔，是十六國期間北方少有的漢族政權冉魏的建立者。

冉閔（？～三五二年）小名棘奴，是後趙皇帝石虎的養孫。雖然名義上和羯族暴君石虎有祖孫關係，可是冉閔卻是地地道道的漢人。

在五胡民族進入中原後，為了保護家人，尋求活命，漢族百姓自發組成了名為「乞活軍」的民兵結合組織，冉閔的父親冉瞻參加了豪強陳午領導的「乞活軍」。

當時羯族石勒的勢力已經在北方興起，業餘軍人組成的「乞活軍」不是全民皆兵的羯族軍隊的對手，冉瞻

朱雀畫像磚　魏晉

身受重傷被捉。石勒不僅讓軍醫治好了冉瞻，並讓姪子石虎認冉瞻為乾兒子。

石虎對「幼而果銳」冉閔也很有好感，當作親孫子培養。幾年之後，冉閔不僅身長八尺，而且「善謀策，勇力絕人」，石虎封冉閔為建節將軍，修成侯。冉閔沒有辜負石虎的青睞，在後趙大軍遠征慕容鮮卑的戰鬥中，幾路後趙軍隊都全軍覆滅，只有冉閔軍隊全身而退。後趙廢太子石宣的東宮戍軍叛亂，又是冉閔奮勇爭先，帶領軍隊鎮壓了叛亂。

⊙後趙變亂

永和六年（三四九年），石虎病死。石虎皇后劉氏和吏部尚書張豹殺死了石虎屬意的燕王石斌，立劉氏的兒子石世為皇帝。

當時石虎的兒子彭城王石遵率領大軍在外，聽說幺弟石世居然成了君主，一怒之下聯合冉閔打回鄴城，處死石世、劉氏和張豹，自己當起了皇帝。為了安撫戰功卓著的冉閔，石遵將冉閔封為輔國大將軍，都督中外諸軍事。

歷史詞典

風光無限大和尚

佛圖澄（二三二～三四八年），十六國時期後趙高僧，西域龜茲（今新疆庫車）人，本姓帛，小時候學道，妙通玄術。

永嘉六年（三一二年），佛圖澄在葛坡（今河南新蔡縣）目睹石勒部將濫殺無辜，想以道術感化石勒，便投身軍門，以道術獲得石勒信任，多有輔導。

佛圖澄雖未讀過經史漢籍，卻能夠與儒生學士辯論。他學識淵博，且熱心講導，門下受業者常有數百人，前後門徒近萬人。石勒稱趙王後，稱佛圖澄為「大和尚」，十分敬重，有事必諮詢然後實行。

石勒死後，佛圖澄又深得石虎信任重用，穿綾錦，乘雕輦。朝會之日，佛圖澄乘輿升殿，常侍以下官員都協助推輿，太子扶翼而上，專職官員唱「大和尚到」，眾人起立恭迎。石虎又囑咐司空李農每日前去問候，太子每五日探視，享受待遇無人能及，以致後趙舉國崇信佛教，大肆營造寺廟，競相出家，一時成為風尚。

佛圖澄在趙國所轄州郡共建立佛寺八百九十三所，創佛教傳入內地後的最高紀錄。石虎更是以佛為「戎神」，明令百姓信佛出家，這也是中國歷史上的第一次。

此外，佛圖澄也參與後趙國政，某些問題常有決定性意見，對後趙政局影響很大。

拜謁圖　魏晉

這是魏晉南北朝時期上層社會覲見拜會的場面，圖中兩人手捧寫有姓名和官職的名帖，一人捧著寶劍。

石虎另一個兒子沛王石沖聽說石遵做了皇帝，也不服氣，就帶領五萬大軍向鄴城進發。石遵連忙派冉閔抵禦石沖。冉閔是征戰多年的宿將，石沖不過是個無能的王爺，剛一交戰，石沖軍隊就被打得大敗，石沖被當場斬殺。

⊙冉閔奪權

石沖消滅後，石遵以為天下太平，可以過過當皇帝癮，哪裡知道整個羯族的災難才剛剛開始。

石遵初起兵的時候，曾經撫著冉閔的後背，誠懇說：「好好跟著我，等大事成功了，你就是未來的儲君。」所以冉閔在討伐石世和石沖的過程中拚死向前。

可是政局穩定後，石遵卻忘了當初的諾言，立自己的兒子石衍為儲君。

冉閔看石遵無信，心中怨恨，於是培植自己的勢力，把一萬多將士全部升為關外侯，並將美貌的宮女賜給將士為妻，一時間將士心中只知道有大將軍，而不知道有石遵這個皇帝。

石遵也覺得冉閔權力太大，就召開了御前會議討論對付冉閔。石遵的母親鄭太后從小看著冉閔長大，不忍心對冉閔不利，就對石遵說：「沒有棘奴怎麼有你的今天，你可不能隨便殺了他。」母親說話了，石遵也就打消了對付冉閔的打算。

可是參加這次會議的石虎另一個兒子義陽王石鑑，覺得這是結好冉閔、奪取皇位的機會，就將此事祕密告訴冉閔。冉閔知道後，就準備廢掉石遵。

天一亮，冉閔派將軍蘇亥、周成帶著三十多名衛士衝進了如意觀，殺死了石遵和石遵的母親鄭太后。

石鑑很快登基為帝，封冉閔為武德王。

⊙血腥的殺胡令

眼看漢族出身的冉閔掌握了大

雙層甲冑騎馬俑　魏晉南北朝

馬俑和牛車俑　晉

權，羯族的官吏心中不平。龍驤將軍孫伏都、劉銖兩人祕密集中了三千名羯族武士埋伏宮中，準備伏擊冉閔。

可是冉閔原就是勇猛，部下將士也是征戰多年的漢族勇士，孫伏都等人不是對手，羯族武士全部被殺，鮮血流滿了溝渠，後趙宮殿變成了停屍房。

儘管挫敗了暗殺陰謀，可是冉閔還是氣憤難消，無法得到羯人的支持，就試探性發布命令說：「近日孫、劉搆逆，支黨伏誅。今日以後，與官同心者留，不同者各任所之。敕城門不復相禁。」意思是凡和我一條心的都留在城內，不是一條心的就都趕快出城。

命令一下，鄴城中的幾十萬羯人扶老攜幼向城外湧去。而城外的漢人則燒了房子，向鄴城進發。

冉閔看胡羯不支持，於是利用漢族人對石虎殘暴統治的仇恨心理，下達了著名的「殺胡令」，命令城內外的漢人「斬一胡首送鳳陽門者，文官進位三等，武職悉拜牙門」。

這道血腥的命令一下，一夜之間就有幾萬顆羯人的腦袋懸掛在鄴城的城頭。被暴君石虎折磨得家破人亡、被羯族官吏掠奪得賣兒賣女的漢人像火山般爆發了，自發組織，見到羯人就殺。冉閔同時親自率領騎兵出城，沿著驛道追殺逃走的羯人，造成「死者二十餘萬，屍諸城外，悉為野犬豺狼所食」的恐怖場景。

⊙自立為帝

冉閔初穩定鄴城，後趙汝陰王石琨就帶領七萬大軍，潮水般向鄴城攻來。冉閔沒把敵人放在眼裡，拿著趁手的雙刃矛和鉤戟，帶著一千多漢族騎兵從北門殺出。一千對七萬，相當懸殊，可是冉閔依靠勇武硬是創造了一個奇蹟，擊潰了石琨的軍隊，將三千多敵軍斬於陣前。

冉閔率軍回師鄴城後，把囚禁中的石鑑殺死，又把石虎的三十八個孫子全部殺死。隨後在鄴城漢族官員的擁戴下，冉閔於東晉永和六年（三五〇年）在鄴城稱帝，國號魏，史稱「冉魏」。

冉閔稱帝後，立刻向東晉朝廷傳書說：「逆胡亂中原，今已誅之。能共討者，可遣軍來也。」可是東晉已經懼怕北方的異族騎兵，沒有回應冉閔。

同年四月，據守襄國的後趙新興王石祗稱帝，北方的胡人因為那道血腥的「殺胡令」，已經和冉魏政權勢不兩立，紛紛投向石祗。四個月後，石祗派出十萬大軍再次進攻鄴城。這次遠征再次失敗，冉魏政權達到了鼎盛。

⊙遺恨廉臺

就在冉閔把羯族的勢力消除得差不多的時候，遼東的慕容鮮卑開始向中原進軍。

東晉永和八年（三五二年），燕王慕容儁派慕容鮮卑第一名將慕容恪，率領二十萬鮮卑騎兵進攻冉魏政權。

冉閔得到鮮卑人進攻中原的消息，帶著一萬多士兵前往安喜（今河北定州）迎戰鮮卑軍隊。雙方眾寡懸殊，將軍董閏勸冉閔暫避敵人的鋒芒，等待敵人疲憊後再發動進攻。

可是冉閔不聽部下的意見，反而大聲呵斥部下說：「我正要帶著你們前去征服鮮卑人，砍掉慕容儁的腦袋，現在遇見小小的慕容恪，我就避而不戰，天下人該怎麼看我？」

拒絕部下的建議，冉閔率軍又往常山（今河北正定）前進。慕容恪集中了鮮卑騎兵的主力，在冉閔軍隊行進到廉臺時進攻。魏燕兩國軍隊交戰十次，冉閔居然勝利了十次，二十多萬鮮卑騎兵在平原上幾乎不敵一萬的冉魏步兵，難以取勝。

可是慕容恪畢竟是一代名將，將

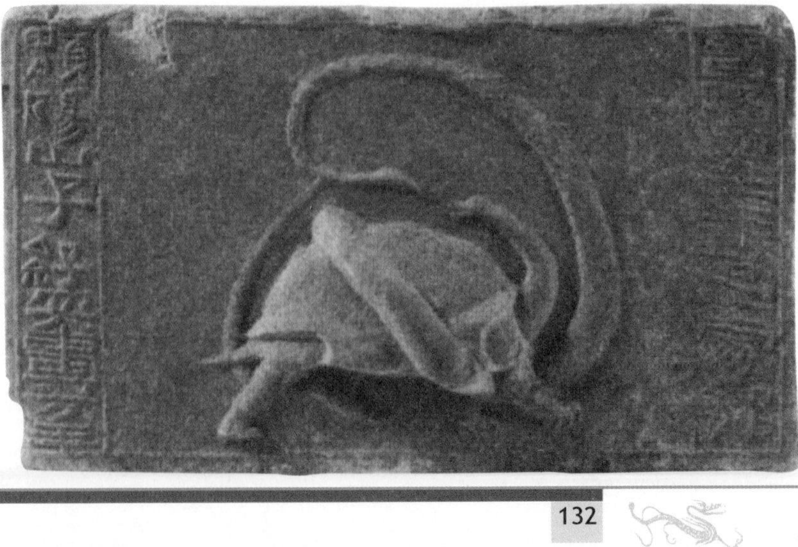
玄武畫像磚　魏晉

延伸知識

北方塢壁莊園廣泛出現

從曹魏末年到兩晉時期，土地兼併日益嚴重，大地主莊園越來越多，越來越大。在十六國大亂的混戰年代裡，中原士族及百姓紛紛南遷，留在北方的世族地主為了抵禦胡族鐵騎的侵犯，往往聚族合宗而居，築成很多塢壁。族中地位最高、能力最強的人被推舉為宗主，統領整個宗族。在莊園中聚居的人多則四五千家，少則上千家。這些人多是受蔭庇的部曲、佃客。

塢壁莊園的經濟則是典型的自給自足的自然經濟，莊園幾乎能供應所需的一切生活必需品。塢壁莊園是一種融政治、軍事、經濟力量於一身的強大實體。莊園內有自己的軍事武裝，以保護田莊。武裝的佃客就是部曲，接受一定的軍事訓練，戰時參戰，戰爭結束，部曲和其他的佃客一起從事生產。

莊園主往往帶領部曲投奔某一政治力量，以參與政事。由於北方塢壁莊園有如此雄厚的政治和軍事力量，因此能在動盪的政局下站穩腳跟，為各代政權所依靠和利用。

五千名重甲騎兵用鐵鏈綁在一起，準備用「連環馬」的戰術和冉閔進行最後的決戰。

戰鬥一開始，就出現了開篇的那一幕，鮮卑人繼續用鮮血和懦弱證明冉閔的悍勇，無可奈何的慕容恪只得把最後絕招——「連環馬」投入了戰場。

這種重甲騎兵本來就是輕裝步兵的剋星，再加上冉閔的部隊已經血戰半日，再也無力抵擋鮮卑人的鐵騎，冉閔的士兵全部戰死，冉閔斬殺三百多名鮮卑勇士後，戰馬力竭，被鮮卑人俘虜。

⊙死後傳奇

生俘冉閔讓慕容恪如獲至寶，把冉閔送到了慕容鮮卑的老巢薊城（今北京西南），燕王慕容儁在宮殿中見到了身為俘虜的冉閔。

慕容儁以戰勝者的姿態，輕蔑地問冉閔：「你不過是石虎的奴才，憑甚麼敢自立為帝王？」

冉閔雖然虎落平陽，可是仍然用響徹大殿的聲音，說出了一段讓後人擊節而歎的豪言：「天下大亂，爾曹夷狄，人面獸心，尚欲篡逆。況我中土英雄，何為不可做帝王？」意思是說天下大亂，你們異族都敢稱王稱帝，我堂堂華夏英雄，為甚麼不能做皇帝？

慕容儁惱羞成怒，於是把冉閔送到龍城（今遼寧朝陽）處斬。然而冉閔的傳奇並沒有結束，按照史書的記載，冉閔被殺後，燕國遭遇到了特大的旱災與蝗災，冉閔處斬的遏徑山方圓七里的草木全部枯萎。慕容儁認為這是冉閔的魂魄作祟，就趕忙追諡冉閔為悼武天王，立廟專門祭祀這位一代豪雄。

冉閔死後，鮮卑人很快就攻占了鄴城，冉魏政權隨之滅亡。冉魏境內的二十多萬漢族百姓害怕報復，便拖家帶眷，南渡長江，逃亡東晉。可是在逃亡途中遭遇了少數民族士兵的劫殺，成功渡江南逃的百中無一。

有國不能歸的慕容翰

●時間：?～西元三四四年
●人物：慕容翰

十六國時期，匈奴、鮮卑、羯、氐、羌等少數民族的大量內遷，使關中地區「戎狄居半」，中國境內民族成分複雜化。這種現像是中國古代民族關係長期發展變化而形成的，有利於內遷各族的社會進步和民族之間的交往融合。不過，這種交往既有和平方式，也有暴力方式，當時，各民族都建立了自己的政權，彼此之間戰爭迭起，綿延百餘年。有政權的對立就會有政治家，有戰爭就會出現軍事家。十六國時期的軍事人才尤其眾多，慕容翰在這個人群中是頂尖的一個。

西晉到十六國時期，前後進入人們歷史視線的鮮卑族全都在中國北方，可以分成三個部分：東面遼東遼西的慕容、宇文、段氏三部，中部的拓跋部，西方的乞伏、禿髮二部。慕容翰就是遼東慕容部的鮮卑人。

⊙擁兵自立

慕容翰（?～三四四年），字元邕，昌黎棘城（今遼寧義縣西北）人，是鮮卑族慕容部首領慕容廆的長子。慕容翰性格豪放，富有謀略，身高臂長，膂力過人，是個神射手，所以深受父親慕容廆器重。

西晉後期八王之亂爆發，北方的少數民族捲入司馬氏各藩王的內部爭鬥之中，逐漸發展壯大。慕容廆地處偏遠，遠遠觀望著中原局勢的發展，在永嘉元年（三〇七年），自稱為鮮卑大單于。

八王之亂剛剛平息，永嘉之亂又起，西晉中央朝廷的權威不復存在，地方長官各自為政，遼東局勢也隨之動盪。當時的西晉遼東太守龐本由於私仇殺了東夷校尉李臻，塞外的鮮卑素連、木津二部以為李臻報仇作藉口叛亂，連年寇掠，遼東百姓流離失所。

眼看天下大亂的慕容翰認為這是慕容部發展的好機會，勸父親慕容廆勤王，幫助朝廷平定叛亂，擊潰並招降了素連、木津二部，壯大了慕容部聲勢。慕容翰又先後打敗鮮卑段部、宇文部和高句麗，慕容部成了遼東首屈一指的地方勢力。

⊙家族內亂

平滅外敵易，理順家事難。慕容翰對外作戰勇猛，計謀百出，可是家族內部的兄弟糾紛卻一籌莫展。慕容翰雖是長子，但母親出身微賤，只是慕容廆的小妾，遠遠比不上弟弟慕容皝的生母，出身鮮卑貴族的段氏。段氏是慕容廆的正妻，所以慕容皝立為世子。

咸和八年（三三三年）五月，慕容廆去世，慕容皝即位，統治遼東。慕容皝心胸狹窄，企圖殺害哥哥慕容翰、弟弟慕容仁、慕容昭。

慕容翰察覺到弟弟心思，歎息著說：「我受先人所託，不敢不盡力做事，幸虧神靈保佑，才有了一點功勞。有人卻因此認為我有才幹，難以駕馭，我怎麼可以坐著等待禍患降臨呢！」

慕容仁和慕容昭也感受到慕容皝的敵意，決定先行下手，廢掉慕容皝，另立慕容翰為主。不料慕容皝事先得知圖謀，馬上殺死慕容昭，又派人抓慕容仁。慕容仁逃到長白山，糾集兵力準備攻打慕容皝。

⊙投靠段氏

慕容翰為了避免兄弟仇殺，帶著兒子投奔遼西的段氏鮮卑。段氏鮮卑的首領段遼早就知道慕容翰的才幹，如今慕容翰上門，當然高興。兩個英

歷史詞典

馬鐙的發明

馬鐙被西方馬文化研究界稱為「中國靴子」，是人類歷史上一項具有劃時代意義的發明。

中國東北方的草原地區，約在西元三世紀中葉到四世紀初的十六國時期，就已開始出現馬鐙。當時慕容鮮卑在中國東北地區建立的前燕政權，正與高句麗互相爭奪領土，雙方都很重視發展騎兵。由於慕容鮮卑與北方草原游牧地區關係更為密切，便率先發明了木芯長直柄包銅皮的掛式馬鐙，從而使騎兵的戰鬥力猛增。

其後，馬鐙被高句麗人掌握和改造，很快並擴散到朝鮮半島和日本，繼而出現了窄踏板金屬馬鐙，在歐亞大草原上廣泛傳播。在中國南方地區，約在西元四世紀也已出現了馬鐙。

馬鐙發明以後，戰馬更容易駕馭，人與馬連接為一體，騎在馬背上的人雙手自由，騎兵可以在飛馳的戰馬上且騎且射，也可以在馬背上左右大幅度擺動，完成左劈右砍的軍事動作。

最早的馬鐙實物，發現於西元三世紀中葉到四世紀初的中國東北的鮮卑人活動的區域，出土地點在遼寧省西部與內蒙古赤峰相接的北票縣。

一九六五年，考古人員在北票縣北燕貴族馮素弗墓中，出土了一對木芯長直柄包銅皮的馬鐙。這對馬鐙長二十四．五公分，寬十六．八公分，是國際上現存時代最早的馬鐙實物。可以說，馬鐙是中國北方游牧民族的一項偉大發明。

虎犬紋金飾牌
飾牌上是一隻伏虎和一隻狗。虎身上鑄有兩個馬頭。這種由虎、犬、馬組合在一塊的飾牌，是鮮卑人吸收了匈奴文化後的產物。

雄互相欣賞，結成生死之交。

這時慕容皝和慕容仁兩兄弟互相攻擊，段遼趁機派遣弟弟段蘭和慕容翰進攻慕容皝。段蘭連戰皆捷，準備一鼓作氣消滅燕國。掛念故國的慕容翰不忍心，不想讓段氏消滅自己的部落，就對段蘭說：「窮寇勿追，否則把慕容皝和慕容仁惹急了，也得不到好處。」說完後，慕容翰就帶著部隊走了，段蘭也只好收兵回國。

慕容皝從兩面受敵的局面中舒緩，集中力量消滅了慕容仁，又聯合後趙的大軍，一起進攻段遼。段遼形勢危急，部下紛紛叛變，只有慕容翰感激段遼知遇，而且慕容翰也有責任，於是慕容翰死守孤城，掩護段遼突圍。

⊙逃出宇文氏

鮮卑段氏被慕容皝消滅後，慕容翰投奔慕容氏的另一個死敵——鮮卑宇文部。可是宇文部首領宇文逸豆歸嫉妒慕容翰的才能，心懷殺意。慕容翰只好裝瘋，在大街乞討為生。

燕國皇帝慕容皝翦除完國內的異己勢力，不禁思念哥哥慕容翰，便暗中接觸慕容翰，請他回國。

慕容翰趁宇文鮮卑不注意，偷了宇文的寶馬，揚起皮鞭，快速逃向燕國。宇文逸豆歸發現，命百名騎兵追趕，慕容翰很快便被追兵趕上。

慕容翰立馬揚鞭，遠遠對追兵說：「我客居他鄉多年，現在想回去了。既然已經上了馬，就沒有再調頭的道理。我在貴國裝瘋騙你們，一身武藝仍在，你們不要逼我，否則自己找死！」

追兵繼續向前。慕容翰厲聲說：「我在你們國家這麼久，我不想殺你們。你們在一百步的地方立一把刀，我如果一箭射中，你們立即撤回，射不中再來擒我不遲。」

慕容翰彎弓搭箭，一箭射中刀環，追兵嚇得逃之夭夭。

慕容翰回國後，慕容皝十分高興，大加賞賜。

吉林集安高句麗王陵墓葬

⊙出征高句麗

咸康八年（三四二年）十月，慕容皝遷都龍城（今遼寧朝陽）。高句麗與前燕相鄰，兵強馬壯，嚴重威脅前燕。慕容翰對慕容皝說：「宇文部強盛已久，屢次製造麻煩。但是高句麗距離更近，高句麗人知道和宇文唇亡齒寒，我們進攻宇文，他必定偷襲我們後方。所以高句麗是我們心腹之患，應該先行除掉。拿下了高句麗，再攻宇文，平定這兩個國家，燕國利盡東海，沒有後顧之憂，就可以向中原進軍了！」

慕容皝同意，派偏師走北面的平坦大路進攻高句麗，自己則率領主力從南方的險要小路進軍，果然沒有遇到強力抵抗，大軍打進高句麗都城丸都（今吉林集安西）。

⊙功高震主

東晉建元二年（三四四年）二月，慕容皝又親自帶兵打敗宇文逸豆歸，占其土地，收其部落，納入前燕統治。在這場戰爭中，慕容翰擔任前鋒將軍，衝鋒陷陣，出謀劃策，立下大功。

陶燈　晉

在攻打宇文部的戰鬥中，慕容翰被亂箭射傷，回國靜養，慕容皝隨時派人監視。慕容翰傷勢漸好，便在家中試著騎馬，監視的人向慕容皝報告私自騎馬，懷疑蓄意謀反。

慕容皝不再猶豫，送了一副毒藥給大哥。慕容翰悲歎著說：「當初叛國出奔，早就該死了，只是未能實現幫助燕國占據中原以告慰先王的志願，真是天命啊！」說畢服毒而死。

令人歎惋的是，這樣一個對燕國的崛起有著大功的英雄，當時卻有著惡劣的口碑，慕容翰一生三叛其主，先後投奔段氏和宇文氏，卻又因其亡國，所以令人鄙視他。同時慕容翰的部下或是戰死，或是被殺，活的不多，當時的人因而認為他是不祥之人。慕容翰死去的消息傳出後，附近的百姓敲鑼打鼓，大加慶賀。慕容翰若地下有知，不知該作何感想。

鮮卑人傑慕容恪

●時間：？～西元三六六年
●人物：慕容恪

和羯族愛出暴君殺人狂不同，鮮卑慕容氏（金庸的小說《天龍八部》中慕容復的祖先）一向以人才輩出聞名。前面講到的慕容翰、慕容皝，後面將要談到的慕容垂，都是十六國中少有的政治家或軍事家。而慕容恪則是個文武全才的人物，算得上是鮮卑慕容氏中的第一人傑。

⊙隨父出征

慕容恪（？～三六六年），字玄恭，昌黎棘城（今遼寧義縣西北）人。慕容恪是前燕主慕容皝的第四個兒子，從小愛護弟弟，尊敬兄長，《晉書·慕容恪載記》中說他「幼而謹厚，沉深有大度」。儘管慕容恪小小年紀就有不錯的表現，可是母親高氏並不得寵，所以慕容皝對這個兒子也沒甚麼印象。

幾年後，已經十五歲的慕容恪長得一表人才，性格剛毅沉穩，時常討論治理國家的道理。這時慕容皝注意到這個才華出眾的兒子，為了考驗兒子，慕容皝出征都帶著慕容恪，以便積累軍事經驗。

⊙出鎮遼東

當時前燕剛剛經歷過慕容仁的叛亂，慕容翰逃到鮮卑段氏。前燕的本家遼東沒有大將鎮守，變成了近鄰高句麗的後花園，高句麗兵三二天就來掠奪人口和牲畜。為了保護慕容氏的基業，慕容皝就派慕容恪鎮守平郭（今遼寧蓋縣）城。慕容恪相當稱職，多次擊敗了高句麗軍隊，高句麗人嚇得聽到慕容恪的名字，就心生懼意，再也不敢輕易進犯遼東。

東晉永和元年（三四五年）十月，慕容恪率領鮮卑騎兵一舉攻下了高句麗的南蘇（今遼寧撫順市東蘇子河和渾河匯合處），在南燕與高句麗的邊境上成功劃上界線。

永和二年（三四六年）正月，慕容皝派慕容恪協助世子慕容儁（慕容皝第二子）攻打扶餘國（中國東北興起的一個政權）。厚道的慕容恪讓二哥坐鎮中軍，自己率領鮮卑戰士在第一線衝鋒。兄弟同心，其利斷金，扶餘國很快就被攻破，扶餘國王和五萬多人口被慕容氏俘虜。

⊙消滅冉魏

慕容恪和慕容儁回國後不久，前燕主慕容皝就染上重病。慕容皝在臨死前特意交待慕容儁：「今中原尚未統一，方建大事，恪智勇俱濟，汝其委之。」意思是說天下還沒有平定，四弟有勇有謀，一定要重用他。

慕容儁即位後，信任四弟，把前燕的統兵大權交給了慕容恪。慕容恪趁著石虎病死，後趙混亂的機會，率領二十多萬精銳的鮮卑部隊，進攻占據鄴城的冉閔，經過反覆爭戰，活捉了驍勇善戰的冉閔，把前燕的疆土擴展到并、幽、冀、平四州（今河北和山西境內）。

慕容儁接獲捷報，封慕容恪為太原王，拜侍中、假節、大都督、錄尚書。

⊙授命輔幼主

東晉升平三年（三五九年）十二月，慕容儁病危。慕容儁把慕容恪從前線召回，流著眼淚對弟弟說：「我怕是不行了，兒子慕容暐年紀太小，不足以託付大事，我決定傳皇位給你，好好守護大燕江山吧！」

慕容恪個性忠厚，趕緊回答說：「姪子（慕容暐）雖然還小，可是聰明俊朗，皇位還是留給他吧！」

慕容儁假意憤怒，大喝說：「我們兄弟，你難道不相信我的誠意嗎？」慕容恪依然平靜回答說：「陛下覺得我能負擔天下重任，也應該相

伊和烏拉山（內蒙古新巴爾虎左旗）頂的古代鮮卑人石板遺蹟

信我可以好好輔佐少主。」

慕容儁這才放下了心頭大事，喘著氣說：「四弟要是肯做周公，我還有甚麼可擔憂的？」

一個月後，慕容儁病死。表裡如一的慕容恪果然輔助著十一歲的慕容暐登上帝位。小皇帝一即位，就封四叔慕容恪為太宰，三叔慕容評（慕容皝第三子，慕容儁的弟弟）為太傅，由兩位叔叔總攬朝政。

東晉朝廷知道慕容儁病死，就準備進攻前燕，可是掌握東晉兵權的桓溫卻說：「慕容恪還活著，恐怕我們的災難才剛剛開始。」

⊙平定叛亂

慕容暐即位後，前燕太師慕容根自恃功勞大，想取慕容暐而自立。可是慕容根知道威望和實力都比不上慕容恪，就煽動慕容恪廢帝自立（可見慕容儁還是很有遠見的）。慕容根說：「現在皇帝年幼，太后可足渾氏一個婦道人家卻老是干預朝政，大燕的江山都是您打下來的，我願意擁戴您為皇帝。」

慕容恪冷靜回答說：「太師喝醉了吧，你忘了我們在先帝面前的誓言了嗎？」慕容根看勸說慕容恪沒有希望，就慚愧退下了。

後來慕容恪把這件事情告訴弟弟吳王慕容垂。慕容垂覺得慕容根不懷好意，

鮮卑族的龍首銅魁　北朝

就勸慕容恪殺掉慕容根。慕容恪卻認為皇帝剛剛駕崩，不適合殺戮大臣，就幫慕容根把事情掩蓋了。

可是慕容根勸說慕容恪不成，就向小皇帝慕容暐和太后可足渾氏告狀，說慕容恪和慕容評打算謀反。幸虧小皇帝慕容暐聰明，向母親可足渾氏分析說：「四叔和三叔都是國家重臣，是先帝精心挑選輔助我的，他們不可能背叛。慕容根的一面之辭不值得相信，誰知道不是他想謀反呢？」

慕容恪知道這件事情後，忍無可忍，就奏請慕容暐，處死了慕容根。當時新皇帝剛剛即位，太師就被殺了，前燕大臣人心惶惶。慕容恪為了安撫人心，不帶侍衛，步行上下朝都，大臣因此也就放了心，前燕的政局於是回到了正軌。

以後的六年，慕容恪對內提拔人才，發展經濟，對外西征前秦，南討東晉，連後來稱霸北方的苻堅都被他打得心驚膽戰，前燕的國力達到了鼎盛階段。

⊙臨終進諫

東晉太和元年（三六六年），慕容恪病重。病危的慕容恪還在擔心慕容暐手中沒有實權，而太傅慕容評權柄太重，又不能容人。於是，當慕容暐來探望時，慕容恪強撐著病軀，握著皇帝的手說：「吳王慕容垂的本事十倍於我，陛下若能信任他，我大燕就有希望了。」

鮮卑慕容的一代人傑慕容恪撒手人寰之後，慕容暐沒有聽從四叔的意見，一直排擠戰功赫赫的吳王慕容垂，最後導致慕容垂逃出前燕，投奔了前秦。慕容垂出走後，前燕很快便被苻堅的前秦所滅。

磚雕 魏晉

歷史詞典

亦僧亦士的支道林

支遁（三一四～三六六年），字道林，俗姓關，世稱「支公」或「林公」。陳留（今河南開封東）人。永嘉年間，隨家人流寓江南，二十五歲出家為僧，先後建立支山寺和棲光寺，與當時的名士謝安、王羲之等交遊往來，善談玄理。

在佛教內典中，支遁對《般若經》頗有研究。般若學分化為若干派，即所謂「六家七宗」，支遁為其中即色宗的代表人物，他認為「色即是空」，為般若學六大家之一，其理論之成熟，超過了其他各學派。支遁也曾留意於神學，主張頓悟，認為頓悟生於第七地，七地以上尚須進修，因而稱為「小頓悟」。

當時正值玄學和佛教並盛之世，僧侶崇尚清談，支遁即是這種風尚的代表人物，時人將他與王弼媲美。清談中支遁的見解揭示的境界契合於玄學，並且高於玄學，因此頗獲當時名士讚賞。

支遁還喜養馬養鶴，擅草隸，工文章，能吟詩，儼然一派名士風範。

【捫蝨談天下的王猛】

●時間：西元三二五～三七五年
●人物：王猛

王猛（三二五～三七五年）是個奇才，甚至有人認為他超過了諸葛亮，因為他是個出色的政治家，也是了不起的軍事家。苻堅與王猛，君臣相得，在歷史上留下了一段佳話。

⊙初見桓溫

東晉穆帝永和十年（三五四年），大將軍桓溫北伐前秦（十六國之一，氐族人苻健於三五一年建立）。大軍進了關中，來到長安附近的灞水邊上。部下報告軍營前一個身著破爛短衫的讀書人求見，桓溫召見。

來人大約三十多歲，身材高大雄壯，虎背熊腰，又黑又濃的鬍子掩不住滿臉的英武之氣，尤其是一雙眼睛，格外有神，不像是個讀書人，反倒像落魄的將官。

桓溫請座，說道：「先生貴姓？似乎不曾見過。」讀書人也不客氣，說：「我叫王猛，早就聽說將軍雄才大略，今天來此就為了和您談論天下大勢。」

王猛像

王猛開始分析南北雙方的政治軍事形勢，口若懸河，滔滔不絕，尤其是見解十分精闢，聽得桓溫不住點頭。

更絕的是，王猛一面談，邊把手伸進衣襟裡抓蝨子（文言是「捫蝨」）。桓溫的兵士見了，笑出聲來。但是王猛卻旁若無人，嘴裡妙論不停，蝨子也照抓不誤。

桓溫又是驚奇，又是欣賞，問王猛：「在下有一事不明。我奉天子之命，統率十萬精兵，仗義討伐逆賊，為百姓除害，而關中豪傑卻無人前來效勞，這是甚麼緣故呢？」

王猛淡淡一笑，說：「您不怕千里跋涉，深入敵境，如今長安近在咫尺，但是您卻不渡過灞水。百姓不知道您心裡如何打算，所以不敢前來見您啊！」

桓溫聽完沉默不語，這一番話正說中了心事。原來桓溫北伐，主要目的是想在東晉朝廷樹立威信，為將來奪取帝位鋪路。駐軍灞上，不急於攻下長安，正是想保存實力。

桓溫終究沒有打下長安，這時大

軍缺乏糧草，朝內局勢又發生變動，只好退兵回朝。桓溫賞識王猛，臨走前想邀請王猛回東晉。王猛不想遠走他鄉，於是回到山中請教老師。王猛的老師說：「你能和桓溫這樣的權臣共事嗎？留在這裡自有富貴，何必到別的地方？」王猛聽從老師，繼續在山中隱居。

⊙出仕前秦

東晉永和十一年（三五五年），苻生繼父親苻健之後做後秦的皇帝，統治殘暴，濫殺臣民，不得人心。苻健的姪兒苻堅心生異志，著力搜羅四方人才。苻堅聽說王猛，便派部下呂婆樓請王猛出仕。王猛沒有拒絕，苻堅和他一見如故，言談之間句句投機，大有劉備遇到諸葛亮的意思。

兩年之後，苻堅政變，殺掉苻生，自立為大秦天王，任命王猛為中書侍郎，職掌軍國機密，不久又調任始平（今陝西咸陽西北）縣令。

始平靠近前秦都城長安，地理位置十分重要。王猛一到任，就雷厲風行推行法治，約束豪強，禁止為非作歹。有個樹大根深的奸吏作惡多端，王猛把他當眾鞭死。當地的豪強看王猛這個漢人如此強橫，就集體上告朝廷。王猛遭到上司逮捕，押送到長安的廷尉署審判。

苻堅見王猛被抓，親自審問，責問王猛：「為政之體，德化為先。你幾天就殺掉那麼多人，是不是太殘酷了！」

王猛匍匐地上，高高抬起頭，大聲說：「我聽前人說治理安定的國家可以用禮，但是如果國家秩序混亂，就必須用法！陛下不覺得我沒用，讓我做了始平縣令，我就要全心為陛下辦事，不能顧惜個人的得失。如今我才殺了一個不法之徒，還有成千上萬的壞人沒有伏法。如果陛下因為我不能除盡殘暴、肅清枉法而懲罰我，我無話可說，但如果要加上為政殘酷的罪名，我不服氣！」

歷史詞典

東晉與拜占廷通使往來

永和三年（三四七年），東晉王朝占領巴蜀以後，通過張氏前涼政權，正式與拜占廷建交。

早在西漢時期，中國就和古羅馬帝國有往來。他們稱中國為賽里斯國，意思是「絲國」。隨著絲綢之路的開闢與日趨繁盛，中國與羅馬的貿易關係越來越密切。

三世紀初，三國曹魏增闢了與羅馬交往的新北道，由玉門關轉向西北，通過橫坑（今庫魯克山），經五船以東轉西進入車師前部（哈拉和卓），然後轉入天山北麓，穿越烏孫、康居、奄蔡，便可渡黑海或越高加索山脈和羅馬帝國相通，最後到達拜占廷。

拜占廷是羅馬皇帝君士坦丁（三〇六～三三七年）執政期間建成的新都，拜占廷人通常以拂菻（首都）自稱。三四五～三六一年間，拜占廷使者來到長江流域晉王朝統治地區。

興寧元年（三六三年），晉哀帝司馬丕也向拜占廷派出使者，並通過河西漢族政權，使雙方在絲綢貿易上達成協議，確保了通往拜占廷的絲綢之路的暢通。東晉與拜占廷正式的國家間交往，不僅使絲綢的供求交易更加便利，而且增進了中西方的相互瞭解和文化交流。

陶女俑　三國兩晉

苻堅聽罷，歎息著向在場的大臣說：「聽見沒有？王猛真是管仲、子產一類人物啊！」於是釋放了王猛。

⊙一年五升

於是升王猛做尚書左丞、咸陽內史、京兆尹，不久又任為吏部尚書、太子詹事，然後又升……僅在王猛三十六歲那一年中，前後就升遷了五次。

王猛權傾內外，苻家的宗戚和舊臣眼紅，嫉妒不已。姑臧侯樊世是氐族豪帥出身，為前秦的建立立下過汗馬功勞。他看不起書生出身的王猛，當眾指著王猛說：「當年我們和先帝浴血奮戰，共同打下這片江山，都沒有參與朝政。你沒有功勞，憑甚麼專管大事？這不是我們辛辛苦苦種好了莊稼讓你來吃嗎！」

王猛輕蔑笑道：「我還要讓你做我的廚子呢，豈止是種糧食而已！」

樊世大怒道：「有一天我一定會叫你頭懸長安城門，如果做不到，我自己死了算了！」

王猛把此事告訴了苻堅，苻堅也發了脾氣，說：「非得把這奴才殺了不可，才能讓百官整肅！」苻堅生氣也有道理，當時氐族貴族權勢很大，皇帝處處受限制，要伸張皇權，就要打擊像樊世這樣的貴族。

不久後樊世進宮言事，苻堅故意對一旁的王猛說：「我想招楊壁為婿，不知道這個人怎麼樣？」樊世氣憤說：「楊壁是我的女婿，早就訂婚了，陛下怎麼能再讓他娶你的女兒呢？」

王猛斥責樊世：「天下都是皇上的，你怎麼敢和皇上爭搶女婿呢？這不是有兩個天子了嗎？還有上尊下卑這回事嗎？」

樊世說不過王猛，再也按捺不住，起身就要毆打王猛，左右侍衛連忙拉住。樊世不平，破口大罵，苻堅於是命人將樊世拉出斬首。

樊世一死，氐族首領嘩然，紛紛攻擊王猛，其實矛頭指向苻堅。尚書仇騰、丞相長史席寶更是編造謠言，誣陷王猛。苻堅大怒，在宮殿上用鞭子抽打這些大臣，並降了仇騰、席寶的官職。至此，公卿大臣沒有不害怕王猛的。

延伸知識

苻健建前秦

東晉永和七年（三五一年）正月，氐族人苻健在長安即天王大單于位，建國大秦，史稱「前秦」，一個氐族人的北方政權正式建立。

西晉末年，北方烽煙四起，世代居住在略陽臨渭（今甘肅秦安東南）的氐族人推舉部落小帥苻洪為首領。匈奴貴族劉曜建立前趙政權後，苻洪率領部眾歸降了劉曜。後來，劉曜被石勒的前趙政權擊敗，苻洪又轉投後趙，成為後趙君主石虎的統兵大將。

後趙滅亡時，苻洪已擁有十萬部眾，野心勃勃，準備進占關中。苻洪還沒有實現進據關中的計畫，就被將軍麻秋毒死。苻洪的兒子苻健殺死了麻秋，為父親報了仇，然後率領部眾向關中進發，準備繼承父親的遺志。苻健一路上得到關中氐族人的響應，打敗了占有長安的杜洪軍隊，攻進了長安。

永和七年（三五一年），苻健自稱大秦天王，大單于，第二年改稱皇帝，建都於長安。苻健專心政事，崇尚儒學，百姓賦稅減輕，在長安城裡建了來賓館，招徠遠方來客。由於採取了與民休息的政策，前秦統治下的關中逐漸復甦，人口漸漸增加，政權逐步鞏固。

⊙鞠躬盡瘁

王猛見苻堅如此寵信，就忠心耿耿為苻堅效勞。王猛不遺餘力繼續處置桀驁不馴的貴戚豪強，甚至包括皇太后的弟弟。

王猛治理很有辦法，推賢舉能，澄清吏治。協調各民族之間的關係，以利社會安定。興修水利，勸課農桑，發展生產。興辦學校，培養人才。

苻堅曾經對他說：「你夙興夜寐，勤於政事，我就像得到了姜太公的輔佐，可以優哉游哉享清福啦！」

在王猛的幫助下，前秦境內出現了一番新氣象，成為北方最強大的國家。

王猛不僅能在朝內治國，而且也能出征打仗，經常統兵征討，攻必克，戰必勝。他先後率軍攻打東晉荊州、前涼張天錫，平定苻柳叛亂，都取得了勝利，其中最重大的功績，就是滅掉前秦東方的前燕。

東晉孝武帝寧康三年（三七五年），操勞過度，年僅五十一歲的王猛病逝於長安。

苻堅對這位出將入相的臣子兼朋友的去世十分悲痛，反覆對太子苻宏說：「難道是老天爺不想讓我統一天下嗎？為甚麼這麼快就奪走了我的景略（王猛字）呢！」

馬隊出行壁畫 魏晉

淝水之戰

●時間：西元三八三年
●人物：苻堅　謝玄　朱序

發生在東晉太元八年（三八三年）的淝水之戰，有諸多可說之處。這一仗把北方的前秦打得四分五裂，而南方的東晉政權則得以殘喘苟延，這一仗還打出了中國人使用千年的幾個成語掌故。

東晉名將謝玄像

東晉太元元年（三七六年），前秦滅掉了河西的前涼政權和拓跋鮮卑建立的代國，基本統一了中國北方。一心要搶奪華夏正統、創下百世功業的氐族皇帝苻堅，並沒有打算就此住手，他那深邃的眼光，投向了千里之外的東晉朝廷。

苻堅一心向滅掉吳國、統一天下的晉武帝學習，拿出地圖量了前秦名下的土地，又扳起指頭數了兵馬，發覺比晉武帝強得太多。從二十年前登基以來，苻堅勤政為民，國家大治，史書上甚至出現了「夜不閉戶，路不拾遺」的太平景象。

苻堅的武功更是西晉以來天下第一：太和五年（三七〇年）滅勁敵前燕，次年滅仇池（今甘肅成縣西北）氐族楊氏，寧康元年（三七三年）取東晉梁、益二州，太元元年（三七六年）滅前面所說的前涼和代。

如今前秦帝國東西南北縱橫千里，有氐、漢、匈奴、鮮卑、羯、羌等各族人口千萬，精兵強將多得無法計算，再看看東晉那點微不足道的人馬，苻堅目標愈加堅定。

⊙攻占襄陽

苻堅雷厲風行，很快就把想法付諸了行動。太元三年（三七八年），前秦發動兩路大軍進攻東晉，西路由大將苻丕率領十萬大軍，進攻襄陽（今屬湖北），東路由將軍彭超領軍進攻彭城（今江蘇徐州），作為聲援。

經過八個月的圍攻，苻丕在太元四年（三七九年）二月攻下襄陽，晉軍主將朱序被北方大軍抓住，帶到長安的苻堅皇帝腳下。苻堅拍了拍朱序肩上的塵土說：「打仗你不行，度支尚書（管理財政的高級官員）總能當吧？」朱序於是做了前秦的官。

襄陽是東晉荊州的北方門戶，占領襄陽，前秦大軍就可以順利南下滅晉了。

前秦的東路軍也進展順利，一口氣拿下了彭城、下邳、淮陰、盱眙四個重鎮，兵鋒抵達三阿（在今江蘇高郵境內），距離建康的北大門廣陵（今江蘇揚州）只有一百里。幸好東晉的北府兵將領謝石、謝玄率領大軍在白馬塘、三阿、盱眙、君川等地連敗前秦軍，前秦軍退回淮北。

這一仗，前秦確實輸了。苻堅盛怒之下派出囚車，命令將東路主帥彭超運到長安。囚車走到中途，彭超就畏罪自殺了。秦、晉的第一次角力，雙方打了個平手。

⊙決定南征

太元七年（三八二年），苻堅召開朝會，討論再次伐晉事宜。朝中大臣多數不同意，苻堅怒聲說：「我大秦軍士眾多，馬鞭投到長江裡，足以阻斷流水（投鞭斷流），為甚麼怕東晉？」

仍有大臣不同意南征，苻堅的弟弟苻融的意見最有代表性，苻融說：「晉不可伐，原因有三：一、天象於晉有利。二、晉主英明，臣下多才。三、我軍將士連年征伐，過度疲勞，沒有鬥志。」這還是朝堂上說的官方語言，還有話是只能私底下向苻堅說的：「投降我大秦的鮮卑、羌、羯等族人居心叵測，萬一失敗，他們乘機造反，就難辦了。」

苻堅懶得和眼裡懦弱膽小的弟弟爭辯，回答說：「當年晉武帝平吳，不也是反對聲一片嗎，結果大獲全勝？今日我大秦帝國兵強將廣，晉朝豈能相比？總之吞晉之機不可失，滅晉之時不再來。」

太元八年（三八三年）八月，前秦三路大軍南征：東路由苻融掛帥，率領鮮卑族的降將慕容垂等步騎二十五萬為前鋒，經彭城南下。西路由羌族降將姚萇率梁、益二州大軍，沿著長江、漢水東進。苻堅則親率步兵六十萬、騎兵二十七萬由長安出發，經洛陽、項城、潁口南下。

襄陽古城牆「夫人城」段

東晉太元三年（三七八年），前秦大軍進攻東晉襄陽城，當時襄陽由梁州刺史朱序鎮守。朱序的母親韓夫人早年隨丈夫朱燾於軍中，頗曉戰事。當襄陽外城被前秦大軍攻破，韓夫人帶領城中婦女連夜築起一道內城，幫助兒子固守襄陽。後來，人們把韓夫人所築的城牆稱為「夫人城」。

淝水之戰圖

苻堅躊躇滿志，出發前在長安為東晉皇帝大臣都蓋好了官邸，就等著把這些人抓回來入住了。

⊙北府兵出擊

苻堅出兵，東晉的探子就已經向朝廷彙報苻堅百萬大軍南下，秦軍從長安一直排到了淮水邊上。東晉的執政大臣謝安雖然外表鎮定，內心也十分憂慮，仔細評估東晉的實力，覺得還有幾分希望：名將桓溫的弟弟桓沖將軍帶著十多萬人馬鎮守荊州，應該可以守住大晉的西大門。至於東部防線，有堂弟謝石和姪子謝玄率領的北府兵，北府兵從江淮之間的流民中募集，戰鬥力強，太元四年（三七九年）與秦軍的戰鬥中表現突出。應該能和秦軍力拚！

謝安拿定了主意，命令謝石為主帥，謝玄為前鋒，統領謝琰、桓伊、劉牢之等將領，率八萬人開赴淮水一線抗擊秦軍。

謝安早已料到，秦軍來勢兇猛，晉軍無論如何英勇，一定先嘗敗仗，至於情勢如何發展，只好等待時機。

謝安評估沒錯，十月，苻融的軍隊渡過淮河，攻下了淝水（淮河南岸支流，流經今安徽淮南西）西岸的軍事重鎮壽春（今安徽淮南西），然後又派部將梁成率領五萬人向東進駐洛澗（淮河南岸支流，流經今安徽淮南東）。這時，東晉謝玄也趕到了這裡，面對屢戰屢勝的前秦梁成將軍，在洛澗東岸與秦軍隔河對峙。

⊙初戰告捷

親率大軍已經到達項城（今河南沈丘）的苻堅，密切關注著戰場動態。苻融報告抓住了困守硤石（今安徽壽縣西北）的晉軍將領胡彬的信使，獲得胡彬糧草缺乏、兵力單薄的機密情報，建議秦軍迅速開進，以防敵軍逃遁。

苻堅高興，留下大部隊，親率騎兵八千疾馳壽春，並嚴密封鎖到壽春的消息，下令說：「敢言吾至壽春者拔舌！」

苻堅又派降臣朱序到晉營策反主將謝石。沒想到朱序尚未忘記故國，反而向謝石等人密告了秦軍的情況，並建議乘秦軍主力未到發起攻擊，一鼓作氣擊敗苻堅。

謝石得到朱序的軍情後，立刻命令北府兵參軍劉牢之率領精兵五千渡過洛澗，夜襲梁成營壘。梁成疏於防範，五萬秦軍被五千晉軍擊敗，梁成戰死。晉軍首戰告捷，士氣大振，對後來的戰鬥形成了極其有利的聲勢。

⊙最後決戰

洛澗大捷後，謝石、謝玄率領主力水陸並進，向西到達淝水東岸。苻堅原以為南方人懦弱空談，不是北方鐵騎的對手，這時在壽春城上望見淝水對岸的晉軍陣容整齊，將士精銳，又看八公山上的草木在霧氣朦朧之中都像是晉軍士兵（草木皆兵），禁不住打了個冷戰，對身邊的苻融說：「此亦勁敵也，何謂少乎？」

秦晉兩軍在淝水東西僵持，不敢渡河，於是謝玄送信給苻融，說：「您孤軍深入，卻緊逼河水結陣，這是持久之計，難道是想打仗嗎？不如您將大軍稍稍後撤，讓我們過河，然後雙方將士大戰一場，我和您在旁觀看，不亦美哉？」

身為北方用兵大家，苻堅深知兵法「半渡而擊之」的道理，就打算在

歷史詞典

手印菩薩——道安

道安（三一四～三八五年），俗姓衛，常山王柳（今河北正定南）人。十二歲出家為僧，拜佛圖澄為師受業。在北方戰亂連綿之時，道安輾轉各地，教授佛徒，弘揚小乘教義，並以玄學為思想基礎，使佛學蒙上玄學的色彩。

興寧三年（三六五年），燕軍攻克洛陽，道安為避戰亂，率僧徒弟子慧遠等四百多人南投東晉治下的襄陽，開始了他在江南的弘法活動。道安論經說法，齋講不倦，東晉特予王公待遇。

太元四年（三七九年），道安與朱序等人共守襄陽，城破後，被苻堅俘入長安。苻堅視他為神器，安置在長安五重寺內研經講法，直至去世。

道安對中國佛教發展頗多貢獻：確立了佛教唯有依國主才能成立的原則，主動承擔對社會施行「教化」的使命，並系統整理眾經。經他細為案檢，撰成《綜理眾經目錄》一卷，後人稱為《道安錄》或《安錄》，這是中國第一部佛經目錄學的著作。道安博覽群經，寫下《般若》《道行》《安般》等經。

道安並制定僧尼軌範，統一佛徒姓氏，中國僧侶自身的日常宗教修習和活動儀軌，始於道安的「僧尼軌範」。

因道安影響深遠，時人稱之為「手印菩薩」。

「大秦龍興化牟古聖」瓦當　前秦

晉軍過河的時候迎頭痛擊，於是就同意了謝玄的提議。可是苻堅卻忘了兩軍交戰，士氣可鼓而不可洩，輕率後撤在士氣上的打擊是致命的。

果然，當秦軍開始後撤，陣腳鬆動的時候，朱序就乘機搗亂，在秦軍陣中大喊：「秦兵敗了！秦兵敗了！」後邊的秦軍不知道前方發生了甚麼事情，軍中的鮮卑、羌、羯等族兵丁原就不想為苻堅賣命，一聽前軍敗了，更是向後就跑。正所謂兵敗如山倒，其他秦兵見勢不好，全都跟著逃跑，一時間秦軍大亂。

升天圖壁畫　十六國

苻融還想帶著督戰隊維持秩序，可是晉軍已經渡河，發起猛烈的衝擊，苻融當場被飛來的羽箭射死。晉軍乘勝追擊，一直追到了壽春城西的青岡才收兵。驚嚇的秦軍顧不上疲憊和難忍的飢餓，晝夜兼行，向北逃跑，途中聽到仙鶴的鳴叫和呼嘯的風聲（風聲鶴唳），以為是追兵趕到，自相踐踏，又死了不少。苻堅也受箭傷，單人匹馬逃回淮北。

苻融最初的預言於是應驗，前秦軍中其他民族的將領聽說苻堅兵敗，紛紛改旗易幟，割據一方，組織政權。

苻堅收拾殘部回到長安，於太元十年（三八五年）被羌族人姚萇俘虜殺死，曾經風光無限的前秦政權也隨之瓦解。

英雄腸斷參合陂

●時間：西元三九六年
●人物：慕容垂　慕容寶　拓跋珪

後燕開國者慕容垂與北魏首帝拓跋珪，可並稱為東晉末年的軍事雙雄，可是慕容垂的兒子慕容寶卻不是拓跋珪的對手。參合陂一戰對後燕心理上的打擊，比軍事上的打擊更大。

慕容垂是前燕的宗室，極富心機，善於用兵，功勳卓著，多次打敗了東晉對前燕的進攻。可是慕容垂的功勞太大，引起了兄長前燕太傅慕容評的嫉妒，準備除掉慕容垂。慕容垂倉皇出逃，投奔了前秦皇帝苻堅。

苻堅在淝水之戰敗後，慕容垂乘機糾合鮮卑、烏桓、丁零等各族背叛苻堅，於東晉太元九年（三八四年）重建燕國，定都中山（今河北定縣），史稱「後燕」。

⊙北魏建立

東晉太元十一年（三八六年）一月，後燕建立兩年之後，慕容垂的外甥拓跋珪被眾部落首領推舉為代王，重建代國，不久改稱魏，史稱「北魏」。拓跋珪同樣是亡國遺少，祖父什翼犍曾在咸康四年（三三八年）建立代國，於太元元年（三七六年）被後秦苻堅所滅，拓跋珪很小就四處流亡。

拓跋珪能登上寶座，多虧舅舅慕容垂在關鍵時刻支持。慕容、拓跋都屬於鮮卑族，世為姻親，所以拓跋珪一直對慕容垂非常恭敬，向後燕稱藩納貢。

⊙出兵伐魏

隨著拓跋珪勢力的逐步發展，雙方衝突漸多，關係惡化。後燕向北魏索要良馬，拓跋珪竟然不給，又處處搶占領土，慕容垂決定解除日益嚴重的威脅。

北魏登國十年（三九五年）五月，慕容垂令太子慕容寶為主帥，遼西王慕容農、趙王慕容麟為副元帥，率領八萬大軍，直取北魏都城盛樂（今內蒙古和林格爾），同時派慕容

鮮卑族三足銅鐺　北朝

鮮卑族的黑陶皮囊壺

德、慕容紹以步騎一萬八千為後繼。燕軍幾年來勝仗不少，人多勢眾，兵強馬壯，燕軍騎兵奔跑的聲勢震動著整個北方大地。

⊙以退為進

當時拓跋珪部下人心惴惴，擔憂的拓跋珪向謀士張袞詢問退敵之策。足智多謀的張袞說：「慕容寶慣打勝仗，這次又傾資竭力而來，難與爭鋒。不如故意顯示退敗的樣子，讓他幾個小勝仗，使燕軍掉以輕心，然後出其不意，方能取勝。」

拓跋珪同意此法，於是按照張袞的計策，轉移部落、牲畜和財產，從盛樂撤退，西渡黃河，以逸待勞。

燕軍轟隆隆向西衝來，一路上沒遇到魏軍的正式抵抗。慕容寶大軍開到黃河北岸的五原（今內蒙古包頭西），收降附近北魏民戶，割糧築城，同時準備造船渡河。

拓跋珪看情勢差不多了，就派拓跋虔率領五萬騎兵，在黃河以東占山截谷六百餘里，斷絕慕容寶與後燕幽州的聯繫，又派拓跋儀領十萬騎兵在黃河北面，從背後對準慕容寶，拓跋遵則領七萬騎兵擋住慕容寶南逃的道路。拓跋珪又在慕容寶與後燕都城中山（今河北定縣）之間的路上埋伏，專門阻截信使，不讓逃脫。

⊙謠言退敵

慕容寶很快就到達黃河岸邊，立即製造戰船，準備渡河追擊拓跋珪。戰船基本造好，慕容寶先派數百名將士作為先遣部隊渡河。戰船到了中途，河面突起大風，將船七零八落吹到了黃河南岸，拓跋珪不費吹灰之力就抓到三百多個燕兵。

凶狠的拓跋珪不但沒殺俘虜，反而招待了幾個月，免費送新衣服讓他們回去。俘虜臨走之前，拓跋珪說：「你們的老皇帝慕容垂病死，慕容寶就要撤軍，我也不便留著你們，回家和妻兒團聚吧！」就是這幾句話，後來讓慕容寶惹上了大麻煩。

燕軍第一次渡河失敗，船一時之間難以造齊，即使可以渡河，對岸又早有嚴陣以待的魏軍。慕容寶又在黃河岸邊停留了近四個月，毫無辦法。

這時，衣著光鮮的俘虜回到燕軍營中，俘虜陳述詳情，慕容垂病死的消息頓時傳播四處。慕容寶出發前，慕容垂正患病臥床，拓跋珪又切斷了燕軍與中山的通訊聯繫，慕容寶長期在外，於是擔心父親的生死。

就在燕軍上下惶惶不安的時候，莽撞的大將慕輿嵩以為慕容垂死了，就密謀擁立趙王慕容麟為主，結果事情洩露，被慕容寶處死。慕容寶眼見無法贏得戰爭，朝中如果再有奪位的情形，皇位便將不保，於是決定撤軍。

十月底，慕容寶燒掉船隻，大軍東撤。撤退時曾有人建議撤兵要快，等到大河封凍，拓跋珪便可追上。慕容寶不以為然，認為黃河封凍的時間還早，沒有船隻的拓跋珪無法追上。

⊙月夜突襲

後燕大軍走了七天，離河岸已有數百里，再過幾天就可以抵達燕境。可是天氣突變，北風大作，氣溫驟降，黃河一夜之間結結實實冰凍了。眼看著燕軍撤走的拓跋珪有如神助，留下全部輜重，精選兩萬多精銳騎兵踏冰過河，日夜兼程追上，僅四天就逼近了燕軍。慕容寶沒有留下斷後的部隊，也沒有偵察兵偵探敵情，對魏軍的動向一無所知。

十一月初九傍晚，燕軍行至參合陂東，在蟠羊山（在今山西陽高北）下的雁水旁紮營，這時魏軍已經追到參合陂西，兩軍相距只有一百多里。

當天晚上陣陣狂風捲起西北的塵土，形成一道長堤似的黑氣緩緩壓了上來，籠罩著燕軍大營。燕軍士卒為險惡的天象所震怖，隨軍術士靳安十分不安，對慕容寶說：「今日西北風強勁，是追兵將至的徵兆，大軍應該預設警備，拔營迅速離去，否則大禍將至！」

慕容寶不信，靳安再三請求，將領慕容德也認為小心為妙，於是慕容寶命慕容麟率領三萬騎兵殿後。慕容麟也不相信有追兵，加上夜晚來臨，天氣惡劣，部隊才走出十餘里地，便卸甲解鞍，紮下營帳。

燕軍接連奔波數日，疲憊不堪，睡意正濃。燕軍的對手拓跋珪卻異常興奮緊張，幾天無法入眠。這時，偵察騎兵報告燕軍正在眼前，拓跋珪即刻召集將領，部署人馬，親率主力連夜向東急馳。

幾個小時之後，魏軍靠近燕軍營壘，黑暗中已能聽見敵人的號角！拓跋珪命令人銜枚，馬勒口，悄無聲息登上蟠羊山頂。日出之時，魏軍已全部進入戰鬥位置，正對著燕軍大營。

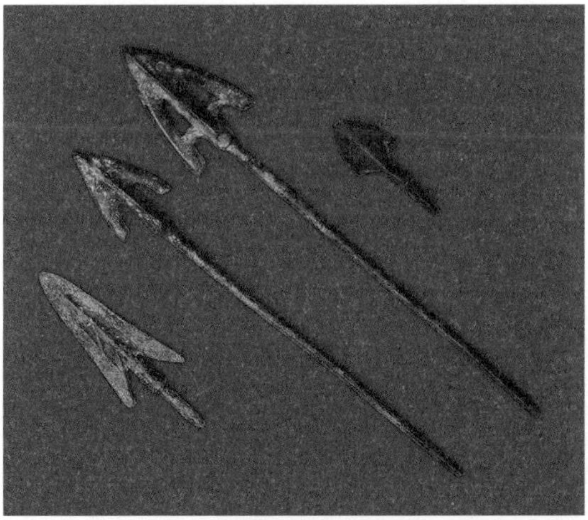

鮮卑人的箭鏃

銅釜（炊具）　魏晉

該器直腰直沿，腰浮雕魚龍及寶紋，也作敲擊發令兵器使用。

初升的太陽照射著無盡的山巒和平野，淡薄的霧氣升起，雁水早已結冰，沒有幾個月前燕軍見過的波光粼粼。慕容寶早早起床，走出營帳，突然望見北方蟠羊山上耀眼的北魏軍旗。面對著從天而降的魏軍，頓時人人破膽。

慕容寶想集合部眾，但是拓跋珪不留機會，魏軍鐵騎如潮水般朝山下湧來。燕軍慌作一團，無人指揮，散兵游勇般四散奔走。魏軍騎兵過處，燕軍便倒下一片。殘餘的燕軍騎兵急催戰馬，向雁水逃命，那裡可以踏冰南逃，但他們的速度太快了，紛紛滑倒在冰面上，後邊的騎兵不及躲避，於是自相踐踏。這時魏軍趕到，燕軍死傷萬人，鮮血凝結成冰，雁水河上暗紅一片。

⊙坑殺俘虜

慕容寶單槍匹馬逃跑，僅以身免，拋棄的五萬燕軍士兵只好放棄了抵抗，束手就擒，可是等待的卻是更加悲慘的結局。這一仗拓跋珪生擒後燕王公武將數千人，甚至包括慕容寶的寵妃，至於器甲、輜重、軍資雜財更是不計其數。拓跋珪因為投降的燕軍太多，既浪費食糧，又浪費兵力看押，就下了一道血腥的命令——將降兵全部活埋。五萬慕容鮮卑士兵被同宗拓跋鮮卑驅趕到幾十個大坑中，然後箭矢橫飛，沙土齊下，山谷裡只剩下了淒厲的慘叫聲。

燕軍在參合陂全軍覆沒的消息傳到中山，病中的慕容垂鬚髮皆張，高呼：「此仇不報枉為人！」

後燕建興十一年（三九六年）三月，慕容垂親自率領二十萬大軍再次向北魏進攻，決心把拓跋珪的北魏從地圖上抹去。

慕容垂雖然已經年過七十，但仍然是燕軍眼中的絕世名將。慕容垂的龍城精兵滿腔悲憤，以哀兵的姿態向魏軍發起猛攻。拓跋珪在舅舅的積威下長大，腦袋裡都是慕容垂戰無不勝，攻無不克的光輝形象，現在看到慕容垂親自率領大軍到來，只好選擇再次戰略撤退。

慕容垂乘勝北進，來到了參合陂。一年前燕軍戰敗的慘景仍然歷歷在目，只見積骸如山，死者的冤魂似乎還在空中呼號，前來報仇的燕軍再也不能控制，嚎哭震天，淚下成河。

慕容垂同樣心如刀絞，連氣帶恨，口吐鮮血，再次病倒，燕軍不得不撤軍。建興十一年（三九六年）四月，老英雄慕容垂病死在回師路上，占領的城池隨後被魏軍奪回。

兩年之後，拓跋珪率領四十萬大軍反攻，占據中山等大片土地，後燕分隔成南北兩部。北魏天賜四年（四〇七年），後燕被北燕滅亡。

歷史詞典

鮮卑族的起源

鮮卑是戰國時期東胡人的別支，興起於大興安嶺的淺山區和廣漠的草原地帶。戰國時期，東胡被匈奴擊敗，鮮卑就變成了匈奴的附屬部落，一直處於匈奴的支配之下，與漢族的中央政權保持著一種不穩定的和平關係。後來匈奴不斷遭到漢朝的打擊，分裂為南北兩部，勢力大不如前，鮮卑開始持續攻擊北匈奴。

東漢和帝永元年間（八十九～一〇五年），北匈奴被漢朝與烏孫、丁零、烏桓、鮮卑的聯軍擊敗，被迫放棄家園西遷。鮮卑趁機大規模南遷，占據了水草豐饒的漠北地區，並將留在漠北的十餘萬匈奴人全部併入鮮卑，鮮卑自此逐漸強大。

鮮卑在遷徙的過程中，與匈奴、丁零、烏桓、漢人等融合而形成為許多新部落，各部之間很不平衡，按其發源地和後來遷徙分佈及與其他諸族、部落的融合情況，大致可分為東部鮮卑、北部鮮卑和西部鮮卑，鮮卑族的總人口數接近三百萬。東部鮮卑主要包括慕容氏、段氏、宇文氏，北部鮮卑主要是指拓跋氏，西部鮮卑主要由河西禿髮氏、隴右乞伏氏和吐谷渾等。

慕容氏、乞伏氏、禿髮氏，東晉十六國時期分別在中國東北、中原、河隴地區建立了前燕、後燕、西燕、南燕、西秦、南涼等政權。

拓跋氏則先後建立了代國和北魏政權，北魏政權統一了中國北方，兼併了其他鮮卑諸部。

宇文氏則建立了南北朝時期最強大的北周政權。

吐谷渾在今甘南、四川西北及青海等地區建立國家，一直延續到隋唐之後才為吐蕃所滅。

赫連勃勃建夏

●時間：西元四〇七年
●人物：赫連勃勃

形容赫連勃勃建立的大夏國，可以用「其興也勃，其亡也忽」八個字。赫連勃勃憑藉殘酷的殺戮建立的夏國，二十餘年即告滅亡，可見武力不是國家長治久安的唯一要素。

⊙家族敗亡

赫連勃勃的漢姓為劉，是東漢南匈奴的後裔，東晉十六國中漢國君主劉淵的同族。勃勃原屬匈奴鐵弗部，曾祖劉武曾經以宗室身分受前趙政權封為樓煩公，後來被代王猗盧（屬拓跋鮮卑部，北魏的祖先）打敗，逃到塞外。後來勃勃的祖父劉豹子重整旗鼓，重振了鐵弗部。

到了勃勃的父親劉衛辰這一代，鐵弗部又遷回塞內，後秦苻堅封劉衛辰為西單于，統攝河西匈奴諸族。後秦帝國崩潰之時，劉衛辰占據了朔方之地（今內蒙古杭錦旗西北黃河南岸），手下控弦之士（能挽弓射箭的軍人）將近四萬，軍容十分鼎盛。

這時，鮮卑拓跋部建立北魏，拓跋鮮卑部似乎是匈奴鐵弗部的天敵，立國不久就開始進攻劉衛辰。匈奴人再次挫敗，劉衛辰兵敗身死，赫連勃勃也被匈奴叱干部活捉。叱干部的首領他斗伏本來打算把勃勃送給魏人請功，但他斗伏的兄長阿利則賞識勃勃，半路救下了勃勃，送給後秦主姚興手下的高平公沒奕于，為沒奕于看守城門。

⊙襲殺岳父

史書記載勃勃「身長八尺五寸，腰帶十圍，性辯慧，美風儀」，是個英武聰明，風度翩翩的美男子，沒奕于甚是愛惜，和勃勃交談，更加欣賞，於是把女兒嫁給他。後來赫連勃勃又見到後秦君主姚興，同樣受到姚興的寵遇，任命為安北將軍、五原公，鎮守朔方（今陝西延安），並把三交（在今陝西榆林西）的五部鮮卑和雜胡兩萬多落（一「落」大約是一戶人

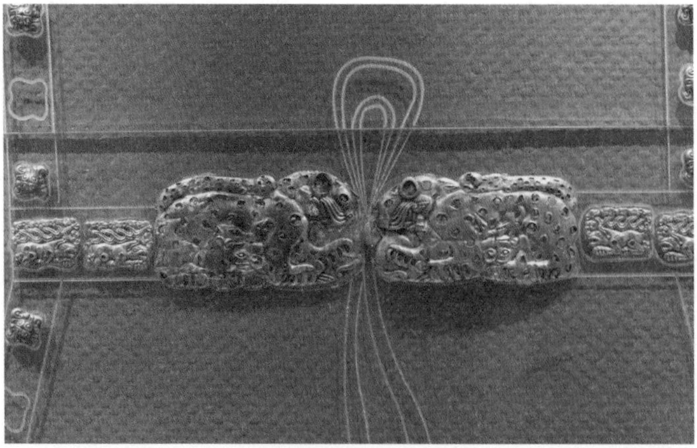

匈奴王服上的黃金帶扣

家）劃到勃勃名下。

非我族類，其心必異，這句話用在勃勃身上一點沒錯。姚興是羌族君主，赫連勃勃是滅國的匈奴人之後，一旦占有了小塊基地，就準備大的行動。

這時，河西鮮卑人向姚興獻上八千匹好馬，經過赫連勃勃地界，赫連勃勃毫不客氣，把戰馬截下。赫連勃勃既然挑起爭端。但是人手不夠，就想向岳父兼恩人沒奕于「借兵」。赫連勃勃召集三萬多人，假意到高平川打獵，偷偷溜進沒奕于的領地，襲殺岳父，順勢吞併了沒奕于的部眾。赫連勃勃的軍力增加了數萬人，勢力已經足以和姚興分庭抗禮了。

⊙建夏稱雄

東晉義熙三年（四〇七年），赫連勃勃稱天王、大單于，以匈奴是夏代治水聞名的大禹後代為名，定國號為大夏。六年後（四一三年）他又認為帝王「徽赫與天連」，因而改匈奴人的劉姓為赫連。赫連勃勃建國之後，開始攻城掠地，後秦姚興首當其衝。

部下勸赫連勃勃攻打後秦的都城長安，據為己有，說：「長安地方好，土地肥沃，山川險阻，向來是帝王之都，以此作為根據地，祭起大旗，光芒必然照射四方。」

赫連勃勃笑罵部下說：「我才占了幾個山頭，軍隊不多，姚興也是一時之雄，所以關中還不能作為進取對象。況且姚興除了長安還有很多城池，我固守一城，後秦人全都圍上，我豈不是自投羅網！我要發揮騎兵機動靈活的長處，到處騷擾，讓他疲於奔命，不過十年，嶺北、河東都將落入我的手中。等姚興死了，我再取長安，那平庸的小兒子姚泓肯定不是我的對手，你們等著拿繩子將他五花大綁就是了！」

歷史詞典

麥積山石窟

麥積山石窟是中國四大佛教造像石窟之一，以精美的泥塑藝術聞名中外，譽為「東方雕塑藝術館」。麥積山位於甘肅省天水市東南四十五公里處，是秦嶺山脈西端小隴山中的一座奇峰，山高只有一百四十二公尺，但山的形狀奇特，有如鄉間的麥垛，以此得名。

麥積山石窟開鑿於後秦姚興時（三九四～四一六年），後經涼州各割據政權不斷續鑿，至北魏初期已具相當規模。

北魏重視石窟的建築藝術，使麥積山石窟的開鑿進入一個新時期。這一時期開鑿的石窟有很多，建築風格並不完全相同，如方形、平頂、左右側壁各一圓拱大龕，或正壁和左右側壁各鑿一大龕，四壁上方加鑿小型龕，或平面作馬蹄形、穹窿頂等等。壁畫內容也爭奇鬥勝，有年代最早、面積最大的西方淨土變等內容。

麥積山存窟龕一百九十四個，數彩泥塑及石雕七千餘軀，壁畫一千多平方公尺，大部分是北魏時期創製的（少部分爲十六國時期及西魏至明時期創製的），在麥積山石窟藝術中占有極為重要的地位。

麥積山石窟的雕像大的高達十五公尺，小的只有二十多公分，可以分為突出牆面的高浮塑、完全離開牆面的圓塑、黏貼在牆面的模製影塑和壁塑四大類，集中呈現了中國一千多年來雕塑藝術發展的歷程和演變的特色。

統萬城

統萬城位於陝西和內蒙古交界的毛烏素沙漠深處，是目前唯一遺存的匈奴都城。統萬城依地勢而築，雖是土城，卻有著石城一樣的抗毀性，是中國歷史上少數民族建築的最完整、最雄偉的都城之一。由於埋藏於沙漠之下，統萬城直到清朝後期才被人們發現。

於是赫連勃勃侵掠嶺北，後秦的城池都不敢開城門。姚興知道，後悔說：「真是養虎遺患啊！」

以後赫連勃勃又向後秦發起多次攻擊，姚興被迫全面退守河南，赫連勃勃據有黃河河套之地，南境抵三城（今陝西延安）和高平（今寧夏固原）。

⊙興修統萬城

東晉義熙九年（四一三年），占有大片土地的赫連勃勃開始營建自己的首都。以當年救過自己的叱干部阿利總督建都事宜，徵發領地內十萬多百姓開始修建都城。

赫連勃勃說：「朕正要統一天下，君臨萬邦，都城就叫統萬城吧！」

勃勃任命的總管阿利和他一樣殘暴，阿利命令工匠蒸土築城，如果鐵錐能刺進城牆一寸，就殺了工匠築入城中。這樣殘酷的做法，很對赫連勃勃的胃口，因此專門獎勵了阿利。

同時勃勃命令匠人造五兵之器，

造成後做品質測試：用箭射鎧甲，如果不能射穿，殺死造弓箭的工匠，射穿了，則殺死造甲的工匠，總之有人要死，因此大夏的兵器極其鋒銳堅固。

⊙攻克長安

東晉義熙十二年（四一六年），劉裕率軍北伐，滅掉後秦，活捉姚興的兒子姚泓。

進入長安城後，劉裕寫信給赫連勃勃，希望結為兄弟。赫連勃勃命中書侍郎皇甫徽寫下回書。劉裕看到回書，十分欣賞信中文采，使者又描述了赫連勃勃英俊的外貌和英武的氣概，一代梟雄劉裕不禁感歎說：「吾所不如也！」

隨後，劉裕派兒子劉義真鎮守長安，率大軍回到東晉。

勃勃聽到消息後，非常高興，就帶領夏國騎兵突襲長安。劉裕得知赫連勃勃出兵，急忙命令兒子劉義真退守洛陽，以避夏軍的鋒芒。

義熙十四年（四一八年），赫連勃勃的大軍攻進了長安城，按照一向不留俘虜的習慣，夏軍把俘虜的東晉將士全部斬殺，用人頭堆積成一座小山。

當時大臣都勸他稱帝，赫連勃勃假模假樣謙讓說：「我打了十二年的仗卻沒能平定天下，實在是能力不足。我正打算讓出王位，歸隱山林，與瑤琴和詩書為伴，皇帝的尊號不是我能奢望的！」

不論他怎樣推辭，大臣仍然再三勸勃勃稱帝，赫連勃勃在雪片般的勸進奏章中也覺得天命所歸，就在灞上築起祭壇，自立為皇帝，改元昌武。

大臣勸赫連勃勃把都城遷到長安，他笑著回答說：「我難道不知道長安是數朝古都，四周有名山大川作為屏障嗎？可是北魏和我們大夏接壤，長安離統萬這麼遠，萬一拓跋小兒攻打統萬，我們怎麼救援？」大臣不得不佩服赫連勃勃的軍事遠見，於是赫連勃勃率軍回到了統萬。

⊙梟雄辭世

赫連勃勃回到統萬後，開始興修宮殿，並把統萬城的東南西北四門分別命名為「招魏」、「朝宋」、「服涼」、「平朔」，意思是無論東邊的北魏，還是南邊的劉宋，都得被大夏征服。但是，赫連勃勃殘酷好殺，暴政不是治國的長久之策，加上北魏興起，決定了大夏不可能長久存在。

劉宋元嘉二年（四二五年），赫連勃勃死去，兒子赫連昌繼位。元嘉五年（四二七年），北魏攻取統萬。元嘉九年（四三一年），夏國滅亡。

《晉書．赫連勃勃載記》稱赫連勃勃「姚興睹之而醉心，宋祖聞之而動色，雖雄略過人，而凶殘未革，滅亡之禍，宜在厥身」。意思是赫連勃勃確實是一代豪傑，風度勇略讓姚萇和劉裕這樣的開國君主都很折服。可惜赫連勃勃改變不了凶殘的性格，死去不久，夏國就滅亡了。這恐怕是對赫連勃勃一種比較客觀的評論吧！

中國社會科學院歷史研究所 ■陳爽教授

西元四二〇~五八九年

南北朝

南北朝時期是兩晉以後中國歷史上一個分裂時期，從武帝永初元年（四二〇年）開始，到後主禎明三年（五八九年）結束，共一百六十九年。

東晉十六國之後，中國歷史進入南北分裂、南北對峙的階段。在南方，雖然先後有劉宋、南齊、蕭梁和陳四個政權的更迭，除梁元帝以江陵作都三年外，其餘的時間，南方各朝的京城始終建在建康（今江蘇南京）。

劉宋（四二〇～四七九年）是其中疆域最大、實力最強、統治年代最長的政權，歷四代八帝。

南齊（四七九～五〇二年）國祚短暫，只有二十三年，但由於爭殺頻繁，竟歷三代七帝，平均三年一帝，是中國歷史上帝王更換極快的一朝。

梁代（五〇二～五五七年）歷三代四帝，武帝蕭衍個人享國時間最久，幾近半個世紀。

陳（五五七～五八九年）首尾凡三十三年，歷三代五帝。陳承衰梁之弊，是版圖狹窄、人口孤弱、力量單薄的王朝，加之統治者又極度腐敗，最終喪亡於北方強敵之手。歷史上把宋、齊、梁、陳這南方四朝稱之為南朝。

南朝的歷史是門閥士族由盛而衰的歷史，南朝的皇權比較強大，門閥士族社會地位雖然高貴，卻已不能完全左右政局。隨著江南開發的不斷深入，土著寒人在政治上逐漸上升，步入官僚行列，為皇帝所倚重。從梁陳之際開始，南方內地的土豪也成為割據的一方勢力。

十六國後期，一個極為落後的少數民族拓跋鮮卑逐漸強盛，打敗後燕入主中原，建立北魏政權（三八六～五三四年），又消滅各割據政權，從而結束了這一地區長期混戰的局面。按照史家的

習慣，北魏統一北方的太延五年（四三九年）往往被視為北朝的起始之年。

北魏前期以平城（今山西大同）為都，孝文帝大舉實行漢化，政治中心也遷徙到中原腹地洛陽。北魏立國一百多年，歷九代十二帝，是對南北朝歷史影響較大的一個王朝。

北魏初期實行宗主督護制，從五世紀下半期開始，漢化趨勢加快，孝文帝實行三長制，頒布均田制，遷都洛陽，推行了一系列改革鮮卑舊俗的措施。這一改革促進了北方社會經濟的發展，卻引起了部分守舊貴族和鮮卑武人的反對。孝明帝正光四年（五二三年），六鎮起兵，北魏陷入分裂和內戰。

北魏孝武帝末年，權臣高歡、宇文泰將北魏轄區切割成東、西兩塊。東魏（五三四～五五〇年）以鄴城為都，歷一主十六年，西魏（五三五～五五六年）都長安，經三帝，共享國二十二年。

東、西魏先後被北齊（五五〇～五七七年）和北周（五五七～五八一年）取代。北齊是鮮卑化漢人高氏所建的政權，立國二十八年，有三代六帝。

陳宣帝太建九年（五七七年），周滅齊，北方重新統一。北周是宇文鮮卑人統治的王朝，歷三代五帝，計二十四年。

太建十三年（五八一年），北周外戚楊堅奪取了帝位，改國號為隋。歷史上把北魏、東魏、西魏、北齊、北周這北方五朝稱之為北朝。南北政權對立的時期，歷史上叫做南北朝。

北府將軍的帝王路

●時間：西元三六三～四二二年
●人物：劉裕

劉裕出身於寒門之家，卻能在門閥之風興盛的時代坐上了皇帝的寶座，既是他個人的幸運，也是時代變化的必然。總之，作為南北朝時代南方少有的英明君主，劉裕確實做出了一番事業。

⊙趁亂而起

劉裕（三六三～四二二年），字德輿，小名寄奴。先祖居住在彭城，後來北方連年戰亂，因而遷居到了京口（今江蘇鎮江）。劉裕很小的時候，父親劉翹就因病去世了，家庭的重擔全部落在他的身上。

作為寒門出身，劉裕要想成就一番事業，只能從軍，一刀一槍搏取功名。劉裕一狠心，就離別了妻子和母親，參加了赫赫有名的北府兵。由於作戰勇敢，劉裕很快被冠軍將軍孫無終提升為帳下司馬（相當於今天的團參謀，一種七品小官）。

東晉隆安三年（三九九年），五斗米道教首領孫恩率領教徒起事，很快就攻占了上虞、會稽兩郡，迅速發展到幾十萬人。北府兵名將劉牢之奉命前去鎮壓，臨行前，劉牢之特意把已經小有名氣的劉裕調為參軍。為了瞭解敵情，劉牢之派劉裕帶領幾十名斥侯（偵察兵）偵探敵情。

劉裕路上遇到了敵方先頭部隊，激戰中部下大都戰死了，劉裕於是揮舞著長刀，衝進對方隊伍中大肆砍殺，嘴裡不停高聲怒喝。對方沒見過劉裕這樣的亡命之徒，幾千人就被劉裕嚇退了。正好劉牢之的兒子劉敬宣帶領一隊騎兵趕到，便把傷痕纍纍的劉裕接回了大營。

⊙鎮守句章

第二年五月，孫恩再次率領大軍進攻會稽，殺死了東晉的統兵大將謝琰，朝廷急忙命令劉牢之再次南征孫恩。多年和北府兵作戰的孫恩聽到劉牢之又來了，帶著人馬再次逃往海島。

為了在三吳地區建立一個堅固的防禦點，以抵禦孫恩的再次進犯，劉牢之派劉裕鎮守句章城（今浙江寧波市江北區一帶）。當時句章城不過是個武裝的小城堡，精銳士兵不滿千人，

宋武帝劉裕像

祖沖之推算圓周率

祖沖之（四二九～五〇〇年），中國歷史上的一位偉大的科學家，在數學、天文曆法、機械製造等方面都有突出的成就。祖沖之對後世影響最大的科學成就則是關於圓周率的推算。

在圓周率的計算上，曹魏末年的劉徽採用割圓術計算圓周率，由此確定圓周率值為三·一四，為後代奠定了可靠的科學基礎。劉徽的方法無疑啓發了祖沖之，在前人的基礎上，祖沖之進一步算出更精確的圓周率數據。他計算圓周率準確到小數點後第六位，這是當時世界上最先進的成就。直到十五世紀，阿拉伯數學家卡西（Al-kashi）和十六世紀法國數學家韋達（François Viète）才得到更精確的結果。

就分子分母不超過百位數的分數而言，密率一一三分之三五五是圓周率值的最佳近似分數，因而是當時的最高成就。為了紀念他的貢獻，人們把密率稱為「祖率」。

祖沖之在數學方面的成就還有他與兒子祖暅共同探究的關於球體積的計算方法以及《綴術》一書的著述，後者在唐代列為重要教科書，學生需研習四年，可惜此書現已失傳。

又處在防禦孫恩大軍的第一道防線上，多數人都耽憂劉裕無法勝任，可是劉裕卻把句章城當成了邁向名將的演練場。每次孫恩大軍來襲，劉裕都披堅執銳，在士卒的前面衝鋒，憑著悍勇把句章城內的疲兵訓練成了一支驍勇之師。

當時許多東晉將領都把三吳地區當成了自家的錢櫃，趁著討伐孫恩的機會橫徵暴斂，只有劉裕不但不搜刮民脂民膏，更約束士兵，使直屬部隊紀律嚴明，對百姓秋毫無犯。

俗話說得民心者得天下，劉裕善待三吳地區的百姓，為他在政治上贏得了很高的威信。同時劉裕的軍事才能也表現得淋漓盡致，使他成為了北府兵乃至整個東晉軍隊的第一戰將。由於多次擊敗孫恩，劉裕因功升為建武將軍、下邳太守。下邳太守是虛職，而建武將軍則是東晉正式的四品武官銜。一個破落僑民的兒子居然一步登天，連建康的許多豪門都想打聽這個劉裕是何等人了。

⊙討伐桓玄

東晉元興元年（四〇二年），劉牢之不聽劉裕的勸告，投靠了心狠手辣的桓玄。桓玄一占領建康，就對反覆無常的劉牢之下手，劉牢之被迫自殺。桓玄逼死劉牢之後，又大肆屠殺和劉牢之關係密切的北府兵將領，這些昔日在淝水出生入死的猛將不是遭到桓玄誅殺，就是逃到北方投靠南燕和後秦。

桓玄大開殺戒之後，為了籠絡人心，於是提拔劉裕這樣的中層將領，任命劉裕為宣城內史，希望通過劉裕等新進的軍官控制北府兵。

桓玄的妻子劉氏覺得劉裕不像會屈居人下，就勸桓玄說：「劉裕龍行虎步，恐怕控制不了，不如殺掉算了。」桓玄不以為然回答說：「我還要依靠劉裕幫忙平定中原呢，等得了天下，再收拾也不遲。」

初步控制了建康政局，安撫北府兵後，桓玄打算篡奪東晉政權。

為了瞭解劉裕的態度，桓玄特意派堂兄桓謙私下試探劉裕說：「楚王（桓玄）德高望重，四海歸心，大臣都認為晉帝應該禪讓帝位，劉將軍意下如何？」

劉裕一本正經回答說：「楚王是宣武公（桓溫）的兒子，有功於社稷，現在東晉王室衰敗，早就失去民心了，取代晉朝是最合適的時候。」桓謙一聽，大喜過望，說：「這事您同意，基本上就算定了。」

桓玄最怕手握兵權的北府將領反對，現在連劉裕都是擁護者，心中無比高興，開始全心準備登基大典。機警過人的劉裕看已經迷惑了桓玄，就積極籌備起兵事宜，進行一場孤注一擲的賭博。

東晉元興三年（四〇四年），劉裕以打獵為由，召集了何無忌、魏詠之、檀道濟等二十七名北府舊將，在京口起兵，先殺死桓玄的親族桓弘和桓脩，聚集起一支不滿兩千人的軍隊，向建康前進。桓玄得知劉裕謀反，就派勇將吳甫之和皇甫敷帶領數萬人馬抵禦劉裕。生死存亡的時刻，劉裕體內的梟雄之血再次點燃。面對桓玄的精兵猛將，劉裕衝鋒在前，不停高聲怒喝，部下個個悍勇，一仗下來，吳甫之和皇甫敷全部被殺。桓玄看到情勢不對，率眾逃出了建康城。

義熙元年（四〇五年），劉裕迎回被桓玄廢棄的晉安帝司馬德宗，劉裕因為匡扶晉室有功，封為侍中、車騎將軍、都督中外軍事，劉裕從一個北府兵的小武官一躍成為了一人之下萬人之上的權臣。

⊙北伐中原

儘管有消滅桓玄的功勞，儘管手握重兵，劉裕還是覺得威望和功績不足以讓司馬氏讓出皇帝寶座。於是劉裕決定出兵北伐，利用開疆拓土的軍功以壓服建康的豪門大族。義熙五年（四〇九年），劉裕率領晉軍北伐占據山東和河南部分地區的南燕政權。

南燕政權的掌控者慕容超已經沒有慕容鮮卑的好戰之心，聽說劉裕大軍壓境，第一件事就向鄰居後秦主姚興求援。姚興當時正被赫連勃勃的游擊戰束縛，派不出兵馬增援慕容超，可是又不能眼看著慕容超被劉裕滅掉，於是姚興寫信給劉裕，說：「慕容氏是我的鄰居，現在向我後秦告急，我勸你劉裕還是早早退兵，不然我將帶著十萬大軍來為慕容氏解圍。」

看到姚興這封咄咄逼人的恐嚇信後，劉裕沒有一點驚慌，反而對姚興的使者微笑說：「我本打算滅掉南燕後，休息三年，再滅掉後秦，現在姚興居然自己送上門來，實在太好了。」

劉裕的將軍都擔心激怒姚興，劉裕卻安慰將士說：「出兵作戰是何等機密的事情，姚興要真是想救慕容超，早就帶著兵馬悄悄前來，哪裡會先發出通知呢？」

劉裕的猜測沒錯，直到次年二月晉軍攻下南燕都城廣固城（今山東益都），活捉了南燕主慕容超，姚興的後秦大軍也沒有增援的跡象。

義熙十二年（四一六年），劉裕兌現了對姚興的諾言，以盤踞在陝西、甘肅、河南等地的後秦政權為目標，發動了第二次北伐。這時姚興已經病死，兒子姚泓不是劉裕的對手，堅持不到一年，劉裕率領的晉軍就攻占了長安，活捉姚泓了。關中地區的百姓看到軍隊打回來了，心中萬分高興，都扛著糧食迎接晉軍。

可是這個時候，劉裕安排在東晉朝廷內的代理人劉穆之病死，劉裕害怕國內發生政變，就急急忙忙退兵回建康，讓成功在即的北伐大業再次夭折。

⊙廢晉建宋

劉裕撤軍回到東晉後，第一件事就是剷除異己。當初和劉裕起兵的北府兵將領劉毅和諸葛長民都手握兵權，劉裕覺得與兩人資歷相同，難為己用，先後殺了他們。東晉的平西將軍、荊州刺史司馬休之是皇族成員，手中握有兵權，劉裕怕他有異心，就率領大軍討伐司馬休之，最終將其殺死。

義熙十四年（四一八年），劉裕覺得準備得差不多了，命人勒死了晉安帝，改立晉安帝的弟弟司馬德文為帝。東晉元熙二年（四二〇年），劉裕逼迫司馬德文禪位，劉裕正式稱帝，改國號為宋，建都建康，史稱宋武帝。

劉裕出身於貧寒之家，從小就嘗盡了生活的苦難，因此即位之後採取了很多減輕人民負擔的措施，多次下詔減免賦稅。同時劉裕並減輕刑罰，把東晉以來苛重的刑罰下調，廢止了一些慘無人道的酷刑。每當遇到災荒的年景，劉裕命令各州縣賑濟百姓，禁止豪強封固山澤。

劉裕征戰一生，積勞成疾，當了皇帝不到兩年就去世了。劉裕的兒子宋文帝劉義隆延續了父親與民休息的政策，使南朝出現了政治清明、人民安康的「元嘉之治」。

樂舞侍從圖　高句麗壁畫

【蕭道成建齊】

●時間：西元四七八年
●人物：蕭道成　劉昱

前廢帝劉子業剛剛被殺死，劉宋王朝又出了個殘忍的後廢帝劉昱。劉宋的大臣蕭道成為了保全性命，趁著昏君無道，朝政混亂的局面，取代了劉宋政權，建立蕭齊王朝。

⊙身為「四貴」

蕭道成（四二七～四八二年），字紹伯，小名鬥將，祖居東海蘭陵（今山東棗莊嶧城東），東晉初遷至僑郡蘭陵（今江蘇鎮江東南）。《南齊書．高帝本紀》稱蕭道成是西漢名臣蕭何的嫡系子孫，已經無法考證。不過蕭道成的父親蕭承之倒是劉宋王朝的一員猛將，歷任濟南太守、龍驤將軍、右將軍等職。在蕭承之隨軍征戰的時候，十三歲的蕭道成拜名儒雷次宗為師，學習《左氏春秋》《禮》等儒家經典。

元嘉十九年（四四二年），竟陵（今湖北潛江西）蠻夷造反，宋文帝慧眼識人，讓年僅十五歲的蕭道成領偏師討伐，蕭道成不負所望，徹底平定了叛亂。隨後，蕭道成參加了劉宋征討仇池的戰鬥，屢立戰功，封爵為晉興縣五等男。宋文帝去世後，陳太后為了鞏固政局，又升蕭道成為武烈將軍。

宋文帝之後，孝武帝劉駿和前廢帝劉子業先後登上帝位。劉子業是南北朝時期少有的暴君，不但濫殺百姓，連叔叔也不放過，誅殺了很多劉氏王族。始安王劉休仁、湘東王劉彧為了保住性命，就收買劉子業的親信壽寂之、姜產之等十一人，殺死了暴虐的劉子業，隨後眾人擁戴劉彧為帝，是為宋明帝。

明帝的皇位得來並不光明正大，所以上臺後先處死了同謀始安王劉休仁，並且繼續在王族中大開殺戒。

這時蕭道成已經是劉宋中的名將，官拜武烈將軍。猜疑心極重的明帝開始懷疑蕭道成，偏巧民間又傳出了「蕭道成當為天子」的流言，明帝越發認為蕭道成有不臣之心。

為了證實，明帝命令冠軍將軍吳喜率領三千騎兵，帶著「御酒」，以賜酒為名趕赴蕭道成的軍營。明帝的計算不錯，如果蕭道成不敢喝酒，那就心中有鬼，吳喜正好將其剷除。如

齊高帝蕭道成像

歷史詞典

范縝與《神滅論》

范縝是南朝齊梁時期人，世居南鄉舞陰（今河南泌陽西北）人。范縝出身寒微但聰穎好學，精通經術，先後在齊、梁兩朝做官，任尚書殿中郎、尚書左丞等職。

當時，梁武帝蕭衍和竟陵王蕭子良篤信佛教，朝野風靡。范縝心懷憂慮，苦苦思索人的生死因果，寫出了無神論名著《神滅論》，提出「形神相即」和「形存則神存，形謝則神滅」的主張，以駁斥佛教三世輪迴和因果報應說。

在《神滅論》中，范縝用非常形象的比喻來闡釋人的肉體同精神就好比刀刃和鋒利的關係一樣，刀刃是一種客觀物質，鋒利只是刀刃的作用，離開了刀刃就無所謂鋒利，從來沒有聽說刀刃不存在而鋒利單獨存在。

《神滅論》一出，朝野震動，「惟佛一道為正道」的梁武帝非常惱火，將范縝流放廣州數年。但是范縝及其《神滅論》的光輝思想代表了當時思想的最高水準，一直閃耀在中國科學認識論的歷史上。

青瓷蓮花尊　南朝

果蕭道成喝了酒，那就是忠心耿耿的大臣，也就不用日夜提防了。蕭道成看透明帝的心思，不但孤身出營迎接使者，並在聖旨宣讀完畢後立刻喝光了「御酒」。吳喜一五一十回報了明帝，明帝非常高興，也就放鬆了對蕭道成的監視。

泰豫元年（四七二年），做了八年皇帝的宋明帝病死，年僅十歲的太子劉昱即位，也就是歷史上的後廢帝。

劉宋元徽二年（四七四年），劉昱即位不到兩年，桂陽王劉休範起兵造反，打算取而代之。多虧了平南將軍蕭道成詐降騙取了劉休範的信任，趁其不備，殺死劉休範，鎮壓了叛亂。

為了褒獎蕭道成，劉宋朝廷封蕭道成為中領軍、南兗州刺史，留衛建康。蕭道成與大臣袁粲、褚淵、劉秉輪流到朝中處理國事，政令無不出於四人，所以當時劉宋官場將蕭、袁、褚、劉四人稱為「四貴」。

⊙後廢帝之死

三年之後，後廢帝劉昱十五歲，天性好殺，常帶著針、鑿、鋸，只要左右侍從稍不如意，就加以殘殺，比殘暴的前廢帝劉子業有過之而無不及。建康的百姓白天都不敢出門，繁榮的建康變成了荒城。

皇太后王氏覺得後廢帝太過分了，連續幾次教訓，後廢帝懷恨在心。端午節的時候，王太后照例把羽毛扇賜給後廢帝。後廢帝覺得扇子太普通了，又想起王太后以前嘮叨的場面，心中一惱，就命令太醫下毒藥。幸虧太監聰明，勸說後廢帝：「您毒死了老太后，就得參加繁瑣的葬禮，恐怕幾天都沒有自由了。」後廢帝才打消了弒母的念頭。

一天，後廢帝闖進蕭道成府中，正巧肥胖的蕭道成因為天熱，光著上身乘涼。後廢帝摸著蕭道成的肚子，用筆在蕭道成的肚子畫上靶心，然後拿起弓箭準備射擊。人在家中坐，禍

彩繪玄武畫像磚　南朝

從天上來，蕭道成連忙高呼：「老臣無罪，老臣無罪。」

幸虧侍衛也趕緊勸後廢帝說：「您看蕭大人的肚子這麼好玩，一下子射死就沒意思了，不如用布包起箭頭，慢慢射著玩。」

後廢帝聽了，就用包著布的箭射了蕭道成一百多下，臨走又威脅蕭道成說：「你等著，明天我就殺了你。」

沒等後廢帝對蕭道成下手，自己就被心腹楊玉夫砍了腦袋。合謀的禁衛軍統領把人頭扔進了蕭道成的府中，請蕭道成入宮議事。蕭道成有了安全感，立刻穿戴整齊，進宮商量大事。

蕭道成入宮後和王太后商量，決定貶被殺的劉昱為蒼梧王，迎立宋明帝的第三個兒子劉準為帝，是為宋順帝。為了安撫蕭道成，王太后特意以順帝的名義下詔，封蕭道成為司空、錄尚書事、驃騎大將軍，蕭道成一躍成為「四貴」中的領頭人物。

⊙掃除異己

蕭道成在「四貴」中權勢熏天，引起了眾人的反感，四貴中的袁粲和荊州刺史沈攸之都是其中的代表人物。

沈攸之原本和蕭道成同朝為臣，還是兒女親家，所以關係一直很好。後來蕭道成掌握了朝廷大權，沈攸之覺得蕭道成出身低，官職卻在自己之上，心中不平，於是準備起兵討伐蕭道成。

沈攸之寫信給蕭道成，信中說：「足下既有賊宋之心，吾寧敢有包胥之志耶？」意思是，你既然有篡位的野心，我也有春秋時期匡復楚國的大臣包胥的志氣。

隨後，沈攸之帶領荊州人馬向建康進軍。蕭道成早有準備，命令司馬柳世隆堅守郢城（今湖北江陵西北），又派親信張敬兒占據了沈攸之的根據地江陵。沈攸之見前有堅城，後有追兵，無奈之下只好在華容（今湖北潛江西南）樹林中上吊自殺。

沈攸之起兵的同時，朝中的袁粲也積極準備策應。可是袁粲書生氣很濃，為了爭取更多的支持，把計畫告訴了四貴的褚淵。可是褚淵早就投靠了蕭道成，就向蕭道成密告。蕭道成急忙密令親信直閣將軍王敬則抓捕袁粲。

袁粲聽到府外的喊殺聲，知道大事不好，就對兒子袁最說：「我知道大廈將傾一木難支，可是臣子的道義所在，我不能不這麼做啊！」這時蕭道成的部隊衝了進來，袁最用身體幫父親擋住了刀鋒，袁粲對著垂死的兒子袁歎說：「我是朝廷的忠臣，你是我袁家的孝子，我父子一起死吧！」話音未落，袁粲也被殺死。

建康百姓知道褚淵出賣朋友，袁粲父子死節的消息後，到處傳唱著：「可憐石頭城，寧為袁粲死，不為褚淵生。」

劉宋昇明三年（四七九年）四月，在位不到兩年的宋順帝被迫禪位給蕭道成，蕭道成正式稱帝，是為齊高帝，改國號為齊，改元建元。

延伸知識

范曄與《後漢書》

范曄（三九八～四四五年）字蔚宗，南朝宋著名的史學家、文學家。范曄任宣城太守時，曾博採魏晉以來各家關於東漢史實的著作，撰成《後漢書》紀傳九十卷，成為中國歷史上著名的前四史（《史記》《漢書》《後漢書》《三國志》）中的最後一部。

《後漢書》是一部紀傳體斷代史書，記載了東漢一代的歷史。全書共一百二十卷，本紀、列傳部分為范曄撰寫，志未作成，范曄捲入政治紛爭被殺，後人將其補全。《後漢書》除了延續了《史記》《漢書》的列傳體例外，新增了黨錮、宦者、文苑、獨行、方術、逸民和列女七種列傳。這些列傳既是新創，又反映了東漢的實際情況。

《後漢書》雖然只有本紀、列傳和志，而沒有記載時間的表，但范曄文筆華麗，敘事連貫而不重複，在一定程度上彌補了無表的缺陷，《後漢書》也成了研究東漢歷史的珍貴資料。

羽人戲虎磚印（局部）　南齊

梁武帝捨身事佛

●時間：西元五二七～五四七年
●人物：蕭衍

南朝梁武帝是個很矛盾的人物：若論他的文才和武功，帝王中算是一流人物，但若說其晚年的糊塗政治以及對佛教的佞信，他又能躋身昏君之列。

梁武帝蕭衍（四六四～五四九年）是在推倒遠房親戚蕭道成建立的南齊後登上帝位的。蕭衍曾經在南齊擔任軍職，是個將才，和北魏軍多次交手，聲名遠播於異國。

齊建武二年（四九五年），北魏軍進攻南齊司州刺史蕭誕，蕭衍跟隨江州刺史王廣之前往救援。其他將領見魏軍勢大，畏懼不前。蕭衍率領敢死隊為先鋒，奮勇拚殺，大破十萬魏軍。

梁武帝蕭衍像

戰後搜檢敵營，從魏將遺留下的巾箱中找到了北魏孝文帝的敕書，上面寫道：「聽說蕭衍善於用兵，不要輕易與其交鋒，等我來了再說。如果能俘獲此人，則江南將為我所有。」

⊙文采風流

蕭衍早年是一個社會名流，多才多藝。南齊竟陵王蕭子良開西邸，招文學之士，蕭衍與名士沈約、謝朓、王融、蕭琛、范雲、任昉、陸倕並遊於西邸，吟詩賦文，號稱「八友」。後來蕭衍做了皇帝，雖然政務繁忙，仍然每天燈下讀書直到深夜，曾撰寫《通史》六百餘卷。

蕭衍並親自起草朝廷的詔誥、贊、序等公文，合起來竟然有一百二十卷。改定「百家譜」，重用士族。蕭衍的棋藝也不錯，其他方面如陰陽、卜筮、書法等無不擅長。一個人能身兼如此多長，不能不讓人欽佩。

⊙事佛如癡

梁武帝早期勤於政事，還是有一番作為，但是晚年沉迷於佛道，成了虔誠的佛教徒。佛教影響皇帝，進而影響到整個梁朝國家和社會。

當時梁武帝希望能侍奉佛祖，大建寺院，並三次捨身皇家寺廟同泰寺，當了三次和尚。大通元年（五二七年），首次捨身同泰寺，三天後還宮。兩年之後，梁武帝再次捨身，一住十幾天。國不可一日無君，群臣花了一億錢將他贖回。太清元年（五四七年），八十四歲的梁武帝想念同泰寺的佛祖，故技重施，群臣再次出錢，同泰寺又得了一億。梁武帝的事佛之心自然表露無遺，但總顯得有些虛偽。

佛教要節制人的慾望，梁武帝做得很好，和苦行僧相比也不見得遜色。他的飲食非常簡單，每天只吃一頓，而且食譜沒有大魚大肉，只是些豆羹粗飯而已。梁武帝平時穿麻布衣服，一頂帽子要戴三年，一床被子要蓋兩年，五十歲以後就不再跟后妃同房。梁武帝禁慾，後宮的嬪妃也跟著過節儉的日子，從貴妃以下，都身著短衣，裙子的後擺不能拖地。梁武帝不飲酒，不聽音樂，甚至不到宗廟祭祀。

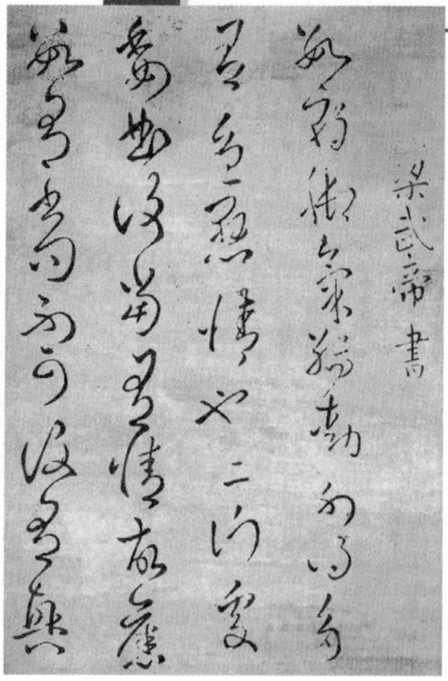

梁武帝蕭衍．數朝帖

⊙昏庸誤國

佛教有禁止殺生的規矩，梁武帝徹底遵行。整天吃素，下詔宗廟祭祀不用牲畜，可是也不能讓祖先及天地神靈發怒，於是就用麵做成牛、羊等牲畜的形狀，暫且作為替代品。梁武帝之所以不穿絲綢做的衣服，也是因為取絲抽繭會殺死眾多蠶的生命。

皇帝提倡佛教，王公大臣從風而動，建造佛寺，或施捨住宅做為佛寺，或者為佛寺大筆捐錢做功德。南朝的佛教到梁武帝時臻於鼎盛，據說當時僅僅建康城內外有寺院五百多所，僧尼達十萬餘人。

梁朝境內如此多的佛寺和僧尼，占有大量的社會財富，卻不負擔國家賦役，重擔自然轉移到平民身上。

梁武帝晚年政治判斷力下降，接納了東魏大將侯景的投降，不料侯景叛亂，於太清三年（五四九年）三月攻進建康。梁武帝被囚禁，憂憤飢病而死，終年八十六歲。

延伸知識

佛教東傳日本

五二二年（日本繼體天皇十六年），南朝梁代著名的雕塑家司馬達渡海來到日本，朝覲了繼體天皇。朝覲完畢後，司馬達就在日本的政治中心大和（今日本奈良縣）高市郡板田原，安置本尊（佛像），皈依禮拜。隨後司馬達移居於此，並受到日本貴族蘇我馬子的器重。司馬達努力開創佛教藝術，創造了具有中國、印度風格的鞍作派雕塑，成為日本佛教雕塑藝術的鼻祖。

梁大同四年（五三八年），佛教由百濟傳入日本，逐漸成為蘇我氏、大伴氏等日本氏族崇拜的宗教。在此之前的中大通六年（五三四年），百濟曾請求梁王朝派遣佛學專家專程去百濟傳授《涅槃》等佛教經義。

陳光大二年（五六八年），日本欽明天皇命人運入樟木，雕造成兩尊佛像，成為日本就地塑造佛像的開端。

佛教東渡日本不僅推廣了佛教在世界的傳播，而且把中國化的佛學思想、文教、禮俗，以及佛雕工藝、美術和醫藥等知識移植到日本，對日本接受中國的文化產生了潛移默化的作用，間接促成了日本的「大化革新」，使日本發展成了「律令國家」。

千軍萬馬避白袍

●時間：西元四八四～五三九年
●人物：陳慶之

南北朝時的梁朝名將陳慶之用他赫赫戰功，讓這兩句歌謠遍傳於名將輩出的南北朝時代。後人讀《梁書・陳慶之傳》時，也揮毫寫道：「千古之下，為之神往。」

如果沒有陳慶之，不知道北魏騎兵會不會飲馬長江；如果陳慶之晚死十年，不知道反覆無常的侯景還能不能帶著幾萬亂兵攻進建康城。一個連箭都不會射的文弱書生，卻敢帶著七千人北上挑戰以騎射立國的北魏拓跋氏，居然大小四十七戰，戰無不勝，攻城三十二，無城不克。三十萬魏軍竟然擋不住陳慶之的白色洪流，鐵騎從此不再是北方游牧民族的專用名詞。

⊙英雄莫問出身

陳慶之（四八四～五三九年），字子雲，義興（今江蘇宜興）國山人。史書並沒有任何關於陳慶之出身的記載，但從幼年時就擔任梁武帝蕭衍隨從來看，陳家絕不是名門望族，頂多也就是個寒門之家。出生在「上品無寒門，下品無世族」的南北朝時代，陳慶之原本是難以翻身的，可是有幸作為後來皇帝的隨從，才改變了一生的命運。

南北朝時期，圍棋非常興盛，南齊的雍州刺史蕭衍就愛棋如命。侍候的隨從忍不住勞累，只有年幼的陳慶之以超強的精力隨時等待蕭衍的招呼。時間一久，蕭衍也對這個忠於職守的少年有了青睞之心。

南齊永元二年（五〇〇年），蕭衍起兵討伐暴虐的東昏侯蕭寶卷。當年十二月，蕭衍的大軍就攻進了建康城。不久，蕭衍稱帝，改國號為梁。蕭衍沒有忘記雍州府邸的那個小書僮，封年僅十八歲的陳慶之為主書，專門負責處理文書等文職工作，陳慶之從此進入了南梁的政治舞臺。

儀仗畫像磚　南朝

⊙首戰露崢嶸

南梁普通六年（五二五年），北魏徐州刺史元法僧叛亂不成，向南梁投降，請求梁朝派兵接應。梁武帝想起擱置了二十三年的陳慶之，大筆一揮，將陳慶之任命為宣德將軍、文德主帥，命陳慶之帶著兩千兵馬護送豫章王蕭綜前去接管徐州。

北魏君臣得知南梁不但收留叛臣，並且霸占徐州，北魏迅速派出安豐王元延明、臨淮王元彧兩位王爺率兩萬騎兵南下，進逼徐州。兩千南方步兵對上二萬北國精騎，可是陳慶之卻率梁軍一鼓作氣，連連衝擊了魏軍兩處營壘，和魏軍打了個平分秋色。

就在形勢大好之時，意外發生了。陳慶之護送的豫章王蕭綜懷疑是東昏侯蕭寶卷的兒子，認為和梁武帝有殺父的不共戴天之仇，趁著天黑逃到魏軍大營，提供梁軍的虛實，梁軍眾將也都打開城門四散奔逃。陳慶之見軍心渙散，知道孤城不可守，就帶領將士邊打邊撤，勉強將大部分梁軍帶回。

儘管首戰出師未捷，但陳慶之所部卻毫髮未損撤回本國，充分顯示了陳慶之平時治軍的嚴謹。

歷史詞典

劉勰與《文心雕龍》

劉勰（約四六五～約五三二年），字彥和，南朝齊、梁時期傑出的文學理論家和批評家。劉勰幼年時就父母雙亡，家境貧寒。為了得到更多的機會接觸儒、佛兩家的經典，劉勰不惜投身佛寺，與僧人為伴，深研佛理十幾年，同時博覽經史百家之書和歷代文學作品，有著深厚的文理功底。齊和帝中興初年（五〇一～五〇二年），劉勰撰成了《文心雕龍》一書。

梁武帝天監年間（五〇二～五一九年），劉勰出仕為官，歷任中軍臨川王蕭宏、南康王蕭績的記室，後曾與梁朝太子蕭統共同講座編籍，深受蕭統器重。晚年劉勰出家為僧，法號慧地，不久去世。

《文心雕龍》共五十篇，包括總論、文體論、創作論、批評論四個主要部分。總論五篇，論「文之樞紐」，是全書理論的基礎；文體論二十篇，每篇分論一種或兩三種文體；創作論十九篇，分論創作過程、作家個性風格、寫作技巧、文辭聲律等問題；批評論五篇，從不同角度對過去時代的文風、作家的成就提出批評；最後一篇〈序志〉，說明自己的創作目的和全書的部署意圖。

《文心雕龍》理論觀點首尾一貫，內容博大精深，是中國古代文學理論批評的巨著。

貴嬪出行圖畫像磚
南朝
磚長三十八公分，寬十九公分、厚六．三公分。描繪貴族婦女盛裝出行的情景，與東晉著名畫家顧愷之傳世作品中的人物形象有很多相似之處。

甲馬畫像磚　南朝

這塊畫像磚上的人物服裝有褲褶出現，再現了當時社會的衣著情況。

⊙風雲際會渦陽城

梁大通元年（五二七年），梁武帝為了報徐州之仇，命大將曹仲宗和陳慶之率兵攻打北魏的渦陽城（今安徽蒙縣）。早有防備的北魏立刻派征南將軍、常山王元昭率大軍十五萬增援渦陽。在隨後的將近十個月裡，兩軍交戰近百次，雙方將士苦不堪言。

這時傳來了北魏在梁軍後方築起營壘的消息，梁軍主將曹仲宗害怕腹背受敵，準備率軍南撤。關鍵時刻，陳慶之拿出了梁武帝賜的節仗（性質等同於尚方寶劍），在軍門前大聲說：「我們大家當初一同來到渦陽，前後打了一年的仗，耗費的糧草和金錢都無法計算。如今大家胸無鬥志，只想撤退保命，這怎麼是報效國家的壯士行為呢？今天大家同心協力，與鮮卑人決死一戰，或是我用皇上密敕治大家罪。」曹仲宗等人只能依從陳慶之，與魏軍決戰。

當時北魏的援軍用繩子和大木圍紮成營寨，並在營壘前設下鹿角和攔馬樁，一連築起十三座營壘。為了出其不意擊破這些營壘，陳慶之親自率領精銳騎兵，在夜間突襲魏營，一夜就攻陷了魏軍四座營壘，渦陽城守將王緯為梁軍的戰鬥力所折服，獻城歸降。

越窯褐斑蓮瓣紋瓷碟　南朝

碟高三公分，口徑十一．一公分。碟底下陷，刻有蓮瓣紋。施青黃釉，間飾褐斑。

魏軍剩下的九座營壘仍然兵力雄厚，防衛森嚴。於是陳慶之就將魏軍俘虜的首級列在陣前，親自擂起戰鼓，督促將士奮力進攻。被陳慶之的悍勇嚇破了膽的魏軍哪裡還敢再戰，丟下營壘全線敗退。

渦陽一戰，魏軍屍橫遍野，丟下的車甲如山，根據《梁書．陳慶之傳》的記載是「渦水咽流」，連淮河的部分支流都被魏軍的屍體所阻塞。

渦陽大捷的消息傳回梁朝，武帝

親自寫了詔書，稱讚陳慶之是：「本非將種，又非豪家，觖望風雲，以至於此。可深思奇略，善克令終。開朱門而待賓，揚聲名於竹帛，豈非大丈夫哉！」意思是說陳慶之不是名將的後代，也不是士族的傳人，可是卻能在戰場上深思熟慮，屢建奇功，陳家也將由寒門變為豪門，陳慶之的名聲也會見於史冊，這才是大丈夫本色啊！

⊙北伐建奇功

就在梁朝拍手相慶的時候，北魏卻陷入巨大的動亂之中。血腥鎮壓了北魏流民的軍閥爾朱榮開始掌握北魏大權。出身契胡族的爾朱榮一上臺就殺了二千多名北魏皇室，一時間北魏的王公貴冑大多南逃梁朝尋求庇護。

大通二年（五二八年），北魏的北海王元顥帶著部隊向梁武帝投降，請求梁武帝派兵幫忙奪取北魏的皇帝寶座。梁武帝於是派大將陳慶之率七千兵馬保護元顥，北伐洛陽。

陳慶之率軍隊從邊境出發，快速近逼睢陽（今河南商丘）城下。鎮守睢陽的北魏大將丘大千空有七萬大軍，梁軍一個衝鋒，丘大千就率軍投降了（估計是被陳慶之的名聲嚇怕了）。

睢陽本是洛陽的門戶，眼看都城的大門都被打開了，北魏朝廷立刻大亂。經過御前緊急會議，北魏命征東將軍元暉率兩萬御林軍前來爭奪睢陽。可是陳慶之沒把兩萬魏國鐵騎當回事，又是一個衝鋒，不但擊潰了魏軍，活捉元暉，並繳獲了七千多輛戰車。

聽到元暉戰敗的消息，北魏緊急調集了近三十萬大軍，南下與陳慶之決戰。形勢對梁軍非常不利，稍有不慎，別說退回梁朝，恐怕死無全屍。陳慶之知道必須置之死地而後生，對梁軍將士發表了篇演說，大意是：大戰當前，退無可退，拚死一戰，方可死中求生。

演講後，陳慶之率軍強攻七萬魏軍駐守的榮陽（今屬河南）。榮陽魏

彩繪玄武畫像磚　南朝

石雕觀音菩薩像　南朝　梁

整像由紅色砂岩雕造，中間為一座觀音立像龕，兩側有四身脅侍菩薩、四僧像、二護法力士，在龕前並雕出二獅二象和八人組成的伎樂。

軍無法抵抗，梁軍破城，數萬魏軍當了俘虜。隨後，陳慶之挑選三千身穿白袍的騎兵背城列陣，與趕來增援的魏軍十多萬騎兵在城外對峙。陳慶之一聲令下，三千梁軍騎兵瘋狂衝向魏軍。一場血戰下來，十多萬魏軍騎兵被陳慶之的白袍騎兵隊打得土崩瓦解，陳慶之和元顥順利攻入了洛陽城。

整個洛陽城的小孩都在傳唱「名師大將莫自牢，千軍萬馬避白袍」的歌謠。意思是別管是多麼有名的將軍，也別管有多少兵將，看到白袍騎兵，還是遠遠避之吧！

原本這場蕩氣迴腸的北伐之戰應該有個完美的結局，可是北海王元顥卻狀況瀕傳。一進入洛陽城，這位王爺就在北魏後宮安了家，酒色當成了每天的功課。此外，元顥也開始排擠陳慶之，打算背棄與梁武帝的盟約。

就在這時，駐守晉陽（今山西太原）的北魏柱國大將軍爾朱榮，已經率領著鮮卑、柔然等族的三十萬精兵直撲洛陽，原先降梁的各城又都重歸北魏。元顥帶著舊部與魏軍決戰，全數被殲，元顥也被活捉。

當時洛陽已是一座孤城，與陳慶之對陣的北魏領軍大將爾朱榮也曾以數千精銳騎兵擊潰了葛榮領導的幾十萬大軍，也是個騎兵戰的行家。面對著爾朱榮的魏軍，陳慶之主動撤出洛陽城，一路穩紮穩打，步步南歸。原本梁軍可以安全撤回梁朝，但在南歸的路上遇到山洪爆發，這支悍勇的江南鐵騎被洪水吞沒了。

陳慶之在全軍覆滅、魏軍通緝的情況下，只好假裝和尚，逃回了建康。梁武帝並沒有責怪陳慶之，而且升陳慶之為右衛將軍、永興侯，食邑一千五百戶。敗而不罰，大概梁武帝內心也懊悔沒有多派兵馬，這才錯失了一統北方的大好機會。

梁大同五年（五三九年），都督南北司、西豫、豫四州軍事、南北司二州刺史的陳慶之去世，年僅五十六歲。梁武帝以其忠於職守，追贈散騎常侍、左衛將軍，並賜鼓吹一部（就是曹操和司馬懿畢生追求的九錫的一種），謚號武侯（謚法中標準的美謚，一般只有克定禍亂的將軍方可得到）。

陳慶之沒能改變南北朝並立的政治局面，卻打破了「南人善舟，北人善騎」的軍事定論，他和七千白袍騎兵也成為中國戰爭史上的一段傳奇。

延伸知識

蕭統編《文選》

梁朝時出現了很多作家和作品，各種文學形式進一步發展並且走向成熟定型，文學概念的探討和文學體制的辨析漸漸精密。現在所能看到的最早也是影響最大的文學總集，就是南朝時梁朝太子蕭統招聚文學之士編選的《文選》。

《文選》共三十卷，收集作家一百三十位，作品五百一十四題，把文學作品分為賦、詩、雜文三大類，又細分為賦、詩、騷、詔、冊、令、教等三十八小類。其中，賦、詩的數量最多，概括了當時各種文體發展的大致輪廓和代表作品，是後人研究先秦至梁代初葉期間文學發展史的重要資料。

反覆無常的侯景

●時間：西元五〇三～五五二年
●人物：侯景

侯景是個反覆無常的軍閥，在動盪的南北朝時代，先後投靠了爾朱榮、高歡、蕭衍三個主人，成為標準的牆頭草式的人物。

侯景（五〇三～五五二年），字萬景，北魏懷朔鎮（今內蒙古固陽南）人。由於出生在戰事頻繁的邊鎮，侯景從小騎射，驍勇好鬥，成為了鄉親眼中的壞小子。當時正值北魏邊鎮大亂，侯景聚起一支隊伍投靠了權勢熏天的爾朱榮。

北魏永熙二年（五三三年），高歡起兵消滅了爾朱榮集團。侯景一看風頭不對，毫不猶豫地投靠了高歡，成了高歡手下的重要將領。

⊙鎮守河南

北魏永熙三年（五三四年），北魏孝武帝元修不滿高歡的霸道專權，投奔了長安的宇文泰。高歡一怒之下改立北魏清河王世子元善見為帝。至此，北魏分裂為宇文泰集團控制的西魏和高歡集團控制的東魏。

高歡將重兵集中於河北對付西面的宇文泰，把與梁朝接壤的河南一帶交給侯景鎮守。侯景先後打敗了西魏的賀拔勝、獨孤信等名將，並攻下了南梁的楚州。高歡看到侯景作為，更加器重，於東魏興和三年（五四一年）八月，任命侯景為尚書僕射、河南道大行臺，侯景成為權傾一方的封疆大吏。

侯景大權在握，逐漸不安分，曾對手下狂言說：「王（高歡）在，吾不敢有異，王無，吾不能與鮮卑小兒（高歡的接班人高澄）共事。」這話很快傳到了高澄耳裡，於是準備收拾飛

張元造釋迦、多寶並坐背屏式造像　南朝　梁

造像通高四十三公分，主尊坐佛頂結磨光肉髻，面相豐圓，體格飽滿。菩薩頭戴高冠，身披X形交叉的天衣，除體態略顯豐腴外，造像裝束基本上與北朝同時期作品相吻合。

揚跋扈的侯景。

⊙先投西魏，再奔南梁

東魏武定五年（五四七年），高歡病危。高澄下詔侯景回朝，準備除掉侯景。侯景不肯入朝，並起兵反叛。

為了抵擋東魏的平叛大軍，侯景先後向西魏的宇文泰和南梁的蕭衍求救，願意以河南土地歸附。宇文泰老謀深算，要求侯景先交出領土和軍隊，隻身前往長安，才發兵救援。

而利令智昏的梁武帝則把侯景當作福將，把河南當作上天賜予的禮物，命令貞陽侯蕭淵明率領十萬大軍救援侯景。可是這時的梁軍早已不是白袍將軍陳慶之所率領的那支虎狼之師，即使加上侯景兵馬，還是被東魏名將慕容紹宗打得大敗，蕭淵明被俘，侯景只帶了八百步騎逃到了南梁的壽陽（今安徽壽縣）。

⊙再叛梁朝，禍亂江南

侯景逃到梁朝後，發現蕭衍逐漸冷淡，就偽造了東魏朝廷給梁武帝的外交信函，願以蕭淵明換取侯景。梁武帝也沒辨清信的真偽，立刻回信說「貞陽旦至，侯景夕返」，意思是東魏早上送回蕭淵明，晚上就把侯景送還東魏。看到回信，侯景暴怒，於是樹起反旗，起兵叛梁。

梁太清二年（五四八年），侯景在梁朝的前太子臨賀王蕭正德接應下，一舉攻克建康。一百二十天後，攻破皇宮所在的臺城，梁武帝蕭衍淪為階下囚。征服建康後，侯景下達了殘忍的屠殺令，成千上萬的梁朝人像螻蟻般死去，自吳以來經營了二百多年的建康，由壯麗的大都會變成了廢墟。

梁承聖元年（五五二年）三月，梁江州刺史王僧辯、東揚州刺史陳霸先率軍討伐侯景。侯景率領數十人逃亡海上，最後被隨行的部下羊鯤所殺。至此，歷時近四年的侯景之亂才宣告結束。

阿育王佛立像　南朝　梁

所謂「阿育王像」實際上是指印度孔雀王朝的阿育王所造的釋迦佛像，中國早期佛教像塔多假託阿育王之名。

護法金剛紋棺床支足　北魏

石刻線畫，河南洛陽出土，洛陽古代石刻藝術館藏。

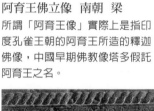

收拾河山的陳霸先

●時間：西元五〇三～五五九年
●人物：陳霸先

侯景的叛亂為南方帶來了一場浩劫，也給了陳霸先這樣的武將一個趁勢而起的機會。陳霸先利用南方混亂的局面，先是參與討伐侯景的戰爭，又搶先處死了實力派人物王僧辯，最終建立了南朝中的陳王朝。

⊙平叛立功

陳霸先（五〇三～五五九年），字興國，吳郡長城（今浙江長興）人。陳霸先祖上是南渡長江的僑民，家境破敗，為了謀求上進的階梯，從小就「倜儻有大志，讀兵書，多武藝」的陳霸先走上了從軍的道路，成為梁朝吳興太守蕭映的悍將。後來蕭映升為廣州刺史，自然也就帶著親信陳霸先。

梁大同初年（五三五年），梁朝新州刺史盧子雄討伐叛亂失敗，朝廷一紙詔書下令斬首。盧子雄的兒子和部下心懷不滿，帶領兵馬進攻廣州。陳霸先帶著三千精兵直撲叛軍，一場激戰下來，「賊眾大潰」。連建康的梁武帝都知道了陳霸先的威名，命畫師趕赴嶺南畫下陳霸先的畫像，送回建康，並加封陳霸先為直閣將軍，封新安子，邑三百戶。破落子弟陳霸先終於憑藉戰功，成為梁王朝的官場新貴。

⊙討伐侯景

梁太清二年（五四八年），梁朝爆發侯景之亂，困守建康的梁武帝急忙命令時任廣州刺史的蕭勃（蕭映已經病死，蕭勃繼任）起兵平亂。可是蕭勃雖然是梁朝皇族，卻不想出兵，並阻撓陳霸先出兵，預備天下大亂後再尋機而起。

當時陳霸先駐兵始興（今廣東韶關），有個強橫的土豪侯安都欣賞陳霸先，就全力幫助陳霸先招兵買馬，準備北上建康。陳霸先得到地方勢力支持，立刻率軍北上，擊敗了蕭勃心腹蔡路養的軍隊。

第二年三月，陳霸先帶著南方三萬精兵，戰船兩千艘，與梁朝大將王僧辯的大軍會合。為了討伐侯景，

青釉蓮瓣紋蓋罐　南朝
此罐腹部和蓋面剔刻雙重蓮瓣紋，蓮瓣上覆下仰。此蓋罐為越窯系產品。

陳、王二人歃血為盟，共同出兵進擊侯景。這時的侯景已經天怒人怨，再也無法抵抗兩路大軍，於是拋棄部隊，帶著兩個兒子和部分心腹逃亡海外。王僧辯看大局已定，便排擠陳霸先，把陳霸先部隊派往京口駐守。

⊙誅殺王僧辯

梁太清三年（五四九年），趁火打劫的西魏趁機攻占梁朝的江陵，殺了梁元帝。陳霸先與王僧辯只好擁立梁元帝第九個兒子江州刺史蕭方智為帝，是為梁敬帝。

可是北齊卻又把當初俘虜的貞陽侯蕭淵明（梁武帝蕭衍的親姪子）送回梁朝，要求陳、王二人擁立蕭淵明為帝。戎馬一生的王僧辯這時卻嚇壞了，就順應北齊要求，廢掉梁敬帝，迎接北齊軍隊和蕭淵明進入建康城。王僧辯於是從萬人景仰的平亂功臣，變成人人唾罵的賣國奸賊，政治命運幾乎已經終結了。

陳霸先得知王僧辯所為後，就計畫討伐王僧辯。同年九月，陳霸先帶領軍隊從京口出發，一舉攻入建康北門，抓住毫無防備的王僧辯和兩個兒子。

昔日老戰友一見面，陳霸先就怒責王僧辯說：「你勾結齊人，想進攻我嗎？」沒等王僧辯回答，陳霸先就命人用繩子把王僧辯和兩個兒子勒死，然後復立梁敬帝，陳霸先完全把持了梁朝的大權。

陳霸先曾嚴詞譴責廢黜梁敬帝的王僧辯，說梁敬帝是「元皇之子，海內屬目，天下宅心，竟有何辜，坐致廢黜」，而今大權在握，於梁太平二年（五五七年），卻逼梁敬帝禪位，建立了陳王朝。隨後，陳霸先又殺了十六歲的梁敬帝，徹底完成了南朝時代最後一次禪讓的鬧劇。

陳永定三年（五五九年），僅僅做了三年皇帝的陳霸先在建康病逝，終年五十七歲。《陳書·高祖本紀》中用「智以綏物，武以寧亂」評論平定侯景之亂，開創了南朝中最後一個朝代的陳霸先，可以說是恰如其分。

南朝齊宣王蕭承之永安陵前的石像。

別緻昏君陳後主

●時間：西元五五三～六〇四年
●人物：陳叔寶

明君都是相似的，昏君卻各有各的昏法。南朝的後主陳叔寶，可算是一位別緻的昏君。文采風流，精通音律，如果不是被推到了皇帝的位置上，他絕對是個出色的文人墨客。錯誤的時間，錯誤的位置，讓他成了亡國之君。

唐朝詩人杜牧有首著名的詩：「煙籠寒水月籠沙，夜泊秦淮近酒家。商女不知亡國恨，隔江猶唱《後庭花》。」詩中的秦淮河是今天長江在江蘇境內的一條支流，蜿蜒穿過六朝故都建康（今江蘇南京）城內。杜牧在如煙如霧的秦淮月下，聽到歌伎吟唱名曲《玉樹後庭花》，遙想幾百年前兩岸同樣的靡麗繁華，追憶作者的亡國之恨，不勝感概。

張麗華像

這個讓杜牧感慨的作者名叫陳叔寶（五五三～六〇四年），是南朝的最後一個皇帝，通常稱為陳後主。陳叔寶是陳宣帝陳頊的嫡長子，生於梁承聖二年（五五三年），陳太建元年（五六九年）立為太子，按說將來的皇位非他莫屬，但叔寶能坐上龍椅真是十分僥倖。

⊙平定叛亂

太建十四年（五八二年）正月乙卯日，陳宣帝去世的第二天，叔寶在靈床前哭得正傷心，覬覦皇位已久的始興王陳叔陵（陳叔寶的弟弟）從袖中偷偷取出一把切藥材的刀，向叔寶的頭頸砍去，叔寶應聲「悶絕於地」。皇太后和叔寶的奶媽大驚失色，搶上前來護住叔寶。也許是叔陵太緊張，也許是其他原因，總之叔寶沒死。

這時，叔寶的另一個弟弟陳叔堅從後勒住陳叔陵的脖子，奪過刀去，向叔寶請示：「不用再等了，馬上殺了他！」但是陳叔寶嚇懵了，說不出話來。

叔陵力大，這當兒掙脫叔堅，飛奔出宮門。他聚集人馬，招募百姓，放出死囚，發動兵變。陳叔堅得到太后指示，命令大將蕭摩訶討伐。蕭摩訶一下子就將叛軍打了個七零八落，將叔陵擒殺。

⊙有美偕行

陳叔寶即位，大難不死，享起福來。陳叔寶受傷臥床期間，不見別的妻妾，只有小妾張麗華服侍左右。等到傷好，首先將張麗華立為貴妃。張麗華出身卑微，父親兄弟靠編蓆子為生。為減少負擔，張麗華小小年紀就進宮了，服侍太子陳叔寶的太子妃龔良娣。叔寶見了年僅十歲的丫頭，被她的美麗打動，幾年後討了過來。據說張麗華有一頭漆黑的七尺長髮，容色端麗，一雙眼睛尤其迷人，顧盼之際光彩奪人。

張麗華不僅長得美，而且特別聰慧，第一就是會處理後宮關係。陳叔寶帶她和賓客遊宴，她經常推薦宮中的其他姐妹同行，使她們感激不已，都稱讚張貴妃的美德。陳叔寶聽了，十分高興，對張麗華的寵愛更加一層。

張麗華並留心國家政治，派人打聽朝野雜事，因此有些事情後主陳叔寶還沒聽說，張麗華已經知道了，由她告訴陳叔寶。陳叔寶見貴妃能分憂，更是驚喜。張麗華得寵，親戚七大姑八大姨隨著沾光，很多入朝為官。

登上皇位的第二年，叔寶就在宮城光照殿前起了臨春、結綺、望仙三座樓閣。三閣各高數十丈，窗戶、門楣、直到欄杆，都是用名貴的上等檀香木做的。閣樓用金銀翠玉做裝飾，外面珠簾籠罩，裡邊則有寶床、寶帳，陳設著各種珍奇服玩，真是名副其實的世間瓊臺。

陳叔寶像

⊙疏於政務

陳叔寶愛好文學，喜歡舞文弄

墨，水準頗高。陳叔寶與貴妃及賓客遊宴，常常讓朝中貴人以及宮中女學士和親近小臣賦詩作對，相互酬答，然後挑選文辭豔麗的詩，為之譜曲，作為新的流行歌曲，選用漂亮的宮女傳唱。前面提到的《玉樹後庭花》，據說就是當時用來謳歌張麗華的美麗。

後主醉心於美色歌舞、文學辭章，對千頭萬緒的政事熱情不高。讓宦官蔡脫兒、李善度彙報政務，張麗華坐在叔寶的腿上，兩人一起決斷。張麗華從此干政，違法亂紀之事隨之而生，而李、蔡二人則權勢熏天，交朋結黨，朝廷賄賂公行，賞罰無常，綱紀全壞。

⊙隋軍滅陳

就在後主君臣盡情享樂的時候，北方強大的隋朝對江南的威脅日益緊迫。陳禎明二年（五八八年），隋文帝楊堅造了大批戰船，以兒子晉王楊廣、丞相楊素為元帥，賀若弼、韓擒虎為大將，率領五十萬大軍，分兵八路，準備渡過長江進攻陳朝。

沿江警報如雪片般飛來，但是陳叔寶並不擔心，說：「我們東南有王氣，從前北齊軍隊曾經三次來犯，北周也有兩次，最後不是都損兵折將退回？今天隋朝軍隊也當如是。」寵臣也附和說：「沒錯，有長江天險，除非隋軍插翅飛天，否則過不來。邊界的將軍就是喜歡誇大敵

隋五牙戰船（復原模型）

情，以為邀功！」此後陳叔寶作樂不誤，凡有軍報傳來，瞧也不瞧。

但是此時的隋朝不是北齊、北周，南朝也不是往日的南朝。隋軍人人奮勇，渡過長江，如入無人之境。

天人畫像磚　南朝

⊙屈膝投降

禎明三年（五八九年）三月，隋軍攻進建康宮中，陳叔寶身邊只剩下袁憲、夏侯公韻兩個大臣。袁憲勸後主端坐大殿，正色嚴詞對待隋軍，陳叔寶反對：「不可！如今白晃晃的刀子就要來了，我的運氣恐怕沒幾年前那麼好。放心，我自有對策。」

原來陳叔寶想化身為泥鰍，溜進一口枯井，袁、夏侯二人連忙用身子擋住井口，苦苦勸諫，萬不能失了皇帝體統。陳叔寶執意，雙方爭執半天，最後袁、夏侯兩人拗不過，只好歎氣回家了。

陳叔寶躲進井裡，隋軍在宮中遍尋不著，審問宮人得到陳叔寶的藏身之處。隋軍在枯井口喊話，沒有答應，於是搬來石頭準備扔下。只聽井底傳來驚呼：「別扔別扔，我上來就是！」隋軍垂下繩索將後主拎上，只覺得後主果然養尊處優，龍體沉重，上來才發現繩子竟然還綁著兩個女人——張貴妃、孔貴嬪，眾人哈哈大笑。

陳叔寶與亡國的王公大臣遷往隋朝都城長安，隋文帝早就準備了府第住宅，使者向文帝彙報說：「自後主以下，路上的大小官員，五百里連綿不絕。」文帝為之歎息。陳叔寶到了長安，文帝予以優待。

過了一些日子，監視陳叔寶的人向文帝報告，說叔寶認為沒有秩位，參與朝會不便，請求官職。文帝再次歎息：「叔寶全無心肝。」此言不差，曾經作過皇帝，卻請求在敵國當官，也算一絕。

在北方大吃驢肉，每天飲酒一石，陳後主在隋仁壽四年（六〇四年）去世，終年五十二歲。隋朝送給他一個謚號：「煬」。按照謚法，「好內遠禮，去禮遠眾，道天虐民為煬」，倒是沒有冤枉他。

關公再世蕭摩訶

●時間：西元五三二～六〇四年
●人物：蕭摩訶

單以個人的勇武而論，蕭摩訶應該是南北朝時期的第一猛將。年輕的時候，蕭摩訶就被稱為關公再世，百萬軍中取上將首級對他來說是家常便飯。如果不是遇到了昏庸的陳後主，蕭摩訶不一定會讓隋軍輕易滅亡陳國。

⊙少年英雄

蕭摩訶（五三二～六〇四年），字元胤，東海蘭陵（今山東棗莊嶧城東）人。祖父蕭靚曾經是梁朝的右將軍，父親蕭諒也做過梁朝的郡丞。蕭摩訶很小的時候父親就去世了，姑父收養了他，並培養成一名勇敢善戰的武將。到了陳天嘉（五六〇～五六六年）初年，蕭摩訶因功封為巴山太守。

⊙亂軍之中取敵首

陳太建五年（五七三年），陳出兵進攻北齊，蕭摩訶也跟隨主將吳明徹，參加了這場慘烈的北伐之戰。北齊派遣大將尉破胡率領十多萬精銳部隊南下抵擋陳軍，北齊的前軍都是精心選拔的身高八尺、膂力奇大的亡命之徒，尉破胡封給「蒼頭」、「犀角」、「大力」等等榮譽番號。陳軍上下還沒開戰，便都顯得畏懼。

吳明徹特意找來蕭摩訶說：「尉破胡一來，我軍的士氣立刻就短了一截。聽說你一向號稱關羽再世，你敢不敢去把尉破胡的腦袋拿回來？」蕭摩訶也不含糊，立刻回答說：「只要知道長甚麼樣子，我肯定把他宰了。」

蕭明徹找來投降的北齊士兵，把尉破胡的容貌交代清楚，然後親自斟酒一杯，以壯行色。

蕭摩訶喝乾了杯中酒，單人匹馬衝向齊軍。沒等陣前的尉破胡掏出弓箭，蕭摩訶就扔出銑（一種特製的小鑿子，古代也作爲暗器使用），結束了尉破胡性命。齊軍中「大力」營的十多

玉龍鳳形佩　南北朝

高五．八公分，龍鳳佩作環狀，通體透雕成龍鳳紋。龍曲身成環形，龍首下垂，尾稍殘。龍背上站立一鳳，作回首狀。

個勇士出來追殺，也全部被蕭摩訶斬於馬下。齊軍見南方猛將，士氣轉弱，沒敢和陳軍開戰就撤退了。攻齊之戰勝利後，蕭摩訶封為武毅將軍。

⊙國破身亡

陳太建十四年（五八二年），陳宣帝去世，始興王陳叔陵在建康叛亂，蕭摩訶帶著幾百名騎兵一舉消滅叛軍，斬殺了陳叔陵。陳後主感激蕭摩訶，特意下詔封蕭摩訶為侍中、驃騎大將軍，加左光祿大夫。

歷代帝王圖　陳文帝

陳禎明三年（五八九年），隋朝行軍大總管賀若弼趁蕭摩訶回建康述職，率領大軍渡過長江，直奔建康。儘管蕭摩訶屢次要求與隋軍決戰，可是幼稚的陳朝末帝卻始終相信求和使者，而不願意相信鎮國大將。最後，當隋軍兵臨建康城下時，陳後主才急急忙忙命蕭摩訶迎擊隋軍。最終陳軍慘敗，蕭摩訶也被隋軍活捉。

被俘後的蕭摩訶沒有立刻投降，也沒有殺身成仁，而是向賀若弼求情說：「我今天當了俘虜，命在頃刻之間，希望能讓我看看君主，我死也沒有遺憾了。」賀若弼沒有拒絕，蕭摩訶見到了後主陳叔寶，君臣二人抱頭痛哭，看護的隋朝士兵也為之感動。

不久，隋文帝楊堅授命蕭摩訶輔助最小的兒子漢王楊諒。十幾年後，楊諒叛亂，很快被中央政府擊敗，蕭摩訶受到株連處死，時年七十三歲。一代名將，就此結束了悲劇的一生。

青瓷雙流雞首壺　南朝

盤口外侈，束腰，長頸，圓肩，深腹，底略凹。肩前端向上直伸，並排兩個長頸雞首形流，雞首頂部有高冠，圓目凸起，作昂首啼鳴狀，後端為併排兩個曲圓形柄。上端龍首與盤口銜接，龍首雙目前視，作飲水狀。下端與肩相連。柄上端略細，下端略粗，肩左右兩側各有橋形紐一個。施青色釉，有細小冰裂紋。此器造型精美生動，為當時常用的水器。

繁榮的書畫藝術

儘管魏晉南北朝時期中國處於戰亂不已、分裂割據的狀態，但正是當時特定的社會歷史環境下，書法和繪畫成為文人學士遣興抒懷的管道，從而推動了書法和繪畫藝術的發展，使得這一時期稱為書畫藝術史上一個光前裕後、流派紛呈的輝煌時期。

書法大家

三國時的書法以魏、吳兩國較為突出，魏國有大書法家鍾繇（一五一～二三〇年）。鍾繇字元常，長葛人，官至太傅，因此亦稱「鍾太傅」。善長各體書法，尤以楷書見長，後代奉為「楷書之祖」，與王羲之並稱為鍾王。鍾繇的楷書筆法遒媚，結構樸茂，出於自然，開創了由隸入楷的書法藝術新貌。

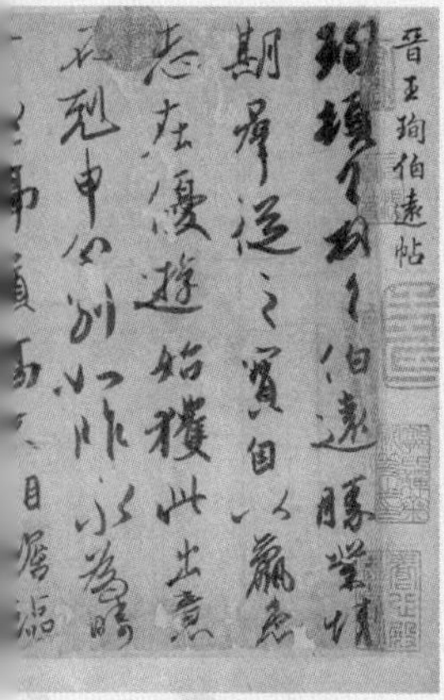

伯遠帖　東晉　王珣

晉代的精神氣候對其書法藝術的特徵有很大的影響，以王羲之為代表的晉代書法家藝術風神疏逸、姿致蕭朗，後人稱贊晉代書法「韻勝」、「度高」，是很有道理的。王羲之的書法藝術成就典型呈現了這種時代風尚。

王羲之（約三〇三～三六一年），字逸少，出身於兩晉的名門望族，父親就是一位書法家。王羲之先後師從多位名師學習書法，善於思考創新，匯聚各家所長而改變了漢魏以來質樸雄渾的書風，形成了妍美秀逸，韻勝度高的晉書格調。他的書法運筆豐盈多變而又含蓄溫婉，氣勢穩健灑脫而安逸平和，筆畫線條變化豐富，運筆輕重快慢自然和諧，總體上達到了一種很高的藝術境界。代表作品流傳頗多，其中尤以《蘭亭序》為著名，該帖有「天下第一行書」之稱，極典型呈現了晉代書法的美學特徵。

王羲之之子王獻之也是著名的書法家，不拘成法而自成風貌，其書法瀟灑奔放，神采飛揚，頗具氣勢力度，與其父合稱「二王」。

南北朝時期，書法藝術又有新的發展，形成了以魏碑為代表的新高潮。魏碑的書法風格獨特，在漢隸的基礎上演變，筆法厚重剛健，結構寬博嚴謹，具有鮮明的美學標誌，形成了一個時代的書法藝術高峰，創造了唐代書法發展的雄厚基礎。南北朝時的書法家燦若群星，南方的羊欣（三七〇～四四二年）是王獻之的入室弟子，深得王獻之神韻，以瘦勁為個性，當時有「買王得羊，不失所望」之言。北魏的魏碑則大多出於無名之手，有名的傳世書法家以鄭道昭最為著名。

人物畫興起

魏晉南北朝以前，雖然繪畫藝術發展已經歷了上千年的歷史，但是此前繪畫主要由地位低下的畫工承擔，作品不署名款，也未形成風格體系。魏晉南北朝時期，繪畫的人文情趣逐漸受文人重視，繪畫在文人生活中的地位也越來越重要，湧現出大批出身於士大夫階層、專志於繪畫的上層文人，地位顯赫，畫藝精湛，聲譽卓著，深受時人推崇，其作品也為人們欣賞、收藏和流傳，繪畫逐漸成為文人崇尚的藝術形式。

這一時期是中國繪畫藝術的初步成熟階段。此時人物畫逐漸趨於成熟，湧現出一批各具風範的名家：東晉的顧愷之、劉宋的陸探微、南齊的張僧繇、北齊的楊子華和曹仲達等就是其典型代表。他們的繪畫題材範圍廣泛，內容形象生動，技法靈活多變。其繪畫表現能力大大提高，由簡略變為精微，造型準確，注意傳神，甚至六法備賅，繪畫風格也趨多樣，名家各具個人特色。

此時人物畫尤以顧愷之成就最大，不僅是中國繪畫史上第一個有畫跡可考的著名畫家，而且在人物畫的創作方面多有創新，善於捕捉人物性格的某一特徵。在繪畫理論方面，他最先提出了「以形寫神」的觀點。傳世的顧愷之作品有《女史箴圖》《洛神賦圖》《列女仁智圖》等，雖然這些都是後世摹本，但可作為探討他藝術成就的參考。

洛神賦圖（局部）

運籌帷幄的崔浩

●時間：？～西元四五〇年
●人物：崔浩

西漢劉邦的謀士張良能夠「運籌帷幄之中，決勝於千里之外」，後世視為天人。南北朝時期的北魏，有一個人與張良極為相似，那就是崔浩。

⊙名門之後

崔浩（？～四五〇年），清河東武城（今山東武城西）人。崔浩出身的清河崔氏是北朝第一名門望族，自魏晉以來高官輩出，聲名顯赫。崔氏家學源遠流長，崔浩耳濡目染，從小勤奮好學，博覽經史，精通天文、陰陽曆法。

北魏明元帝初年，崔浩拜博士祭酒，為皇帝拓跋嗣講授經書，又經常為拓跋嗣卜筮吉凶，每次都很靈驗。有一次後宮跑進一隻兔子，拓跋嗣很奇怪，就問崔浩。崔浩算了一卦，說：「這是好事，表示鄰國要進貢妃嬪。」過了一年，後秦的姚興果然向拓跋嗣獻上了女兒，真是神奇！

⊙恩寵有加

拓跋嗣對崔浩十分寵信，讓他參與軍國大事。泰常元年（四一六年），東晉大將劉裕討伐關中的後秦姚泓，向北魏借道。北魏公卿都認為劉裕揚言進攻後秦，其實可能想北上攻魏，不能應允劉裕的要求，並且應阻斷黃河水路，不讓劉裕水師西進。

崔浩卻說：「這不是上策。後秦屢次騷擾東晉荊州，劉裕痛恨已久。如今姚興死了，二子相爭，劉裕正好乘機進攻，別無他意。如果攔阻，他必定會先攻打我們，我們平白受損，後秦卻得便宜，況且我軍糧食不足，北方柔然又寇掠邊境，不能出兵。我們不如同意，讓他們兩敗俱傷，我們坐收其利，好像卞莊刺虎一樣。即使劉裕攻下後秦，也和東晉本部相隔遙遠，難以堅守，土地終究還是會歸我們所有。」

儘管崔浩的話很有道理，但是其他大臣仍然堅持原來的看法，於是拓跋嗣派兵阻截劉裕，結果被劉裕殺得大敗，拓跋嗣非常後悔沒聽取崔浩的計謀。

⊙力主北伐

泰常八年（四二三年），拓跋嗣去世，長子拓跋燾即位，就是北魏太武帝。太武帝左右排拒崔浩的正直，陳說他的壞話。拓跋燾雖然知道崔浩

屏風漆畫列女古賢圖　北魏
木質漆繪，八十×四十公分，山西省博物館暨大同市博物館分藏。

炳靈寺石窟一七二窟的石雕佛像　北魏

的能耐，但顧忌到這些人的言論，就讓崔浩回家，等到有疑問的時候，才將他請來諮詢。

神䴥二年（四二九年），拓跋燾想攻打柔然，命大臣商議。太史（掌天文曆法的官員）張淵稱天象對魏不利，不能興兵，群臣大多隨聲附和，都說北魏沒有天時地利，不可輕舉妄動。拓跋燾猶豫不決，召開辯論會，讓崔浩和張淵上場。

談天象是崔浩的特長，先徹底批了天象不利的說法，說：「甚麼不利，我看相當有利！」

張淵辯不過，又慚又氣，說：「柔然這個民族，搶了土地不能種糧食，人又狡猾無常，俘虜了難以制伏，不能役使。既然沒甚麼利處，沒必要讓將士白跑一趟。」

崔浩笑了一聲，道：「張淵你說說天象也就罷了，至於當前敵我形勢你是一竅不通，只會揀些漢代的老生常談。為甚麼這麼說呢？且聽我一一道來。柔然所在的漠北草原，天氣涼爽，不生蒼蠅蚊子，水草豐美，可以放牧，夏天搬到那裡，可以開荒種地，怎麼能說那裡的土地沒用呢？說到柔然人難以馴服，不是已經有很多貴族子弟來降了嗎？有的娶了我們的公主，也有當了將軍、大夫，滿朝都是，況且高車人是有名的騎兵，怎麼說不能役使呢？

「南方人要打柔然，可能有困難，因為柔然人有好馬，跑得快，但是我們魏人的馬也不少，跑得也不慢，他跑我追，不難取勝。柔然屢次犯邊，搶人掠物，攪得我們不得安寧，這個夏天不滅了他們，秋天又來了。自從先帝直到現在，我們一直被柔然困擾，不就是因為我們沒有狠狠教訓他們嗎？」

講了這番道理，崔浩又諷刺張淵號稱懂得多，但或者因為不忠，或者因為無術，沒有預言老主人赫連昌的倒臺，只是徒有虛名而已。這番人身攻擊讓張淵面紅耳赤，啞口無言。

飛天像壁畫

飛天，在佛教藝術中稱為香音之神，是能奏樂、善飛舞、滿身香馥的菩薩。飛天是敦煌壁畫中的一大主題，圖為第二八五窟北魏時期龕壁上的雙人飛天。

拓跋燾大悅，決意進攻柔然。這場戰鬥果然像崔浩展望的那樣，北魏大獲全勝，柔然從此一蹶不振。

⊙悲劇收場

崔浩在國家大事的決策中經常屬於少數派——持有「真理」的少數派，拓跋燾聽從就會勝利，不聽就會失敗，欽佩至極。崔浩也很自負，經常將自己和張良相比，甚至說熟諳古事方面更超過了張良。

崔浩的學問不必說，書法也很了得，經常有人找他寫些日常的書信等等。世人把他的墨跡視為珍寶，就把這些書信加以裁割，然後拼湊成詩句、文章，當作練習書法的範本。

崔浩自視甚高，雖然為北魏效力，但憑藉高貴的門第，對野蠻落後的鮮卑貴族的蔑視時有流露，自然得罪了不少人。作為一個漢人為拓跋燾信任，崔浩又難免受貴族群臣的仇視和忌恨，甚至因為用人問題與太子發生衝突。種種原因導致崔浩在朝中處於四面受敵的危險境地，但是他並沒有覺察。

崔浩晚年受命編寫北魏國史，對鮮卑拓跋氏祖先的醜事也不隱諱，後來《國史》刻在石碑上立於大路兩側，讓眾人觀看。鮮卑貴族觸怒了，聯合向拓跋燾告發崔浩，說他藐視皇帝，還要造反。拓跋燾面對強大的壓力，同時感覺崔浩等名門大族影響太大，決定犧牲崔浩，滅其親族以平群憤。

太平真君十一年（四五〇年），崔浩被殺，宗族清河崔氏以及姻親范陽盧氏、太原郭氏、河東柳氏都受株連，一共死了一百二十餘人。北方士族在與鮮卑貴族的對抗中遭遇了重大打擊，鮮卑人漢化的進程也就此放慢了。

【「筆頭奴」古弼】

●時間：北魏初年
●人物：古弼

前面我們講到了北魏前期以謀略聞名的漢人崔浩，下面要說的是同時期因做官正直而著稱的另一個大臣——古弼。

⊙魏帝賜名

古弼是鮮卑人，從小善於騎射，在獵手出身的鮮卑族中間倒也沒甚麼，可貴的是他喜歡讀書。古弼最初做獵郎的武官，派到長安辦事，正合皇帝胃口，於是到門下省（掌管詔書政令的審核、封駁的政府機構）當差。

古弼專心為國家服務，處事幹練，為人方正，漸漸有了名聲。明元帝拓跋嗣賞識，賜名：「筆」（不是賜給他筆名），表示性格像毛筆一樣正直，才能像毛筆一樣有用。後來又改名為「弼」，意思是希望他輔弼君主。拓跋嗣讓古弼和大臣劉潔分掌機要，委以重任。

在明元帝之後，太武帝拓跋燾即位，古弼更是出將入相，功勞不小，曾經率軍打敗了少數民族高車、匈奴人赫連定的進攻。

⊙攻燕受辱

身經百戰的古弼在攻打北燕馮文通（名宏，字文通）的時候卻失了手。北魏軍隊先是一路破敵，馮文通向高麗求救，想向東逃入高麗，但是百姓不願意，北燕大臣古泥乘機造反，打開雲龍城（今遼寧朝陽）城門，讓古弼率軍進城。古弼怕是馮文通的詭計，就沒有理會。

後來高麗的救兵到了龍城，護著馮文通逃跑。馮文通看人手不夠，就讓女人卸下紅妝換上武裝冒充士兵，走在隊伍裡邊，把精兵強將和高麗大兵擺在外面，轉眼之間就組成一支「陣容強大」的部隊。

古弼看見敵人軍容整肅，有些畏懼。但是部將高苟子卻不怕，請求率領騎兵衝擊。這時的古弼喝得醉醺醺的，拔出長刀，厲聲道：「窮寇莫追，他們人馬眾多，又存了必死之心，正式交兵我們損失太大！」

結果馮文通一路跑到了高麗，他的「祕密武器」傳出來，高麗人笑翻了。將士紛紛責怪古弼失職，拓跋燾

呼倫貝爾草原

柔然是一個馬上民族，興起於蒙古草原。

也大怒，等到古弼回來，狠狠批評一頓，罰去看守城門。後來拓跋燾怒氣平息，讓古弼回來，任命為侍中，又拜為安西將軍，鎮守長安。

嘎仙洞遺址

嘎仙洞位於呼倫貝爾盟鄂倫春自治旗大興安嶺一處高百公尺的峭壁上，洞口向西南，洞深九十二公尺，高二十七公尺，由三個相連的洞廳組成，十分神祕而幽靜。嘎仙洞內發現了北魏「太平真君四年」（四四三年）時的刻石，記載北魏第三代皇帝拓跋燾派遣中書侍郎李敞來此祭祖的事情。石刻的內容證明嘎仙洞就是《魏書》所記北魏祖先居住的「石室」舊墟，並證明這一帶是拓跋鮮卑的發祥地。

⊙將功折罪

拓跋燾打算征討北涼的時候，古弼又犯了錯誤，沒領會拓跋燾的意思，說涼州缺乏水草，不宜攻打。拓跋燾沒聽從，滅了北涼。但拓跋燾認為古弼還是有將略的，沒有責備他。

後來古弼領軍擊敗了南朝劉宋的軍隊，拿下仇池（在今甘肅南部一帶）這個割據多年的小王國，又撲滅了仇池殘餘勢力的反抗，並留下大軍穩定形勢。拓跋燾稱讚說：「對付仇池，古弼的點子很多啊！」

⊙直言敢諫

古弼打仗是好手，回到朝中做了尚書令，一心為公，連皇帝都敢頂撞。

有一次古弼進宮，想稟奏大事，恰巧拓跋燾正和大臣劉樹下棋，殺得難解難分，就沒理會古弼。

古弼在旁邊等了半天，終於忍不住了，上前就給了劉樹一巴掌，又把他拉下坐位，手扯其耳拳打其背，邊打邊罵：「朝廷好多事沒辦好，就是因為有你劉樹這種人！」

拓跋燾「帝容失色」，連忙擱下棋子過來拉住，說：「不聽你奏事，都是朕的過錯，又關劉樹甚麼事呢？快放手快放手！」

古弼這才罷休，向皇帝報告了百姓要求縮小皇家獵場，用來開墾土地接濟窮人，拓跋燾答應了他的全部請求。

又有一次，拓跋燾到河西出巡狩獵，讓古弼留守京師，吩咐古弼為獵隊供應肥壯的好馬，可是古弼卻只撥了些瘦弱的劣馬送來。拓跋燾勃然大怒，吼道：「這個筆頭奴，連我要的東西都敢如此！等我回去，第一個就要把他殺了！」

古弼的下屬聽說皇帝發怒，不知道如何是好，古弼說：「我認為不給皇上好馬，讓他打獵不痛快，這是小罪，但如果我們沒做好軍事準備，缺乏好馬，讓敵寇攻進來，罪名可就大了。如今我國北邊南邊都有敵國虎視眈眈，狡猾難測，我非常擔憂，所以挑選肥馬作為軍用。只要對國家有利，我怎麼會怕死呢？你們放心，皇帝明曉事理，要殺只會殺我一個，你們是沒甚麼罪的。」

這些話傳到皇帝耳裡，拓跋燾歎息說：「這樣的臣子，真是國家的珍寶啊！」不但不殺他，還賞了古弼。

又一次拓跋燾打獵，運氣很好，捉了幾千頭麋鹿，命古弼撥五百輛牛車將麋鹿拉回。詔書發出不久，拓跋燾轉念一想，說：「筆公肯定不會答應，咱們還是自己運吧！」

回程走了一百里，古弼的文書到了，說：「莊稼剛剛成熟，還在田野裡，每天都有豬啊鹿啊鳥啊偷食，損失不小，必須趕緊收割，用車運回。所以請求皇上緩一緩運送麋鹿的事情，等糧食收割再說。」

拓跋燾大笑，對左右說：「筆公果然如我所料，國事在他心中比甚麼都重要，真是我的社稷之臣啊！」

很可惜，古弼這麼一個忠臣，後來卻捲入了北魏的政治糾紛中被殺，北魏人沒有不為他喊冤的。

歷史詞典

魏討伐柔然

柔然在四世紀末興起，至五世紀時已在今蒙古草原建立了一個強大的游牧民族政權，控制了東起大興安嶺，西抵焉耆，南臨大漠，北至西伯利亞的廣大地區。柔然統治集團一直把戰爭作為增加財富和奴隸的手段，不斷向四鄰掠奪。

北魏始光元年（四二四年）八月，柔然可汗大檀乘北魏明元帝病死之際，率騎兵六萬攻占雲中盛樂宮，魏太武帝拓跋燾御駕親征，前往討伐。軍至雲中時，被柔然大軍包圍，雖然拓跋燾鎮定退敵，但以此為恥，發誓要報仇雪恨。

始光四年（四二七年）七月，柔然乘拓跋燾親征夏國，國內空虛的時機，再次出兵進犯雲中。

神䴥二年（四二九年）四月，拓跋燾親率數萬騎兵，渡過戈壁大沙漠，直指柔然可汗廷。柔然受此沉重打擊，力量大大削弱，自此走向衰落，並於六世紀中葉被突厥和西魏共同剿滅。

吹洞簫陶俑 北魏

擊鼓陶女俑 北魏

太子校射浮雕 北魏

北魏馮太后

●時間：西元四四二～四九〇年
●人物：馮太后

國家是男人的國家，政治是男人之間的政治，在古代世界各地都是通理，中國也不例外。可是中國歷史上也出現了少數幾個能夠統治男人的女主，北魏馮太后（四四二～四九〇年）就是一例。馮太后不但能夠控制國家，政績且影響深遠，這就更難得了。

北魏和平六年（四六五年）五月，北魏文成帝拓跋濬在平城太華殿病死。消息傳來，後宮一片哭泣之聲。三天之後，按照拓跋鮮卑人的規矩，文成帝生前穿過的衣服和用過的器物集中準備焚燒，供成神後繼續享用。在淒厲的哀嚎聲中，朝中文武百官和後宮的嬪妃來到焚燒場，最後看一眼先帝的遺物，追思曾經賜給的無盡恩澤。

熊熊火光升起，嬪妃再次哭泣，為皇帝哀傷，也為後半生而憂愁。突然，有個女人撥開人群，直向火堆跳去，宮女連忙扯住，驚呼道：「您這是做甚麼！」女人抹著臉上的眼淚，斷斷續續說道：「皇上去了，我也不想活了！」說完，昏厥過去，良久才甦醒。

旁邊的皇族和文武大臣歎息，紛紛道：「馮太后對先帝真是情深意重啊！」

⊙入宮為后

這位太后馮氏的出身來歷不同尋常，此時雖然只有二十幾歲，但是在宮裡已經十多年了，算來她是長樂信都（今河北冀縣）人，祖父馮宏是北燕最後一位皇帝，北燕被文成帝的祖父——太武帝拓跋燾消滅後，父親馮朗歸附魏國，封為西域郡公，當過秦州和雍州刺史，後來因牽連大案被殺，馮氏讓姑姑接進宮中。姑姑是漢人，太武帝封為昭儀（北魏皇帝除皇后外第一等的妃嬪），知書達禮，親自教馮氏習字念書。馮氏聰明穎悟，對漢族文化有了一定造詣。

美麗賢淑的馮氏在十四歲時被文成帝相中，選入後宮立為貴人，

青瓷托盞

南朝茶具，江西南昌墓出土。通高十一·五公分，口徑七·七公分，底徑六·六公分，這件器物由上部的碗盞和下部的托盤組成。

但一直沒有兒子。太安二年（四五六年），文成帝長子拓跋弘立為太子，為防止將來外戚專權，按照北魏「子貴母死」的規矩，生母李氏賜死，後來馮貴人立為皇后，成了拓跋弘名義上的母親。

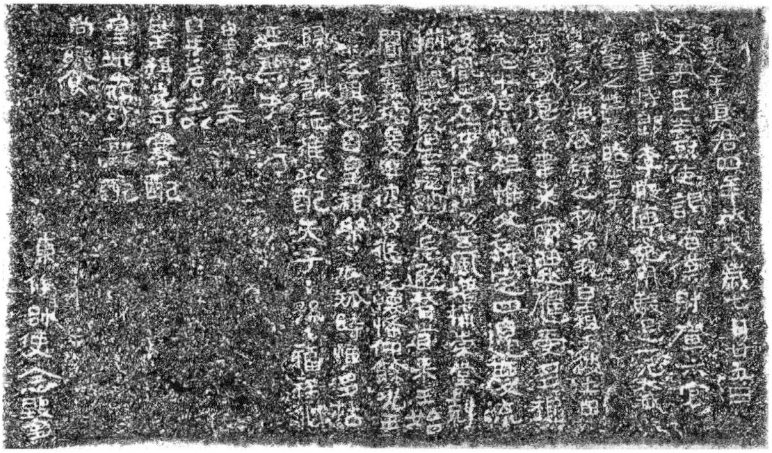

嘎仙洞刻石拓片

文成帝去世，拓跋弘即位，就是北魏獻文帝，馮皇后尊為馮太后，衣冠火葬場上發生的一幕，就發生在文成帝去世的兩天以後。馮太后的悲傷，今天我們已經無法知道是發自內心，還是在演戲，為即將到來的政治爭奪營造有利的氛圍。

⊙太后攝政

拓跋弘雖然是皇帝，但只有十二歲，不能處理政事，由丞相乙渾輔政。乙渾面對孤兒寡母，頗有取而代之的想法。史書記載馮太后「多智，猜忍，能行大事」，祕密聯合鮮卑貴族和大臣，殺掉乙渾，自己登上了政治舞臺。一千多年後的大清王朝，也有一位慈禧太后，境況和馮太后相似，同樣殺了肅順等八位輔政大臣後秉政，不知有沒有借鑑前輩的經驗。

慈禧秉政，名義上不大說得過去，還要在面前擺一道簾子以示「聽政」，北魏時可沒有這麼多規矩。馮太后大大方方坐在兒子身旁，聽大臣奏事，省決萬機，讓兒子在旁邊學習治國之道。

過了幾年，獻文帝拓跋弘長大了，有了處理政事的能力，於是歸政於獻文帝。雖然歸政了，馮太后的親信仍在，影響力還在。獻文帝英武聰明，果於殺伐，權欲很強。一山難容二虎，他和馮太后之間的裂痕一天天擴大。

⊙殺子奪權

馮太后年紀輕輕守寡，好像一隻鴛鴦落了單，便找了一個伴——風流倜儻的臣子李奕。拓跋弘發覺，藉口把李奕殺了。馮太后痛惜之餘，又對兒子獨立發展感到忌憚。

皇興五年（四七一年）五月，獻文帝拓跋弘因喜佛道而將皇位內禪給五歲的小兒子拓跋宏（就是後來有名的北魏孝文帝）。拓跋弘雖然做了太上皇，但仍然勤於政事，大權在握。

隨著拓跋弘成長，與馮太后之間

的關係也逐漸疏遠，兩人相互猜忌。馮太后殺心漸起，延興六年（四七六年）六月，馮太后在酒中下毒，鴆殺了這位二十三歲的太上皇。

⊙輔佐孝文帝

孝文帝拓跋宏這時也只有十二歲，馮太后以太皇太后的名義再次臨朝稱制。這次馮太后吸取教訓，事無鉅細全部親自決斷，不徵詢拓跋宏，至於歸政的時間更是再也不提了。

當時北魏的官員沒有薪俸，因此官場貪汙成風，馮太后發給俸祿，並規定以後即使貪汙一疋布也是死罪，又規定地方守宰任期按「治績」好壞為定，不拘年限。

太和九年（四八五年），馮太后採納給事中李安世建議，實行均田制，使農民附著於土地，勞力得以利用，荒田得以墾闢。北魏原先沒有戶籍制度，大量人口受私人控制，國家收不到賦稅和勞役，在九品混通制之下，賦役負擔不均，政府收入受到影響。

太和十年（四八六年）初，馮太后接受李沖建議，設立三長制，仿古制立黨、里、鄰三長，檢出蔭庇的戶口，按戶徵發調役。當時反對的人很多，馮太后力排眾議，加以實行，結果國家獲利極大。馮太后主持制定的三長制、均田制和新的租調制，三者配合實行，不僅為孝文帝遷洛以後的繁榮富庶奠定了基礎，也被後來的隋唐所繼承。

⊙收養男寵

李沖的建議之所以能採納，除了因為建議本身對國家有利之外，李沖與馮太后的曖昧關係也是重要原因。馮太后寵幸李沖，有時一個月就賞賜數十萬錢，並偷偷將皇家珍寶御物送到他家，外人都不知道。李沖家原本十分清貧，有了太后的資助，一下子成為富室。李沖為人謙遜仁慈，又有政治才能，為當時人稱讚，後來還成為孝文帝倚重的大臣。

鮮卑人舞樂俑一組
北魏
這組陶樂俑共八件。舞樂俑都頭戴風帽，身上穿著窄袖拖地長袍。各具姿式，以優美的造型表現出吹、拉、彈、舞的動作。

延伸知識

北朝民歌〈木蘭詩〉

〈木蘭詩〉是北朝長篇敘事民歌，收集在樂府詩集「梁鼓角橫吹曲」中，是北朝民歌中最傑出的作品。〈木蘭詩〉記述了木蘭女扮男裝、代父從軍的故事。木蘭為了保全年邁父親，毅然代他擔負起出征的艱苦任務，她身經百戰，歷時十年，完成了抵禦外敵的使命，十分堅強和勇敢。凱旋歸來後，木蘭不受官爵，只願意恢復普通婦女的生活，又表現出了純樸高潔的胸襟。

〈木蘭詩〉是民間敘事詩，富有民間色彩，風格也比較剛健古樸，表現了民歌的藝術特點。〈木蘭詩〉連續運用複疊和排比的句調，用擬問作答來刻畫心理活動，細緻入微，對偶句子簡練工整，包含了豐富的含義，而語言的精練，更增強敘事氣氛。

〈木蘭詩〉代表北朝樂府民歌傑出的成就，藝術特色和思想內容對後世產生很大的影響。杜甫在〈草堂詩〉中就有意模仿〈木蘭詩〉中描述全家歡迎木蘭時的表現手法。直到現在，木蘭仍然是頻繁出現在舞臺銀幕上的女英雄。

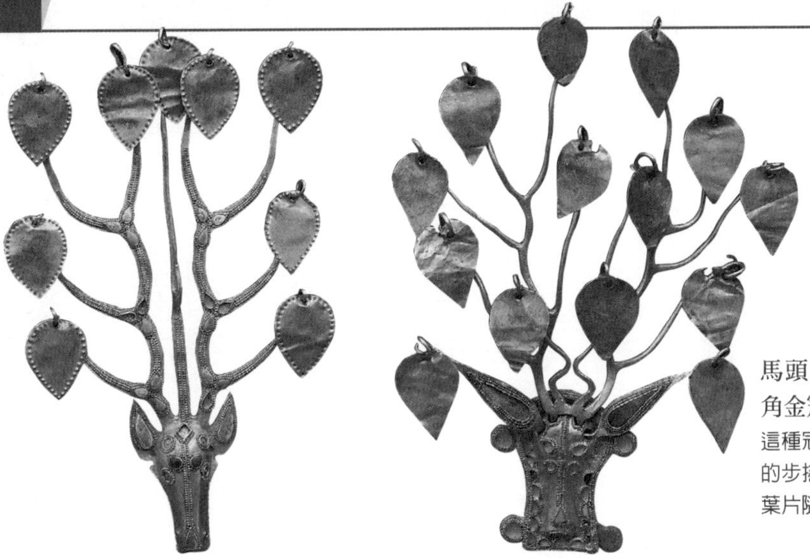

馬頭鹿角金飾、牛頭鹿角金冠飾 北魏

這種冠飾是鮮卑貴族婦女戴的步搖冠，當頭部搖動時，葉片隨之顫動。

馮太后的男寵都是有才能的人，馮太后一點都不吝嗇，自己生活卻非常節儉，平時只穿些尋常衣服，不喜歡打扮得大紅大紫，吃飯也很簡單，飯桌只有幾尺長。

馮太后心胸寬厚，不記人過失，有時左右犯了錯誤，便痛打一頓，但不久就待之如初，甚至更加富貴。有一次馮太后身體不好，想要吃庵蔄（植物名，即青蒿），廚子昏了頭，送上一碗粥，竟然還帶蟲子，馮太后用勺子挑了出來。恰巧孝文帝看見了，勃然大怒，就要重罰廚子，但馮太后只是笑了笑，把廚子赦免了。

太和十四年（四九〇年），四十九歲的女政治家馮太后在太和殿離開人世，就在這天，有一群雄野雞飛到太華殿上，悲鳴不已。馮太后一手撫養長大的孝文帝拓跋宏非常悲痛，五天五夜不進飲食，為祖母上諡號為「文明太皇太后」。孝文帝按照馮太后生前意願，安葬於方山永固陵，葬禮非常節儉。

北魏孝文帝改革

●時間：西元四九三～四九九年
●人物：孝文帝

孝文帝拓跋宏是北魏傑出的政治家，許多重要改革加速了北方各少數民族的進化過程，奠定了後來隋統一中國的基礎。同時孝文帝遷都洛陽之後大規模營造龍門石窟，為人類留下了一筆寶貴的文化遺產。

北魏孝文帝拓跋宏（四六七～四九九年）是獻文帝拓跋弘的長子，出生於拓跋鮮卑的老家平城（今山西大同）。當時北魏的朝廷大權全部把持在馮太后手中，拓跋宏出生後，馮太后把大部分政務交還獻文帝，親自撫養拓跋宏。

皇興五年（四七一年），獻文帝把皇位傳給了年僅五歲的拓跋宏，是為孝文帝。孝文帝在馮太后的教導下，從小就對漢族文化具有好感，而且對祖母馮太后非常孝順，沒有對馮太后專斷朝政有任何不滿。

太和十四年（四九〇年），馮太后去世，二十三歲的孝文帝開始獨自決斷北魏政權。這位精通儒家經典、才華過人的皇帝終於開始了真正意義上的乾綱獨斷。

⊙遷都洛陽

孝文帝即位之後，就決心延續祖母馮太后的改革，繼續推行漢化政策，擺在面前最大的問題是遷都。北魏都城在平城，平城地理偏北，天氣寒冷，暴雪風沙天氣常見。再加上平城人口稀少，離中原地區偏遠，不利於北魏對富饒的中原地區控制，孝文帝就計畫遷都古城洛陽，把北魏的統治中心南移。

太和十七年（四九三年），孝文帝召集了北魏文武百官，宣稱要進攻南方的蕭齊王朝，準備在南征途中遷都洛陽，逼迫百官接受遷都的事實。

朝會上，孝文帝讓掌管宗廟祭祀的太常卿王堪占卜，以測南征的吉凶，得到了「革卦」。《周易》中「革卦」的意思就是「湯、武革命，應乎天而順於人」的意思。孝文帝覺得對遷都大業非常有利，就對大臣說：「這卦不錯呀，就這麼定了，出兵征齊。」

文武百官不敢觸動輿頭，只有任城王拓跋澄出聲反對。孝文帝生氣了，怒喝說：「國家是我的國家，你

玻璃瓶　北魏

任城王還想違逆我的意思嗎？」拓跋澄相當固執，反駁說：「國家是陛下的國家，但我也是國家的大臣，我不能看到國家有危險而閉口不言。」孝文帝見拓跋澄理直氣壯，有點氣餒，就低聲說：「大家都說說自己的想法，不同意見很正常。」

散朝之後，孝文帝獨自召見了拓跋澄，微笑著安慰這位諍臣說：「朝堂上我之所以聲色俱厲，就是怕大臣群起發言，破壞了遷都計畫，所以故意出聲恫嚇。我們拓跋鮮卑興起於塞外，當時以險要的平城為都城，是為了戰爭的需要。現在國家百廢俱興，正是需要文治的時候，因此遷都洛陽，你意下如何呢？」

拓跋澄聽孝文帝說出原委，就坦率說：「陛下的遷都計畫正確，洛陽是西周和東漢的都城，是經略天下的地方，臣全力支持。」

孝文帝很高興，又問：「但大臣都是北方人，恐怕會阻撓遷都計畫。」拓跋澄回答說：「非常之事，本來就不是一般人想得到的，這種大事需要陛下乾綱獨斷。」孝文帝得到拓跋澄支持，高興說：「任城王，你真是我的張良啊！」

同年八月，孝文帝拜祭了馮太后的陵墓，便帶著文武百官和百萬大軍從平城出發，南征蕭齊。行至洛陽的時候，天降大雨，道路泥濘，士兵困苦不堪。大臣紛紛來到孝文帝馬前，請求停止南征。孝文帝故意顯得非常生氣，呵斥大臣說：「我剛剛想平定天下，你們就來阻擋，小心我的斧鉞無情。」

之後孝文帝便想策馬而出，安定王拓跋休和尚書李沖等人哭著跪在馬前，冒死進諫。孝文帝見是時候，就說：「百萬大軍南下，總不能就這麼算了吧，不如就遷都洛陽吧！」

可是孝文帝還沒說完，拓跋休等幾個大臣就表示反對。南安王拓跋楨急忙調停說：「從來成大功的人都是果敢決定。陛下如果能停止南征，遷

歷史詞典

酈道元和《水經注》

酈道元（四七二～五二七年），字善長，北魏范陽（今河北涿縣）人。從少年時代起，博覽群書，四處旅行，足跡遍及相當於今河南、山東、山西、河北等地，積累了豐富的地理知識和地理資料。

三國時的桑欽曾寫《水經》一書，記載當時主要的一百三十七條水道，共一萬多字。酈道元以這部著作涉及的地域遼闊，就決心為《水經》作注。最終，酈道元在一萬多字的原著基礎上，寫成了一部共有四十卷、三十萬字的鴻篇巨著，所記載的河流達到了一千二百五十二條。所以此書名為註釋《水經》，實際上是在《水經》基礎上的再創作。

《水經注》一書除了水文地理以外，全書對沙漠、山脈、丘陵、火山、溫泉、喀斯特地貌、溶洞、峽谷等等自然地理情況，也有豐富的記載，內容顯得格外的生動、細緻，皆是作者親臨觀察之所得。

此外，《水經注》中還記載了古代冶煉業、煮鹽業、農業等經濟地理方面的情況，以及大量農田水利建設方面的資料，相當於北魏以前中國古代地理的總結，是代表六世紀初中國最系統、最全面的綜合性地理著作。

彩繪石雕立佛像
北魏
佛像為青石雕像，高一百二十六公分，山東青州龍興寺窖藏出土。佛為立姿，但雙手已殘損。造像豐腴合體，面相圓潤，嘴角微上翹，滿含笑意，令人感到慈祥親切。頭光圓形，中心是蓮花。通身舟形背光，中間是二飛天捧香爐，兩側又各有二供養飛天，體姿靈動。

都洛陽，這是臣等渴望的事情。」拓跋氏的王公貴冑雖然不願意遷都洛陽，可是更怕打仗，也就只好同意了遷都洛陽的決定。

⊙改風易俗

遷都洛陽後，大批鮮卑人拖家帶眷來到洛陽。可是這些鮮卑人仍然穿著傳統服飾，說著鮮卑話，過著游牧生活，無法適應遷都後的生活。為了穩定局面，孝文帝在遷都後立刻決定改革風俗，全面推行漢化政策。孝文帝下詔，規定鮮卑人和其他少數民族一律改穿漢人服飾，文武百官也換穿漢族官吏的朝服。

太和十九年（四九五年），孝文帝又下詔禁止使用胡語，一律改說漢話。所有遷到洛陽的鮮卑人，死後全部葬在河南，不得再遷回平城。於是，遷到洛陽居住的鮮卑人開始經營土地，向漢族學習耕種技術，北魏政權下的鮮卑人和漢人在文化、生產和風俗上日益融合。

⊙提拔門閥

太和二十年（四九六年），野心勃勃的孝文帝為了加快漢化過程，又下達了改名的詔令，命令鮮卑王公貴族將鮮卑複雜的姓氏改為單音的漢姓，皇族拓跋氏改姓為元氏。改名令一下，鮮卑人紛紛摒棄了原來艱澀難懂的部族姓氏，改為和漢人相同的姓氏。

為了恢復魏晉時期的門閥制度，孝文帝特意在鮮卑貴族和漢族官吏中劃分姓的高低。在規定姓氏的過程中，孝文帝以功勞大小和官職高低作為評判原則，把姓氏分為甲、乙、丙、丁四個級別，將各州的漢人姓氏分為四海大姓、郡姓、州姓、縣姓，使中原的門第等級觀念發生了巨大的變動。

⊙平定叛亂

孝文帝的改革初步有了不錯的局面，一場叛亂風潮就在鮮卑貴族的策動下爆發了。孝文帝的兒子元恂平時就討厭漢人的儒家課本，而且體態肥胖，討厭炎熱的洛陽，就趁著孝文帝出巡的機會，殺死大臣高道悅，盜取了宮中御馬，準備逃回平城，卻被洛陽城中的禁軍抓獲。

第二天清晨，尚書陸琇派人報告了孝文帝。孝文帝聞訊大怒，率領禁軍星夜返回。回到洛陽後，孝文帝立刻召見元恂。氣憤的孝文帝，先是列舉罪行，命令咸陽王元禧打了元恂一百多杖，然後宣布把元恂廢為庶人，發配河陽無鼻城。

就在元恂被廢的同時，北魏的桓州（州治所就在平城）刺史穆泰、定州刺史陸叡勾結駐守平城的鮮卑貴族，準備占據桓、定二州謀反。孝文帝得知，派臥病在床的任城王元澄帶軍平亂。元澄先派人悄悄入城離間，再以大軍圍城，叛軍頓時土崩瓦解，穆泰和陸叡被俘，迅速鎮壓了軍事叛亂。

太和二十三年（四九九年）三月，正率領大軍南征蕭齊的孝文帝身染重病，被迫退軍返回洛陽。行至古塘原時，孝文帝怕熬不到洛陽，就下詔命北海王元祥、鎮南將軍王肅等六人共同輔政。

孝文帝在病榻前對六位大臣說：「我原想遷都洛陽，再帶領你們掃平南方。可是重病纏身，恐怕要離開了。希望你們好好輔佐太子，興旺北魏，大家盡力吧！」

四月一日，北魏少有的明君孝文帝病死於古塘原行宮，年僅三十三歲。

九色鹿本生壁畫

北魏壁畫，位於敦煌第二五七窟西壁中層，全圖縱九十六公分，橫三百八十五公分。此畫取材於佛經故事，九色鹿從恆河中救起一溺水者，溺人向鹿保證不露其行止。王后夜夢九色鹿，欲得其皮作褥，得其角為飾，國王懸重賞求鹿。溺人背信告密，引國王捕殺九色鹿。鹿見國王，慷慨陳詞，訴說溺人忘恩負義。國王深為感動，下令保護九色鹿。本圖為國王與鹿對話的情景。

亂魏梟雄爾朱榮

●時間：西元四九三～五三○年
●人物：爾朱榮

爾朱榮是北魏契胡族的酋長，北魏後期因為鎮壓邊鎮亂事有功而執掌中央政權。可是爾朱榮發動的「河陰之變」使北魏政權更加混亂，加速了北魏政權的瓦解。

爾朱榮（四九三～五三○年），字天寶，北秀容（山西朔州南）人，契胡族酋長。祖先居住在爾朱川（今山西西北部流經神池、五寨、保德三縣的朱家川）附近，因此以爾朱為姓氏。鮮卑拓跋氏立國之初，爾朱氏就是拓跋氏的忠實部下，隨著拓跋氏南征北戰，立下了赫赫戰功。

北魏孝明帝時，爾朱榮承襲父親爾朱新興爵位。按照《魏書‧爾朱榮傳》的記載，後來大殺北魏皇室重臣兩千多人，把北魏孝莊帝逼得鋌而走險的一代梟雄爾朱榮，不但不是那種黑臉長髯的凶煞模樣，反而是「潔白，美容貌」，一副標準的英俊小生模樣。

少年酋長一繼承爵位，就帶領著爾朱氏的四千騎兵北逐柔然可汗，平定南秀容萬子乞真的叛變，鎮壓秀容郡乞扶莫于，鐵騎所向，簡直是戰無不勝。爾朱榮的官職也從平北將軍升到安北將軍，再到鎮北將軍。到北魏鮮于修禮起兵的時候，爾朱榮已經成為北魏都督并、肆、汾、廣、恆、雲六州軍事的一方諸侯了。

陶馬俑 北朝

這匹馬高大威武，低首長嘶，整裝待發。應是儀仗行列的組成部分。

⊙河陰之變

在平定叛亂的過程中，爾朱榮發現了不少軍事人才，北魏後期的軍事三巨頭——高歡、宇文泰、侯景都是爾朱榮提拔的將領。

隨著軍事力量的日益壯大，爾朱氏集團的野心也逐漸膨脹，爾朱榮開始尋求一個介入北魏中央政權的契機。當時十九歲的北魏孝明帝不滿母親胡太后專權，以密旨調爾朱榮率軍勤王。爾朱榮立刻整兵備馬，準備直取洛陽。可是胡太后搶先毒死了孝明帝，另立三歲的臨洮王世子元釗為皇帝。爾朱榮於是與北魏宗室大將元天穆商議出兵事宜，並上書指責胡太后禍亂宮闈，作為出兵的藉口。

北魏武泰元年（五二八年）三月，爾朱榮率領大軍渡過黃河，直奔洛陽。大軍經過河內（今河南沁陽）的時候，爾朱榮擁立長樂王元子攸為帝，即北魏孝莊帝。

當大軍兵臨洛陽城下時，與元子攸關係不錯的大臣鄭季明打開城門放爾朱榮進入。入城之後，爾朱榮先以「祭天」為名，把北魏的王公大臣聚集到淘渚（今河南孟縣）縱兵屠殺，將兩千多名北魏官員全部虐殺。隨後，爾朱榮又把已經削髮為尼的胡太后和三歲的元釗送到河陰（今河南孟津東），投進黃河淹死。

河陰之變是一場正式的軍事政變，跟隨北魏孝文帝遷都洛陽的鮮卑貴族和出仕北魏的漢族名門屠殺一空，北魏政權牢牢掌握在爾朱榮手中。

⊙挽狂瀾於既倒

控制了洛陽的軍政大權後，爾朱榮安置親信和兄弟到顯赫的位置，然後帶領大軍返回晉陽（今屬山西）。

這時北方葛榮的亂軍迅速蔓延，軍隊已經達到百萬，兵鋒直指洛陽城。身經百戰的爾朱榮無視兵力的懸殊對比，只挑選了七千精銳騎兵趕赴河北。葛榮聽說幾千人前來作戰，隨意命令部下準備繩子，等著捆綁即將到來的爾朱榮。

爾朱榮率部隊趕到後，並沒有立即作戰，把部分騎兵隱藏在山谷中，又以三人為一組，幾百組騎兵四處奔跑，製造出數萬大軍到來的假像。

歷史詞典

雲崗石窟開鑿

北魏和平元年（四六〇年）起，沙門統曇曜經北魏文成帝同意，在平城（今山西大同）西面的武州塞（即雲崗）開鑿石窟。曇曜共開鑿五窟，後世稱為「曇曜五窟」。

曇曜力主開窟造像，除了為皇室祈福、親近君主之外，另一個主要目的，是為了駁斥「胡本無佛」的言論，而宣傳佛教淵源久遠，從而將教權的利益和王權的利益緊緊相聯。

北魏孝文帝的祖母太皇太后馮氏篤信佛法，將佞佛風氣吹遍全國。從此，雲崗石窟再也不限於皇室開鑿，一般的官吏、僧尼、地主，皆可出資營建，雲崗石窟成為北魏都城附近佛教徒的重要宗教活動場所。

雲崗石窟前後共開鑿了三十年，共有大小石窟四十五個，大小窟龕二百五十二個，石雕塑像五萬一千餘尊，是中國最大的石窟群之一，也是中國雕刻藝術的瑰寶，中外藝術家稱為「東方的古羅馬石雕」。

雲崗石窟中最大的佛像是第五窟之中三世佛的中央坐像。佛像高十七公尺，雕塑採用了中原文化傳統的表現手法，但佛像的臉部卻有著西域佛教文化的特徵，如唇薄眼大、額寬鼻高等。

雲崗石窟中最有代表性的是第六窟，此窟規模盛大，雕刻華麗，技法精湛。窟的平面近似方形，中央是一個連接窟頂的兩層方形塔柱。每層四周都雕有佛、菩薩、羅漢、飛天等形象。在中心塔柱下部雕有佛本生故事，生動再現了佛祖釋迦牟尼從誕生到成佛的歷程。

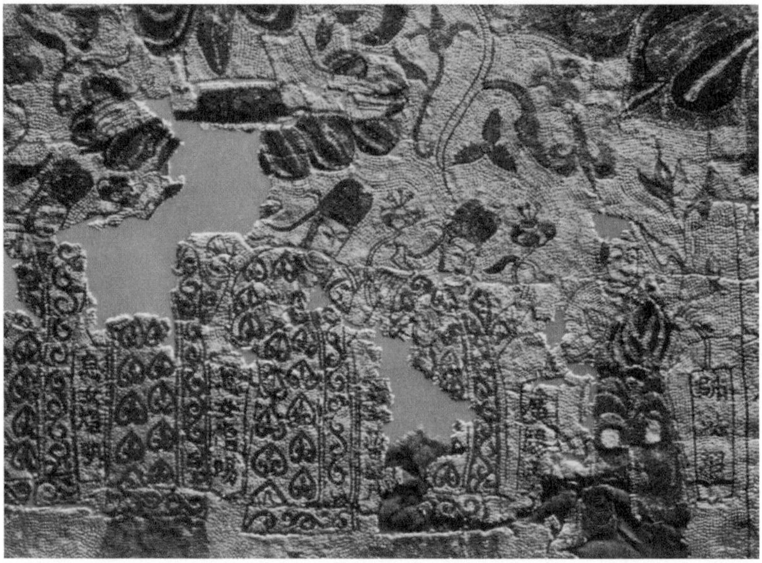

刺繡佛像供養人（局部）
北魏
刺繡殘長四十九．四公分、寬二十九．五厘，發現於敦煌莫高窟第一二五窟和一二六窟間縫處。保留下來的主要是佛像下的供養人像，由右向左排列，共有四女一男，身著繡有圖案的長衣，身前有人名榜題。為目前發現年代最早的滿地繡佛像。

就在葛榮還在根據飛揚的塵土判斷敵軍數量的時候，爾朱榮已經突然從背後攻擊。一場惡戰，百萬大軍土崩瓦解，愚蠢的葛榮也成了階下囚。

作戰的同時，梁朝的名將陳慶之也護送著投靠梁朝的北魏北海王元顥北伐洛陽。在十多個月的戰鬥裡，北魏的幾十萬大軍被陳慶之的白袍騎兵隊打得丟盔卸甲，北魏孝莊帝被迫放棄洛陽，逃到了長子城（今屬山西）。

鞍馬勞頓的爾朱榮只好率領部隊南下，與陳慶之作戰。三天內雙方激戰十一場，爾朱榮倚賴的契胡族騎兵傷亡慘重，爾朱榮一度打算率軍北撤，幸虧爾朱榮的部下楊侃和高道穆等人堅決阻止。爾朱榮思前想後，終於決定先發制人，派兵搶渡黃河，主動進攻。

這時情勢大變，先是元顥的部隊被魏軍擊潰，然後陳慶之的騎兵隊又遭遇了山洪的襲擊，全軍覆滅。爾朱榮憑藉著最後的堅持和上天的幫忙，再次挽救了北魏的危局。

⊙驕橫跋扈，不得善終

爾朱榮接連平定葛榮，擊退陳慶之，率領大軍回到大本營晉陽，這時爾朱榮也許在史書上還能掙個「中興名臣」的聲譽。可是這位邊鎮胡族的酋長，征戰四方的武將，根本沒有「忠君愛國」的觀念，不斷挑釁皇帝的權威，甚至連縣令的任命權都不放過。

一次爾朱榮上奏孝莊帝，要求任用北方人為河南諸州刺史，孝莊帝予以拒絕。爾朱榮就派親信元天穆特地從晉陽趕往洛陽，威脅孝莊帝說：「天柱大將軍（爾朱榮）對國家有天大的功勞，只要他發令，所有的官職都應該任用北方人，你同意就是！」

孝莊帝面不改色回答道：「天柱將軍要是不願盡人臣之禮，那皇位就給他吧！如果他還認為是我北魏的大臣，就沒有自行決定天下百官的道理。」

爾朱榮知道孝莊帝的回答後，怒火中燒，大罵道：「他的皇位還不是我奪來的，竟然敢不聽我的話？」

爾朱榮的女兒是孝莊帝的皇后，這位爾朱皇后不但不緩和衝突，反而說：「你這個皇帝是我爾朱家確立的，但現在是怎麼待我的？要是我爹當年自己稱帝，我今天根本不用受這些氣。」

方格獸紋錦　北朝

紋錦長十八公分、寬十三．五公分，出土於新疆吐魯番阿斯塔那第九十九號墓。紋錦上繡有獅、牛、象等圖案，是研究古代織錦的重要標本之一。

陶武士俑　北魏

受氣的孝莊帝是忍無可忍，便與城陽王元徽、侍中李彧商議除掉爾朱榮。

北魏永安三年（五三〇年），爾朱榮以探視懷孕的爾朱皇后為名，帶領幾千人的衛隊來到洛陽。孝莊帝見機不可失，以爾朱皇后生下皇子為藉口，騙爾朱榮進皇宮。興高采烈的爾朱榮還沒看到想像中的外孫，就被孝莊帝的伏兵砍死，年僅三十八歲。得知爾朱榮被殺，姪子爾朱兆、堂弟爾朱世隆帶領爾朱氏部隊攻入了洛陽城，把孝莊帝抓回晉陽吊死。

三年之後，爾朱榮手下大將高歡起兵消滅了爾朱氏，爾朱家族終於走到了歷史的盡頭。

高歡起兵

●時間：西元五三一年
●人物：高歡

高歡原本是北魏權臣爾朱榮的大將。爾朱榮死後，高歡起兵擊敗了爾朱氏軍事集團，掌握了北魏政權。北魏分裂為東魏和西魏後，高歡成為東魏的大丞相，掌控東魏政權。

⊙起兵從軍，受封晉州

高歡（四九六～五四七年），字賀六渾，渤海蓨縣（今河北景縣東）人。祖上也曾經顯赫一時，六世祖曾做過西晉的玄菟（今遼寧東部）太守，三世祖高湖歸降北魏有功，太武帝拓跋珪封為右將軍。到了祖父高謐的時候，受到案件牽連，全家發配到懷朔鎮（今內蒙古固陽南）。從小在邊鎮和鮮卑人雜居，所以高歡已經算是個鮮卑化了的漢人。

當北方爆發了葛榮之亂，史書評為「深沉有大度，輕財重士」的高歡利用機會，帶著一千朋友投奔了葛榮。可是高歡發現葛榮不能成大事，便脫離葛榮投奔契胡族酋長爾朱榮。也許是高歡能降服烈馬，也許高歡恭維爾朱榮「以明公雄武，霸業可舉鞭而成」，不久就升為爾朱榮的衛隊長，後來鎮壓葛榮有功，封為晉州（今山西臨汾）刺史。

⊙韜光養晦，掌控六鎮

北魏永安三年（五三〇年），爾朱榮被不堪忍受的北魏孝莊帝殺死。爾朱榮姪子爾朱兆、堂弟爾朱世隆攻進洛陽城，吊死了孝莊帝，北魏亂成一團。

當時葛榮餘部二十多萬人進入北魏并州、肆州一帶，餘眾前後發動了二十六次戰事。掌管軍權的爾朱兆非常煩惱，問高歡如何處理，高歡說：「這些人無法盡除，不如派信賴的將領管理。」

爾朱兆又問何人合適？一旁的將領賀拔允指向高歡。高歡假意生氣，回頭一拳，把賀拔允的門牙打掉了，接著又高聲怒斥賀拔允：「天下是爾朱家的天下，這種大事當然是大王（爾朱兆）決定。」

爾朱兆受到高歡尊重，就任命高歡統率葛榮餘部。這個愚蠢的決定，導致了爾朱氏的滅亡。

⊙爾朱氏的末日

北魏普泰元年（五三一年），高歡已經在山東站穩了腳跟，就準備和

玉闢邪　南北朝

爾朱氏決裂了。為了鼓動部下的士氣，高歡偽造了爾朱兆的命令，宣稱要徵發高歡的將士出征，完事後還要把將士分給契胡貴族當部曲。部曲是帶有軍事關係的依附農民，沒有基本的自由。六鎮將士既對未來感到悲傷，便仇恨下命令的爾朱兆。

將士出征的當天，高歡流著眼淚演講說：「我和大家同樣遠離家鄉，今天上級下達了這種無理的命令，大家要就戰死沙場，若是延誤軍期處死，或是作為部曲被鞭子抽死，以後要怎麼辦？」將士齊聲高呼：「反了吧，反了吧，將軍帶我們反了吧！」

當年六月高歡在信都（今河北冀縣）起兵，公開反對爾朱氏。一年之後，高歡在韓陵（今河南安陽東北）以三萬步兵擊潰了爾朱氏的二十萬聯軍，爾朱兆上吊自殺，高歡開始掌握北魏政權。

騎馬武士俑　北魏

恆山懸空寺

宇文泰的崛起

●時間：西元五〇七～五五六年
●人物：宇文泰

宇文泰本來是北魏關中大行臺賀拔岳的部下，後來賀拔岳被高歡和秦州刺史侯莫陳悅害死，宇文泰就繼承了賀拔岳的勢力，成為可以和高歡抗衡的一方統帥。

⊙草莽出身

宇文泰（五〇七～五五六年），宇黑獺，代郡武川（今屬內蒙古自治區）人。出身在北魏一個下級武官家庭，史書記載「少有大度，不事家人生業，輕財好施」。當時正值北方六鎮士兵起事，父親宇文肱帶著兒子參加了。亂事平定，宇文肱戰死，宇文泰被爾朱榮收編，後來因為戰功封為關西大行臺賀拔岳的左丞，成為賀拔岳的左右手。

北魏太昌元年（五三二年），高歡將北魏孝文帝的孫子元修立為皇帝，即孝武帝，高歡自居北魏大丞相。不久後，高歡就和爾朱榮一樣專橫跋扈，孝武帝為了對抗高歡，便大力提拔手握重兵的賀拔岳，希望制衡高歡勢力。高歡知道後，就用高官厚祿收買了賀拔岳的秦州刺史侯莫陳悅，把賀拔岳騙到侯莫陳悅營中加以殺害。

⊙為主報仇

宇文泰知道賀拔岳遇害後，立刻率領輕騎趕往賀拔岳軍隊的駐地平涼（今屬甘肅）。

當宇文泰到安定（今甘肅涇川北）時，遇到高歡派來招撫賀拔岳部眾的侯景。宇文泰大聲怒喝說：「賀拔公雖然死了，我宇文泰還活著，你來想做甚麼？」已是著名悍將的侯景嚇得臉色大變，顫抖回答說：「我不過是一支箭罷了，主人把我射到哪裡我就到哪裡了，來這裡不是我自己的主意。」說完，侯景就跑回洛陽覆命。

宇文泰趕到平涼後，跪在賀拔岳墳前痛哭，部屬看到宇文泰有情有義，便推舉宇文泰為統帥，要求宇文泰帶領部隊向侯莫陳悅報仇。

宇文泰先寫信給侯莫陳悅，責備

諸天神像壁畫　北魏

此壁畫作於西魏大統四至五年（五三八～五三九年），位於敦煌市莫高窟第二八五窟內西壁正龕南側。此圖上繪毗瑟紐天，又名那羅延天，三頭六臂，手障日月，持輪、貝及各種法器，下為二力士。

侯莫陳悅忘恩負義，表示將率大軍為賀拔岳報仇。書信送出後，宇文泰率領大軍冒著漫天風雪，從小路出發，向侯莫陳悅的據點隴西進發。疏於防備的侯莫陳悅先是丟了略陽（今甘肅清水北），再丟上邽（今甘肅天水）城，最後被迫在荒山中上吊自殺，宇文泰總算為賀拔岳報了大仇。

⊙兩魏並立

宇文泰逼殺了侯莫陳悅後，聽從謀臣于謹「占據關中，等待時機，挾天子以令諸侯」的建議，逐步鞏固了在關中的勢力。

高歡這時也知道，宇文泰已經實力雄厚，只可結為盟友。於是，派使者帶著金銀珠寶和書信前去祝賀。宇文泰不但拒收禮物，並把書信密封，派濟北都督張軌交給孝武帝以示忠誠。

張軌到達洛陽後，先拜見孝武帝的寵臣斛律椿。斛律椿問張軌：「宇文泰和賀拔岳相比誰利害？」張軌斬釘截鐵回答說：「宇文公文足以經國，武足以平亂。」

孝武帝知道後，覺得宇文泰忠誠，足以依靠，就加封宇文泰為驃騎大將軍、開府儀同三司、關西大都督。北魏永熙三年（五三四年），孝武帝逃出了洛陽，投奔宇文泰，並封宇文泰為大將軍兼尚書令。

⊙毒殺孝武帝

孝武帝拱手讓出朝廷大權，可是極度貪戀女色，寵愛三個堂妹，納入內宮，全部封為公主。宇文泰雖然也是鮮卑人，可是也看不慣這種行為，就找個理由把其中的平原公主殺了。因此觸怒了孝武帝，這個名義上的皇帝拍著桌子大罵宇文泰，完全忘了自己不過是個傀儡皇帝。宇文泰於是在酒中下毒，鴆殺了孝武帝。

後來，宇文泰改立二十五歲的南陽王元寶炬為帝，是為文帝。此後，宇文泰掌權的西魏和高歡掌權的東魏征戰連年，整個北方陷入了無盡的戰火之中。

五百強盜成佛壁畫　北魏

壁畫取自佛經故事：憍薩羅國有五百強盜作亂，被國王大軍征剿所俘，遭受酷刑，挖去雙眼，放逐山林。佛以神通力使強盜眼睛復明。強盜皈依佛法，剃髮出家，隱居山林，最後成佛。此圖為官兵與強盜作戰的場面。

兩魏五戰

●時間：西元五三六～五四六年
●人物：宇文泰　高歡

東西魏並立之後，宇文泰集團和高歡集團之間爆發了五次大規模的戰役。儘管東魏的高歡也是一代名將，而且東魏的兵力和人口都占有絕對的優勢，可是東魏卻沒有贏過西魏宇文泰，反而讓東魏國力大損，為日後北齊的滅亡埋下了禍根。

北魏永熙三年（五三四年），北魏分裂為東魏和西魏，兩魏正式並立。東魏的高歡集團在軍事、經濟、人口方面處於絕對優勢，高歡準備以泰山壓頂之勢消滅宇文泰，統一北方。

東魏天平三年（五三六年），高歡親自帶領一萬騎兵突襲西魏的夏州（今內蒙古烏審旗南），俘虜了西魏夏州刺史斛拔俄彌突。幾個月後，高歡又派大軍接應西魏令州刺史曹泥、涼州刺史劉豐叛逃到東魏。兩次局部衝突高歡都獲得勝利，共掠獲了西魏一萬多戶，堅定了高歡的信心，兩魏之間的大戰即將開始。

⊙小關之戰

西魏大統二年（五三六年），西魏宇文泰占據的關中地區發生了大面積的旱災，按照《資治通鑑》的記載是「人相食，死者什七八」。高歡趁機派將軍竇泰率領右路軍攻取潼關，司徒曹昂率領左路軍進攻藍田，而高歡則率領大軍直撲蒲阪，在黃河之上建起了三座浮橋，做出搶渡黃河的姿態。

宇文泰一眼就看穿了高歡聲東擊西的把戲，對部下說：「高歡搭浮橋不過是個幌子，是想牽制我方主力，讓竇泰能夠長驅直入罷了。竇泰一直都是高歡的先鋒，此人贏了不少陣仗，現在驕橫跋扈，如果我們突然進攻竇泰，必然可以獲得全勝。竇泰敗了，高歡也就不戰而退了。」

小關之戰果然像宇文泰所預料，當宇文泰帶領西魏精騎悄悄殺出小關，突襲竇泰大營，竇泰和騎兵還在呼呼大睡。竇泰全軍覆滅，竇泰也無顏再見高歡，歸途中上吊自殺。

當時東魏大軍在黃河的浮橋尚未

延興五年釋迦牟尼像　北魏
佛像通高三十五．二公分，河北滿城孟村出土。佛像背刻銘文：「延興五年四月五日張□□為佛造釋迦門佛壹軀」。

延伸知識

宇文泰創建府兵制

西魏大統九年（五四三年），宇文泰正式創建府兵制。大統八年（五四二年），宇文泰創置六軍，按相傳的周制，每軍一萬二千五百人。當時兵源為關隴豪右的親黨和鄉人，軍隊統帥由大小豪右充當。實質上，這是由氏族血緣關係組成的地方軍隊，即最早的「府兵」。

魏初設有「柱國大將軍」的官職，位高權重，在西魏大統十六年（五五〇年）前只授予了八個人，分別是：宇文泰（李世民外曾祖父）、元欣、李虎（李淵祖父）、李弼、于謹、獨孤信（楊堅岳父，李淵外祖父）、趙貴、侯莫陳崇，號稱「八柱國家」。八人中以宇文泰權勢最重，監督各軍，總攬兵權。元欣是宗室，不過掛個空名，處理政事並無實權。其餘六個柱國大將軍分統六軍，每人各統兩個大將軍，六軍中共有十二個大將軍，每個大將軍又各統兩個開府將軍，共二十四個開府將軍，而每個開府將軍各領一個軍，實際上有二十四支軍隊。

這支新建的府兵到大統十六年（五五〇年）已初具規模。府兵本身的租稅勞役徵調，一切免除。府兵平時務農，農閒時操練。府兵的馬畜糧食，一律由統軍的六個柱國大將軍統籌，另外每府設一個郎將，郎將負責管理徵集、行役、退役等事務。兵士根據户等高下、丁口多寡、財力強弱選拔，户籍屬於軍府，不屬於郡縣。府兵制的出現打破了胡漢分界線，增強了民族融合。

此外，這八位柱國大將軍和後人竟開創了西魏、北周、隋、唐四個王朝，達到了門閥政治的高峰。

建好，而黃河結冰尚薄，人馬無法踏冰過河，無奈的高歡只好退回鄴城。西魏大軍趁機千里追殺，幸虧高歡將領薛孤延殿後死戰，連著砍斷了十五把戰刀，才保護高歡安全撤回了東魏。

另一路東魏軍在大將高昂的帶領下，一路猛進到了西魏的上洛城下。城中的西魏軍萬箭齊發，第一線的高昂身中三箭，箭箭射中要害，高昂幾乎死去。高昂甦醒後，不顧兒子反對，毅然穿戴盔甲騎上戰馬，圍著上洛城往返巡遊。東魏軍看到主將如此勇猛，也拚死效力，很快就攻下了上洛城。

這時傳來了高歡、竇泰兩路大軍敗退的消息，部將勸高昂孤身逃跑，而高昂則惦記將士，嚴詞拒絕，帶著將士歷經苦戰，全軍退回東魏。至此，兩魏之間的第一次交鋒以西魏勝利結束。

鎮墓陶俑　北魏

這兩座陶俑是模擬武士的形象塑造而成的。陶俑身穿盔甲，面目猙獰，雙手作驅鬼狀。

⊙沙苑之戰

東魏天平四年（五三七年）九月，經過一年休整的高歡決定報小關之仇，命高昂帶領三萬大軍，把宇文泰和不到一萬的西魏軍包圍在恆農（今河南靈寶北），然後高歡親自率領二十萬大軍，從蒲津（今山西永濟西）向西，渡過黃河和洛水，準備向長安

柱礎　北魏

石質。上部為鼓狀覆盆形，下部為方座，方座四角之上各雕一圓雕伎樂童子，分別作擊鼓、吹篳篥、彈琵琶、舞蹈狀。中心柱孔周圍刻兩圈翻瓣蓮花紋，蓮花紋下部四周為高浮雕穿越山雲間的蟠龍。方座四面盤繞忍冬紋浮雕，忍冬紋結構作二方連續，中間置以舞蹈伎樂童子，使規則圖案富於變化。整個柱礎雕刻精細，形象生動，高浮雕淺浮雕兩種手法間用，造型方圓結合，在各種變化中顯現出生命的節奏。

進軍。

宇文泰帶著一萬多飢寒交迫的士兵，好不容易從恆農突圍而出，又遇到了高歡的主力。宇文泰不等各州增援到齊，就準備突襲高歡，可是眾將害怕東魏軍勢大，勸說宇文泰等候援軍。

宇文泰沒有責怪部下，反而細心解釋說：「如果高歡進攻的消息傳開，連長安都會人心浮動，我們就危險了。不如趁高歡立足未穩，全力出擊，絕對能夠打敗。」

隨後宇文泰命令將士只帶三天口糧，渡過渭水，和高歡大軍在沙苑相持。宇文泰部將李弼進言說敵眾我寡，不能在平原交戰，建議把戰場設在離沙苑十里、渭河河曲的沼澤地。宇文泰同意，把大軍埋伏在沼澤地中。

決戰開始，東魏士兵見西魏軍少，就爭先搶攻，陣形於是大亂。兩軍接觸，宇文泰搶過鼓槌，親自擂鼓助威，西魏將士猛烈衝擊，李弼等將領率領鐵騎把東魏軍一分為二，分別攻擊。李弼的弟弟李標身軀瘦小，利用嫻熟馬術不斷衝擊東魏軍陣，殺得東魏軍紛紛避開。而東魏的大將彭樂也同樣剽悍，被西魏士兵的長矛刺中腹部，腸子跑了出來，彭樂把腸子往肚裡一塞，繼續作戰。

看到陣形散了，高歡就命令將領張華拿著點名冊點兵，整頓陣形再戰宇文泰。可是場面混亂，士兵無暇答應點名。

東魏阜城侯斛律金就勸高歡說：「軍心喚散，沒人應答，還是退回河東吧！」高歡打算等待戰局的變化，端坐馬上不動，斛律金知道不能再勸了，對著高歡坐騎就是一鞭，才讓高歡避免了被俘虜的命運。

沙苑之戰東魏損失精銳士卒八萬，丟棄盔甲十八萬套，西魏再次獲得全勝。

⊙河橋之戰

沙苑之戰勝利後，西魏軍趁機攻占了洛陽的金墉城。

東魏元象元年（五三八年），高歡得知宇文泰要到洛陽祭拜北魏歷代皇帝，就命令大將侯景和高昂率軍反攻金墉城，高歡率領大軍隨後增援。

宇文泰得到侯景來犯的消息後，親自率領大軍迎擊高歡。將軍李弼再次施展計謀，用戰馬拖著樹枝奔跑，造成大軍來援的假象，不但嚇退了侯景，並斬殺了東魏大將莫多婁貸文。

宇文泰還沒來得及慶祝勝利，侯景就去而復返，北據河橋，南控邙山，和宇文泰展開決戰。戰鬥之中，宇文泰的戰馬被流矢射中，摔在馬下。正好東魏兵已經衝到，西魏都督李穆見逃避不及，就用馬鞭抽打趴在地上的宇文泰，邊打邊罵：「笨蛋東西，你們家主公宇文泰呢，你怎麼躲在這裡了？」東魏士兵以為兩人都是小兵，不值得耽誤，就繼續向前追趕。

李穆看東魏士兵走遠了，連忙拉起宇文泰，把戰馬讓給宇文泰，一起逃命。正在危急關頭，西魏援軍趕到，宇文泰趁機率軍反攻，又打敗侯景，西魏於是追擊東魏士兵。

東魏大將高昂單槍匹馬逃到了河陽城下，可是守將高永樂和高昂有仇，不肯放高昂進城。高昂知道難以倖免，回頭含恨對追來的西魏士兵說：「來！與汝開國公。」意思是來吧，我的腦袋和功名利祿都給你了。

後來高歡知道這件事，痛哭流涕，如同失去了肝膽，不但把堂叔高永樂打了兩百杖，並追封高昂為太尉、太師、大司馬。

河橋一戰，東魏先勝後敗，加上折損了大將高昂，可以說是得不償失。

鎏金銅釋迦像　北魏

釋迦趺坐在須彌座上，作說法狀，耳廓大而下垂，有北魏時期佛像的明顯特徵。

⊙邙山之戰

東魏武定元年（五四三年）二月，東魏北豫州刺史高仲密以虎牢關投降西魏，東魏與西魏又發生了慘烈

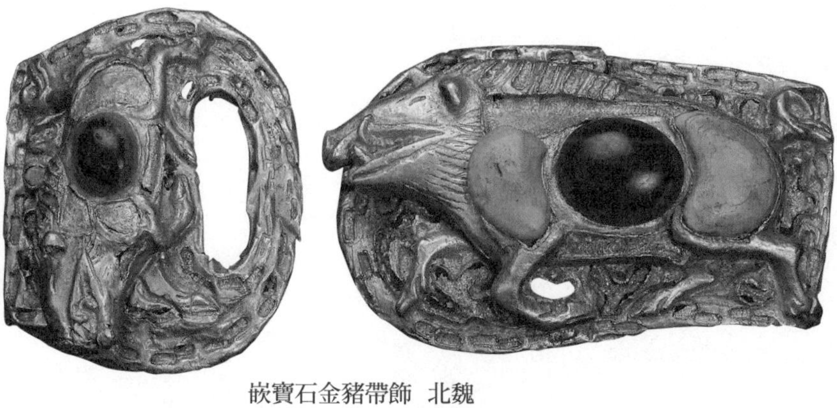

嵌寶石金豬帶飾　北魏

帶飾長十・八公分，寬五～五・六公分。以嵌寶石的半浮雕金豬作主體圖案。金豬形象生動逼真，紋飾精美。

銅牛車　北朝

這套牛車由牛、軛、長轅雙輪車廂組合而成。拉車的黃牛身軀壯碩，頭上套有絡具，頸上有軛，軛兩側各有半圓形環扣接車轅。車廂作長方形，後開門，前廂板上鑄出直欞窗格。廂頂覆篷蓋，前後出簷於車廂。雙輪作圓形十六輻。此式銅牛車，目前發現僅此一例。

的邙山之戰。

高仲密投敵的原因有點啼笑皆非，原來是高歡的兒子高澄想奪取高仲密的妻子李氏，李氏告訴高仲密。奪妻之恨讓高仲密怒火中燒，這位刺史大人一怒之下就抓了高歡派駐北豫州的親信，舉城投降西魏。

高仲密投誠後，宇文泰和高歡都急忙調集人馬向黃河進發，兩軍在邙山展開了激戰。高歡的悍將彭樂帶著幾千騎兵衝進了宇文泰大營，宇文泰大敗而逃，彭樂帶兵緊緊追趕隻身逃命的宇文泰。

宇文泰知道逃不了，就勸說彭樂，把「狡兔死，走狗烹」的道理講了又講，並用丟在軍營中的金銀誘惑彭樂。彭樂拿著金銀回到高歡面前，笑呵呵說：「宇文泰被我打跑了。」

高歡被這個買櫝還珠的粗魯將軍氣得七竅生煙，抓著彭樂的腦袋就往地上撞。彭樂滿臉是血，求高歡再給五千兵馬，再去追趕宇文泰。高歡餘怒未息罵道：「人都跑了，你到哪裡追！」賞了彭樂三千疋絹，讓彭樂養傷。

第二天，宇文泰重整旗鼓，帶領西魏軍反攻。西魏軍大破東魏軍，輪到高歡逃跑，宇文泰率軍追趕。投降西魏的東魏士兵向宇文泰指出高歡逃跑的方向，高歡命令大都督賀拔勝帶

釋迦立像龕　北魏

此像龕承續四川漢代雕刻傳統，雕刻精細，其作風與長江下游一脈相通，瀟灑秀麗。

領三千騎兵追趕高歡。

賀拔勝不久就發現了倉皇逃跑的高歡，揮舞著鐵槊直追幾里，好幾次槊尖都要刺到高歡，賀拔勝大喝：「賀六渾（高歡字賀六渾），看我賀拔破胡（賀拔勝字破胡）取你的狗命！」

幸虧高歡隨從亂箭射死了賀拔勝的戰馬，才讓高歡逃回鄴城。邙山之戰，再次以東魏的失敗告終。

⊙玉壁之戰

東魏武定四年（五四六年），高歡再次率領大軍進攻西魏的玉壁城。這次高歡雖然沒有遇到老對手宇文泰，可是西魏新一代的年輕將領韋孝寬卻讓高歡再次吃足苦頭。

攻城戰開始，高歡在玉壁城外築起土山，想從土山上跳進城內，韋孝寬則加高城牆，始終不讓東魏軍攻進城。

高歡又命人挖地道，準備從地下攻城，韋孝寬則在城裡挖好溝塹，連通東魏軍的地道，在地道口向內燃起大火，東魏軍受到了很大傷亡。

高歡命在長竹竿上綁好麻布，澆上松脂和油，點火後燒玉壁城上的木樓，韋孝寬就把長鉤綁在竹竿上，砍斷東魏士兵的火竿。

來來往往幾個回合，高歡始終不能攻克玉壁城，只好派參軍祖珽進城勸說韋孝寬投降。面對著城外的數十萬大軍和能言善辯的使者，韋孝寬朗聲回答說：「我的玉壁城要兵有兵，要糧有糧，我韋孝寬也是堂堂關西好男兒，決不做投降將軍。」

高歡知道無法勸說韋孝寬，就將書信綁在箭上，射入城中，對城內的百姓許諾說：「能斬城主降者，拜太尉，封開國郡公，賞帛萬疋。」城中守兵送交韋孝寬，韋孝寬在書信背面寫下了「能斬高歡者准此」，意思是，只要殺了高歡的東魏士兵，我西魏也同樣獎賞。

東魏軍苦苦攻打玉壁城五十多天，戰死和病死的士卒達七萬餘人，高歡實在是心力交瘁，只好撤軍。玉壁之戰，再次以西魏的勝利告終。

歷史詞典

賈思勰著成《齊民要術》

約永熙二年至武定二年間（五三三～五四四年），北魏農學家賈思勰著成綜合性農書《齊民要術》。賈思勰，青州（今山東壽平縣）人，生平不詳，曾任高陽太守。《齊民要術》共十卷九十二篇，十一萬多字，內容極為豐富，涉及農、林、牧、副、漁等農業範疇。卷首有〈序〉和〈雜說〉各一篇。〈序〉是全書的總綱，〈雜說〉則被認為是後人所作。該書主要內容有：土壤耕作和農作物栽培管理技術，園藝和植樹技術，包括蔬菜和果樹栽培技術，動物飼養技術和畜牧獸醫，農副產品加工和烹飪技術等。

書中引用了一百多種古代農書和雜著的內容，使《氾勝之書》《四民月令》及《陶朱公養魚經》等一些佚失著作的部分內容得以保存，具有重要的史料價值。

《齊民要術》系統總結了秦漢以來中國黃河流域的農業科學技術知識，取材佈局為後世的農學著作提供了可以遵循的依據。

該書不僅是中國現存最早和最完善的農學名著，也是世界農學史上最早的名著之一，對後世的農業生產有著深遠的影響。

宇文護弒君被誅

●時間：西元五七二年
●人物：宇文護

一個大臣要是被稱為周公，往往就危險了：君主猜疑於上，臣子搆陷於下。我們現在不好說自比周公的宇文護到底想不想當皇帝，但最後被殺卻是真的。

⊙奇怪的登基

武成二年（五六〇年）四月，北周的臣民迎來了一位新君主——文帝宇文泰的兒子，後來被稱為周武帝的宇文邕。宇文邕的登基儀式氣氛有點特別：十八歲的新君不時回過頭來，看著身後的一個大臣，彷彿舉手抬足都要經過同意，而這個大臣也沒有謙讓的意思，神態傲慢。再看其他大臣，沒有歡喜的神情，不像迎接新皇上，倒好像是提前送葬的。

這也難怪。過去短短三年裡，同一個地方，就曾經有兩位皇帝先後舉行登基典禮，但都早已被殺。上面的這位大臣，也率領群臣送了兩次終。

⊙北周建立

這個喜歡送葬的大臣名叫宇文護，是宇文泰的姪兒，早年跟隨宇文泰征伐，屢建戰功。西魏恭帝三年（五五六年），宇文泰病死，繼承人十五歲的三兒子宇文覺還小，於是宇文泰仿照周武王向周公託孤的故事，遺命宇文護掌管國家大政，輔佐宇文覺。

宇文護與宇文覺被看作是周公與周成王，但有點不同：周公是成王的叔叔，宇文護卻是宇文覺的堂兄；成王是周朝的天子，但宇文覺只是太師、大冢宰，上頭還有一位皇帝——西魏的恭帝。

恭帝只是一個名義上的皇帝，雖是北魏繼承人，卻沒有實權，朝中大臣都是宇文泰留下的，所以逼恭帝下臺不會有任何麻煩。

就在宇文泰死的這年十二月的最後一天，宇文護瞪著眼睛握著刀柄，迫使恭帝舉行大典，將皇位禪讓給宇文覺，改國號為周。第二天，也就是新年的第一天，宇文覺即皇帝位，是為周閔帝，宇文護則做了北周的大司馬，封晉國公。

⊙屠戮二帝

宇文護自覺勢大，就開始奪取權力，引起了旁人的不滿。舊日與宇文

「天元皇太后璽」金印　北周
金印呈正方形，以伏臥狀天祿作紐，印面篆書陽文「天元皇太后璽」六字，章法獨特。

青瓷蓮花尊　北朝

北朝晚期青瓷盛器。喇叭形口，平唇，長頸，鼓腹，高圈足。腹上部堆塑一周覆蓮瓣紋。蓮瓣寬大肥厚，尖端微微向外捲曲。腹中模印兩周忍冬花圖紋，下部飾雙層蓮瓣紋，圈足外堆塑蓮瓣紋。整個蓮花尊呈灰白色，光亮瑩潤，造型典雅古樸，精美大方，屬北方瓷窯體系中的精品。

泰並肩的大將趙貴、獨孤信對宇文護不服，想要除掉宇文護。宇文護耳目通天，哪裡瞞得過？趙貴、獨孤信沒來得及動手，就讓宇文護殺了。

可是對宇文護不滿的還大有人在。司會李植等人在宇文泰的時候久居權要，如今宇文護奪占位置，李植這些人聯合了皇帝的寵臣乙弗鳳、張光洛等人，向皇帝告發宇文護惡狀。皇帝宇文覺也知道宇文護跋扈，早晚篡位，便準備除掉宇文護。

宇文護很快查知皇帝的戒心，於是把李植調到外地。宇文覺沒了外援，屢次想把李植召回。

宇文護勸諫皇帝說：「天底下最親的人也不過兄弟，如果兄弟之間都互相猜疑，和旁人又怎麼可能親近呢？太祖（宇文泰）因為陛下年輕，所以將後事託付微臣，臣不論為國為家，都願竭力效股肱之勞。臣平時之所以冒犯了您，只是為了不負太祖的託付，安定國家。希望陛下明白臣的一片苦心，不要被奸人的離間迷惑啊！」說完，宇文護涕泣良久。

但宇文覺不為所動，心如盤石。宇文覺部下乙弗鳳等人見宇文護言語明白，十分恐懼，加緊了密謀活動，計畫召集公卿赴宴，宴席中間殺了宇文護。

乙弗鳳一切計算很好，就是沒算到潛伏已久的奸細——張光洛。張光洛將乙弗鳳等人的謀劃通知宇文護，宇文護立刻命令柱國將軍賀蘭祥、小司馬（總領都城禁軍）尉遲綱等人帶兵入宮，把乙弗鳳一夥一網打盡。

同時，宇文護下令解散了皇帝身邊的宿衛兵，並且宣布將廢昏立明，要宇文覺退位，群臣都說：「這是您的家事，您自己決定吧！」

宇文覺被廢後，囚禁在舊日的王府，宇文護覺得始終是個禍害，一個月後終於殺了他，這時距離宇文覺即位還不到一年。

宇文護沒有當皇帝的野心，自命為大冢宰（宰相），立宇文泰的長子宇文毓為皇帝，就是周明帝。宇文泰的兒子都還不錯，二十多歲的明帝聰明好學，應該可以做好皇帝。宇文護非常後悔，就在武成二年（五六〇年）又將宇文毓毒死。

⊙韜光養晦的宇文邕

宇文護毒死宇文毓後，就把宇文泰的四兒子宇文邕立為新皇帝。宇文邕平時不愛說話，似乎也沒有突出的

彩繪貼金石菩薩
北周

菩薩像高九十四公分，陝西西安出土。整像為白石雕成，青石臺座。菩薩為立姿，高髻束冠，冠中心設化佛。右手上曲執柳枝，左手下垂握淨瓶。身披繞體披帛，佩項飾、瓔珞，下著長裙。赤足踏蓮座，座前兩側各有一蹲獅，下設方臺。

才能，只有十七歲，所以宇文護稍微放心。

可是作為大豪傑宇文泰的兒子，宇文邕並非沒有政治才能，沉默寡言不過是為了麻痺宇文護，伺機報仇罷了。

儘管宇文邕痛恨宇文護，但是不能表露，反而顯得越發謙遜和恭敬，對宇文護優禮有加，下詔說：「大冢宰是朕的兄長，又是首位輔政大臣，從今以後皇家詔誥以及政府公文，都必須避諱，不能直接稱呼他的名字。」

宇文護的母親被北齊俘虜，母子分離三十五年，後來北齊將她放回，宇文護非常孝順。宇文邕就像對待自己母親一樣，貢奉窮極華盛。每逢重大節日，周武帝率領眾多親戚向宇文護的母親行家人之禮，舉杯敬酒，祝她長壽，一直持續到天和二年（五六七年）宇文護的母親去世為止。

宇文護自恃輔助周武帝，功高績大，委任的官吏不得其人，兒子貪婪無厭，僚屬驕縱放肆，成了百姓的禍害。宇文護對戰陣不行，北周在與北齊、突厥的戰爭中多半吃虧，對宇文護的權勢也是嚴重打擊。周武帝宇文邕思考剷除宇文護的時機日漸成熟了，便與弟弟宇文直密謀除掉宇文護。

⊙誅殺宇文護

建德元年（五七二年），韜光養晦了十二年之後，周武帝決定行動。

三月十八日，宇文護從同州返回長安，周武帝在文安殿接見宇文護，說：「太后年事已高，但還是喜歡喝酒，我屢次勸告不聽。兄長今天入朝，請好好勸解。」說著，宇文邕從懷中掏出一篇〈酒誥〉交給宇文護，讓他以此勸說太后，宇文護欣然應允，未起疑心。

宇文護陪同周武帝來到太后居處，寒暄之後，說起太后飲酒過多的事，宇文護掏出〈酒誥〉頌讀，說的都是飲酒過量的害處。〈酒誥〉是一篇古文，不大上口，宇文護專心讀著，怕念錯了。這時，周武帝偷偷繞到身後，舉起玉珽朝腦袋上砸去，宇文護眼前一黑，跌倒在地。周武帝又拔出腰中寶刀，交代旁邊的宦官何泉動手，何泉心慌手顫，連砍幾刀都沒有擊中要害，躲在一旁的宇文直跑了出來，親手殺死宇文護。

　　宇文護死了，周武帝宇文邕從此親掌大權，幾年後親率大軍滅掉北齊，統一中國北方，奠定了隋的統一基礎。

武士陶俑　北朝

金花銀胡瓶　北周

瓶高三十七．五公分，寧夏固原北周柱國大將軍李賢墓出土。胡瓶鴨嘴細頸，上小下大皮囊形腹，單把，束腰圈足高座。胡瓶腹部有三組人物圖像，每組一男一女，三組人物面貌相同，而動作各異，似是一個故事的連續畫面。

暴烈天子高洋

●時間：西元五二九～五五九年
●人物：高洋

具有一定性格氣質的個人，在不同環境中的表現往往令人驚訝，高洋就非常典型。他有才華，有功業，但得意驕縱，不能約束自己，結果在歷史上留下了惡名。

高洋（五二九～五五九年）是北齊的第一個皇帝，父親高歡，為人深沉，富於計謀，善於用人帶兵，是東魏的權臣。高歡雖然當權，但是沒有稱帝，高歡死後，大兒子高澄也一樣，官位只是大將軍。

⊙初露鋒芒

高洋是高歡的二兒子，看起來比不上父親和大哥，但實際不然。高洋長得不好看，也許還有幾分醜陋，高澄嘲笑說：「這個人竟然也能富貴，前代傳下來的看相之法真是讓人莫名其妙！」意思是高洋全靠父親才能混充王爺。高歡也覺得兒子其貌不揚，但當問及高洋對時事的看法時，高洋卻很有見識，能掌握重點。

據說高歡想試探兒子的所謂觀察力、判斷力、想像力、十指協調能力等等，就給每人一團亂絲，測試能力。其他兒子手忙腳亂，拿著絲團不知從哪裡下手。只見高洋抽出腰中寶刀，三兩下把絲團砍成幾段，說：「亂絲需用快刀斬。」高歡連連點頭。

又有一次，高歡撥給每個兒子人馬，分頭出城辦事，然後命令部將彭樂率領騎兵假意向他們攻擊。高澄以為彭樂兵變，嚇得臉色發白，手腳痠軟，幾乎從馬上跌下來。這時又是高洋挺身而出，縱馬上前與彭樂格鬥，打得彭樂難以招架，拋下盔甲，表明是高歡的試探。高洋先不理會，抓住送到高歡面前。

高歡這回認清了高洋的本色，連連稱異，對左右說：「此兒意識過吾。」

⊙繼承帝位

高洋在父親高歡之下做官，當上尚書左僕射。東魏武定五年（五四七年）高歡死後，高澄繼承父位，但只過了兩年，便被廚子殺死。高洋平定叛亂，繼承兄職。

武定八年（五五〇年），高洋做了高澄沒來得及做的事——讓東魏孝靜帝將皇位禪讓。高洋做了皇帝，改國號為齊，史稱北齊。

高洋治軍有方，英武不減其父。

白釉綠彩長頸瓶　北齊

公牛與神獸圖　北齊
圖像殘高約八十公分，山西太原王郭村出土。

親自帶兵，曾先後與西魏、契丹、柔然等強敵對陣。北齊天保元年（五五〇年），西魏宇文泰率領大軍到達陝城，高洋帶領大軍親征，宇文泰看到北齊軍容嚴整，歎息著說：「高歡不死矣。」下令退兵。

天保四年（五五三年），高洋北伐契丹，徒步翻山越嶺，身先士卒，奮勇殺敵，大破契丹。這次出征，高洋露頭袒身，晝夜不休息，行軍千餘里，僅只吃肉飲水，精神卻越來越健旺，最後來到秦始皇和曹操都曾登臨的碣石山，遠望滄海。

⊙嗜酒如命，殺伐無度

高洋的猛，在戰場上可以稱為勇，但在平時就叫做「癡」和「暴」。精力旺盛，不能忍受皇宮裡的沉悶生活，於是四處遊幸，有時還塗脂抹粉，披頭散髮，拿著刀槍弓箭闖入集市。喜歡駕乘沒有鞍子和轡繩的象、駱駝、牛等坐騎，不論夏日炎炎還是寒風冽冽，都不穿衣服，到處亂跑。高洋不穿，侍從也不敢穿，叫苦連天，高洋卻好像沒事一般。

北齊都城建造了幾座二十七丈高的臺樓，工匠踏著木架施工，繩子繫住以防摔下。高洋不用防護，爬上屋脊跑來跑去，還跳起舞來，竟然都合乎音律節拍，旁人在底下看得提心吊膽，高洋卻毫無畏懼之色。

高洋有兩個突出的愛好：一是嗜酒，每天沉醉，酒醉之後更是六親不認，誰都敢惹。有一次，高洋醉酒進宮，打傷了太后，酒醒後大為悔恨，脫去上衣，命令拿木杖狠狠打自己後背，說：「要是不出血，我殺了你！」

太后涕泣，再三阻攔，最後高洋還是命人拿鞭子抽腳五十下。行刑

青瓷劃紋六繫罐　北齊
此器造型大方，施釉均勻典雅，是北朝瓷器中的精品。

畢，高洋整理好衣服帽子，跪下向太后請罪，發誓戒酒。但只過了十天，他又一切如故。

高洋的另一個愛好就是嗜血，喜歡打人殺人，打殺得越殘忍痛苦越好。曾經跑到故去的僕射崔暹家裡，問他的妻子：「你想念丈夫嗎？」崔氏回答想念，高洋說：「想念就去見他吧！」一刀殺死崔氏，割下頭顱扔到牆外。

楊愔貴為輔政大臣，身體肥胖，高洋用馬鞭抽他後背，鮮血浸透衣服，又用刀子劃破肚子，楊愔幾乎死去。至於其他被殺的臣子、侍衛、妃嬪更是不計其數。高洋殺了他們，又將屍體肢解，或者投入火堆，或者拋進河裡。

天保十年（五五九年），嗜酒昏狂、淫亂殘暴的高洋死了，諡號「文宣」，廟號顯祖。武成帝高湛時，大臣祖珽對高湛說：「文宣帝暴虐，怎麼能稱『文』呢？」祖珽的意見，大概也是當時大多數人的意見。

儀衛出行壁畫　北齊

壁畫長一百六十公分，寬二百〇二公分，山西太原王郭村出土。

「落雕將軍」斛律光

●時間：西元五一五～五七二年
●人物：斛律光

在史官的筆下有一批值得讓人歎息的非凡將才，為朝廷賣命，最後卻因君主猜忌而送命：秦朝的蒙恬、南宋的岳飛、明朝的袁崇煥……北齊的斛律光沒有他們有名，但是所受的冤屈，一點都不比他們少。

⊙武將世家

斛律光（五一五～五七二年），字明月，朔州（今山西朔縣）人，南北朝時期的北齊名將。

斛律光是高車族人，出身於軍事世家。父親斛律金就是東魏的一員虎將，善於騎射，行軍打仗取法匈奴，從遠處看揚起的塵土，就知道敵人兵馬數量，趴在地上一聽，就能知道敵人的遠近。從斛律金再往上數四代，每代都有名將。

虎父無犬子，斛律光以及弟弟斛律羨善於騎射，武藝高強，而斛律光又技高一籌。斛律金曾讓兄弟倆每天打獵，回來後計算禽獸多寡。斛律羨每每比不過哥哥，即使有時候較多，仍然受到痛打，而斛律光照舊獎賞。

陶立俑　北朝

此俑作武士形象，頭戴披風，是北方少數民族的服裝。此俑又表現出了女性特徵。這也是鮮卑族漢化後的特點，男俑女性化的風格，一直延續到唐初。

大家奇怪，斛律金說：「明月（斛律光字）雖然少，但是箭都射中要害；豐樂（斛律羨字）雖然較多，但是獵物身上中箭處凌亂，箭法可差遠了。」此言一出，令人歎服。

⊙名為落雕

斛律光善射，帶來了一個響亮的綽號。北魏末年，斛律光跟隨斛律金西征西魏宇文泰，兩軍對陣廝殺，斛律光馳馬揚弓，一箭射中宇文泰的部將莫孝暉，擒拿回營，立下大功，這年斛律光只有十七歲。東魏權臣高歡極為欣賞這位小將，任命為都督。

一天斛律光陪同高歡的世子高澄外出打獵，有一隻大鳥高翔雲際，叫聲清越，高澄想知道是甚麼鳥。斛律光引弓拔箭，「嗖」的一聲，不偏不倚，正中其頸，盤旋落地，眾人上前，原來是一隻大雕。雕是一種猛禽，飛得又高又快，很少受人捕獵。高澄將雕拿到跟前，細細觀看，對斛律光的高超箭法讚歎不已，有人就說：「斛律光是個射鵰手啊！」一時之間，斛律光美名遠颺，被稱為「落雕都督」。

樂舞紋黃釉陶扁壺　北齊

壺高二十公分，口徑四～五公分，河南安陽北齊范粹墓出土。范粹曾任北齊驃騎大將軍、開府儀同三司、涼州刺史，葬於北齊武平六年（五七五年），墓內棺床南端出土了四件樂舞紋黃釉陶扁壺，形制相同。陶壺模制，形體扁圓，頸與肩連接處，飾聯珠紋一周，兩肩各留一穿帶用的圓繫孔，壺身施橘黃色釉，底部掛釉。壺體兩側各模印一幅樂舞圖像。

⊙功高震主

北齊建立以後，斛律光帶兵東征西討，立下赫赫戰功。河清三年（五六四年），擊潰來犯的北周達奚成，並追入北周境內，俘虜了周軍二千多人。這年冬天，又打敗圍困洛陽的北周大軍，一箭射殺涇州總管王雄，斬三千餘人。

武平元年（五七〇年）正月，救援宜陽，身先士卒，大敗北周軍，斬二千餘人，退走時又打敗五萬追兵，斬殺良將梁景興，俘虜敵軍主帥宇文憲。十二月，率步騎五萬進抵汾北，擊敗北周名將韋孝寬，俘斬周軍數以千計……

北周將軍韋孝寬明裡打不過斛律光，就使用離間計，讓人編了惡毒的謠言，間諜在北齊首都鄴城到處傳播：「百升飛上天，明月照長安」。升是容量單位，十升為一斗，十斗為一斛，百升就是一「斛」，「明月」是斛律光的字。就是說斛律光將要飛天為龍做皇帝，甚至統一北齊、北周，以長安為都。

韋孝寬恐怕不夠明白，又編了一個：「高山不推自崩，槲樹不扶自

北齊校書圖（局部）

豎」，意思是高家就要倒臺，斛律家將要得勢。間諜為這兩句詞譜了曲，教給小孩，在街頭巷尾傳唱。

⊙陷害忠良

韋孝寬沒想到，北齊政權竟然有人幫腔，又續上了兩句：「盲眼老公背上下大斧，饒舌老母不得語」。所謂「盲眼老公」，明顯說的是北齊大臣祖珽，「饒舌老母」指的則是另一個大臣穆提婆的母親陸令萱，這是怎麼回事？

原來，祖珽和穆提婆都和斛律光有嫌隙。祖珽曾經坐過地牢，被熏瞎了眼睛，是個盲人，但他卻受齊主高緯信任，勢傾朝野。祖珽依仗著主子的寵愛，目無規矩（本來就看不見），驕縱淩人，斛律光甚是厭惡。

祖珽知道斛律光有意見，就賄賂斛律光的奴僕，問說：「斛律大人是不是很恨我？」奴僕回答說：「自從您得寵以來，斛律大人每天都要抱著膝蓋歎息說：盲人進了皇宮，國家就要破敗了！」祖珽聽完憤恨不已，將斛律光視為眼中釘，上面所說的謠言後兩句就是他加的。

至於穆提婆，出身於罪人之家，母親陸令萱配入後庭當奴婢，做過高緯的保姆，漸漸取得胡太后信賴，因而在後宮作威作福，進而干涉朝政。穆提婆由母親推薦得以服侍高緯，授予要職。斛律光因而輕視他們。

後來高緯打算將晉陽的一片田地賜給穆提婆，斛律光公然在朝堂上說：「這些田地自從神武帝（高歡）以來一直是種牧草的，餵養幾千匹戰馬，以備邊患。現在賜給提婆，是不是會妨礙軍務呢？」最終迫使高緯收回成命。因為這些事情，穆提婆將斛律光視為眼中釘，於是也參與反對斛律光的陰謀。

⊙誅殺功臣

祖珽想法將幾個謠言傳到齊主高緯的耳中，高緯不能不疑，因為斛律光的權勢實在太大了：斛律家累世大將，斛律光威震關西，屢次打敗西

歷史詞典

南北響堂山石窟

東魏時期（五三四～五五〇年），響堂山開始鑿窟建寺。武定五年（五四七年），齊獻武王高歡虛葬漳水西，實際葬於響堂山石窟中心柱頂部，可知此時石窟建築已頗具規模。

北齊文宣帝高洋（五五〇～五五九年）繼父親高歡、兄長高澄之後繼續在響堂山開窟建寺。自此，響堂山就成為北齊石窟的集中地，實即北齊諸帝陵墓，以後各代又續有修築，使響堂山石窟成為中國古代著名的石窟。

南響堂山石窟建於響堂山南麓，依山開鑿，分上下二層共開七窟，名華嚴洞、般若洞、空洞、阿彌陀洞、釋迦洞、力士洞、千佛洞。北響堂山石窟在響堂山西麓北端的山腰峭壁上開鑿，分南、北、中三組，共九洞，以北齊時開鑿的二、四、七三窟（即刻經洞、大佛洞、釋迦洞）為中心。

南北響堂山石窟從外觀上看當以鑿有窟廊的塔形窟最為突出，模仿木結構，更富有建築的趣味，特別是四門塔形式，更是由陵墓性質而決定的獨創形式，在石窟中獨樹一幟。南北響堂山石窟雖各有特色，但都在諸多方面表現了北齊時代的風格。

魏、北周的軍隊，弟弟斛律羨也是一員良將，令邊塞的突厥人畏懼，兄弟倆都有一群忠實的部下。至於斛律家的子弟，為官封侯者極多，親戚僚屬遍佈朝野，斛律家和皇帝家也是姻親，斛律光的女兒是高緯的皇后，幾個兒子則娶了皇家的公主……。

高緯又想起武平二年（五七一年）的那件事情，懷疑不由得加深一層。這年北周派大將紇干廣略包圍宜陽，斛律光率部救援，一如既往取得勝利，隨後班師回朝。大軍還沒有到達首都鄴城，朝中傳下旨意，命軍隊各歸本部，不必到都。斛律光認為軍人立了大功，還沒有受到封賞和慰勞就解散了，是虧待他們，於是祕密上奏，請求高緯改變成命，又繼續行軍。不料朝廷沒能及時答覆，斛律光的部隊就到了鄴城近郊，就地駐紮等待使者。高緯見斛律光率領大軍逼近都城，逼要獎賞，極為反感。連忙將斛律光「請」進宮裡，另行犒勞他的部下。事後斛律光雖然拜為左丞相，

婁睿墓壁畫　北齊

延伸知識

綦毋懷文發明灌鋼法

綦毋懷文，北齊人，灌鋼法的發明者，生卒年不詳，曾任信州（今四川萬縣和湖北巴東之間）刺史，對中國的貢獻主要是改進了金屬熱處理工藝。根據《北齊書·方伎傳》的記載，東魏、北齊年間（五三四～五七七年），綦毋懷文選用宿鐵作為刀刃，造出了鋒利異常的寶刀，可以在一斬之下劈斷三十片金屬甲片。

在製作宿鐵刀時，綦毋懷文沒有用通常的水冷法鑄刀，而是「浴以五牲之溺，淬以五牲之脂」，就是用牲畜的尿和脂肪幫助鍊鋼。因為牲畜尿中含有鹽類，具有比水更高的冷卻速度，所以能使淬火後的鋼獲得較高的硬度，牲畜油脂冷卻速度較低，能避免鋼淬火時脆裂，提高鋼的韌性，減少變形。

東魏、北齊時期已採用含鹽的水和油作為具有不同冷卻速度的淬火介質，綦毋懷文知道使用不同類型的淬火劑，表明已清楚認識淬火劑和淬火後鋼的性能之間的關係，成功使用了油淬和尿淬的金屬熱處理工藝。

封清河郡公，以表彰其功，但是高緯的忌憚和猜疑日益加深。

高緯思前想後，聽信祖珽的挑撥，想要消滅斛律一家，但有人阻止，他又產生猶豫。這時，大臣何洪珍說：「陛下若從無此意那就罷了，現在有了這個想法但是不採取行動，萬一消息洩露，斛律光知道，可怎麼辦？」又有人提起數年前斛律光不聽命令，帶領大軍進京的事情，又說斛律光家裡私藏武器，家丁眾多，與弟弟斛律羨等人祕密往來，必定圖謀不軌。這番話嚇得高緯直冒冷汗，於是拿定了主意。

在祖珽的策劃下，斛律光被高緯騙到宮中的涼風堂，劉桃枝從背後偷襲，殺了他，這年斛律光五十八歲。然後高緯下詔稱斛律光謀反，已經伏法，隨後滅了斛律光全族。

斛律光無罪被殺，朝野上下都感到痛惜。北周武帝宇文邕聽說斛律光死了，喜出望外，下令赦免境內的犯人以示慶祝。五年之後，宇文邕率軍攻進鄴城，滅亡北齊，指著高緯誣陷斛律光的詔書說：「這個人要是還在，我怎麼可能進入鄴城呢！」

四繫黃釉綠彩瓷罐　北齊

瓷罐高二十四公分，口徑八·七公分，河南濮陽北齊李雲墓出土。墓內出土四件瓷罐，兩件為六繫青釉瓷罐，兩件為四繫黃釉瓷罐。這件瓷罐是四件瓷罐中製工最精的一件，罐肩附四繫，下飾刻紋一周，為忍冬組成的連續圖案。其下垂飾覆蓮，蓮瓣寬肥，瓣尖上翹，以刻紋刻出寶裝。在米黃色釉下，自罐口至罐腹，垂掛六條鮮豔的綠彩。整器造型穩重，釉色豔麗，是北朝瓷器的精品。

三國·魏 西元二二〇～二六五年

廟號	帝王原名	年號	西元
文帝	曹丕	黃初（七年）	二二〇～二二六年
明帝	曹叡	太和（七年）	二二七～二三三年
		青龍（五年）	二三三～二三七年
		景初（三年）	二三七～二三九年
齊王	曹芳	正始（十年）	二四〇～二四九年
		嘉平（六年）	二四九～二五四年
高貴鄉公	曹髦	正元（三年）	二五四～二五六年
		甘露（五年）	二五六～二六〇年
元帝	曹奐	景元（五年）	二六〇～二六四年
		咸熙（二年）	二六四～二六五年

三國·蜀 西元二二一～二六三年

廟號	帝王原名	年號	西元
昭烈帝	劉備	章武（三年）	二二一～二二三年
後主	劉禪	建興（十五年）	二二三～二三七年
		延熙（二十年）	二三八～二五七年
		景耀（六年）	二五八～二六三年
		炎興（一年）	二六三年

西元二二九～二八〇年

廟號	帝王原名	年號	西元
大帝	孫權	黃武（八年）	二二二～二二九年
		黃龍（三年）	二二九～二三一年
		嘉禾（七年）	二三二～二三八年
		赤烏（十四年）	二三八～二五一年
		太元（二年）	二五一～二五二年
		神鳳（一年）	二五二年
會稽王	孫亮	建興（二年）	二五二～二五三年
		五鳳（三年）	二五四～二五六年
		太平（三年）	二五六～二五八年
景帝	孫休	永安（七年）	二五八～二六四年
末帝（烏程侯）	孫皓	元興（二年）	二六四～二六五年
		甘露（二年）	二六五～二六六年
		寶鼎（四年）	二六六～二六九年
		建衡（三年）	二六九～二七一年
		鳳凰（三年）	二七二～二七四年
		天冊（二年）	二七五～二七六年
		天璽（一年）	二七六年
		天紀（四年）	二七七～二八〇年

晉·西晉

西元二六五～三一六年

廟號	帝王原名	年號	西元
武帝	司馬炎	泰始（十年）	二六五～二七四年
		咸寧（六年）	二七五～二八〇年
		太康（十年）	二八〇～二八九年
		太熙（一年）	二九〇年
惠帝	司馬衷	永熙（一年）	二九〇年
		永平（一年）	二九一年
		元康（九年）	二九一～二九九年
		永康（二年）	三〇〇～三〇一年
		永寧（二年）	三〇一～三〇二年
		太安（二年）	三〇二～三〇三年
		永安（一年）	三〇四年
		建武（一年）	三〇四年
		永安（一年）	三〇四年
		永興（三年）	三〇四～三〇六年
		光熙（一年）	三〇六年
懷帝	司馬熾	永嘉（七年）	三〇七～三一三年
愍帝	司馬鄴	建興（五年）	三一三～三一七年

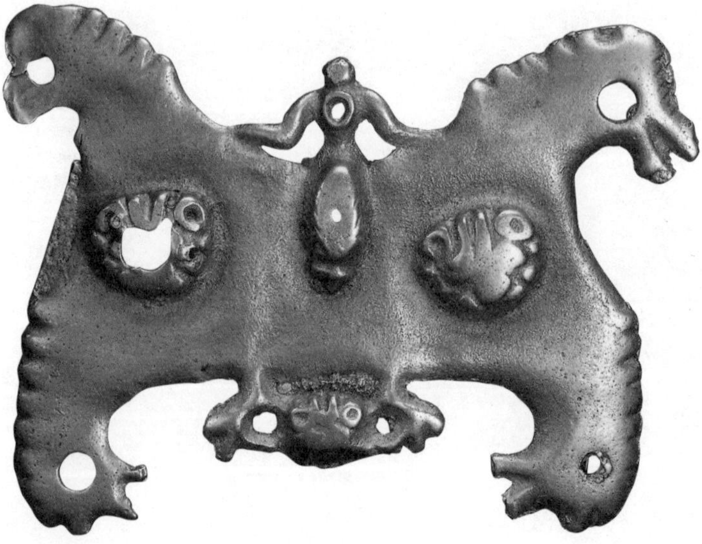

廟號	帝王原名	年號	西元
元帝	司馬睿	建武（二年）	三一七～三一八年
		大興（四年）	三一八～三二一年
		永昌（二年）	三二二～三二三年
明帝	司馬紹	太寧（四年）	三二三～三二六年
成帝	司馬衍	咸和（九年）	三二六～三三四年
		咸康（八年）	三三五～三四二年
康帝	司馬岳	建元（二年）	三四三～三四四年
穆帝	司馬聃	永和（十二年）	三四五～三五六年
		升平（五年）	三五七～三六一年
哀帝	司馬丕	隆和（二年）	三六二～三六三年
		興寧（三年）	三六三～三六五年
廢帝	司馬奕	太和（六年）	三六六～三七一年
簡文帝	司馬昱	咸安（二年）	三七一～三七二年
孝武帝	司馬曜	寧康（三年）	三七三～三七五年
		太元（二十一年）	三七六～三九六年
安帝	司馬德宗	隆安（五年）	三九七～四〇一年
		元興（一年）	四〇二年
		隆安（一年）	四〇二年
		大亨（一年）	四〇二年
		元興（二年）	四〇三～四〇四年
		義熙（十四年）	四〇五～四一八年
恭帝	司馬德文	元熙（二年）	四一九～四二〇年

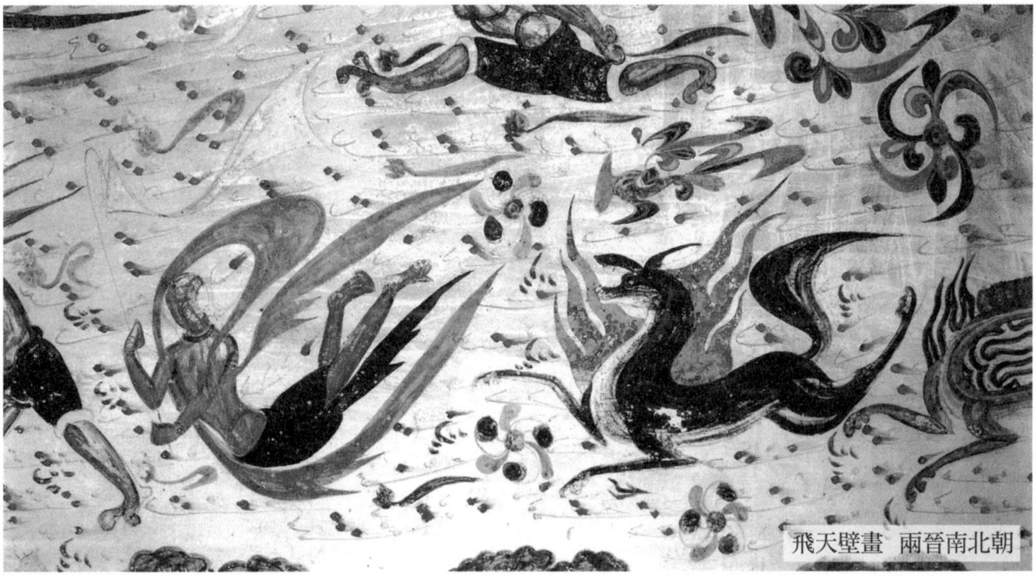

飛天壁畫　兩晉南北朝

南北朝．北魏　西元三八六～五三四年

廟號　帝王原名	年號	西元
道武帝拓跋珪	登國（十一年）	三八六～三九六年
	皇始（三年）	三九六～三九八年
	天興（七年）	三九八～四〇四年
	天賜（六年）	四〇四～四〇九年
明元帝拓跋嗣	永興（五年）	四〇九～四一三年
	神瑞（三年）	四一四～四一六年
	泰常（八年）	四一六～四二三年
太武帝拓跋燾	始光（五年）	四二四～四二八年
	神䴥（四年）	四二八～四三一年
	延和（四年）	四三二～四三五年
	太延（六年）	四三五～四四〇年
	太平真君（十二年）	四四〇～四五一年
	正平（二年）	四五一～四五二年
南安王拓跋余	承平（一年）	四五二年
文成帝拓跋濬	興安（三年）	四五二～四五四年
	興光（二年）	四五四～四五五年
	太安（五年）	四五五～四五九年
	和平（六年）	四六〇～四六五年
獻文帝拓跋弘	天安（二年）	四六六～四六七年
	皇興（五年）	四六七～四七一年

南北朝．宋　西元四二〇～四七九年

廟號　帝王原名	年號	西元
武帝　劉裕	永初（三年）	四二〇～四二二年
少帝　劉義符	景平（二年）	四二三～四二四年
文帝　劉義隆	元嘉（三十年）	四二四～四五三年
孝武帝劉駿	孝建（三年）	四五四～四五六年
	大明（八年）	四五七～四六四年
前廢帝劉子業	永光（一年）	四六五年
	景和（一年）	四六五年
明帝　劉彧	泰始（七年）	四六五～四七一年
	泰豫（一年）	四七二年
後廢帝劉昱	元徽（五年）	四七三～四七七年
順帝　劉準	昇明（三年）	四七七～四七九年

孝文帝元宏	延興（六年）	四七一～四七六年
	承明（一年）	四七六年
	太和（二十三年）	四七七～四九九年
宣武帝元恪	景明（五年）	五〇〇～五〇四年
	正始（五年）	五〇四～五〇八年
	永平（五年）	五〇八～五一二年
	延昌（四年）	五一二～五一五年
孝明帝元詡	熙平（三年）	五一六～五一八年
	神龜（三年）	五一八～五二〇年
	正光（六年）	五二〇～五二五年
	孝昌（四年）	五二五～五二八年
	武泰（一年）	五二八年
孝莊帝元子攸	建義（一年）	五二八年
	永安（三年）	五二八～五三〇年
長廣王元曄	建明（二年）	五三〇～五三一年
節閔帝元恭	普泰（一年）	五三一年
安定王元朗	中興（二年）	五三一～五三二年
孝武帝元修	太昌（一年）	五三二年
	永興（一年）	五三二年
	永熙（三年）	五三二～五三四年

南北朝·齊 西元四七九～五〇二年

廟號	帝王原名	年號	西元
高帝	蕭道成	建元（四年）	四七九～四八二年
武帝	蕭賾	永明（十一年）	四八三～四九三年
鬱林王	蕭昭業	隆昌（一年）	四九四年
海陵王	蕭昭文	延興（一年）	四九四年
明帝	蕭鸞	建武（五年）	四九四～四九八年
		永泰（一年）	四九八年
東昏侯	蕭寶卷	永元（三年）	四九九～五〇一年
和帝	蕭寶融	中興（二年）	五〇一～五〇二

南北朝・東魏

西元五三四～五五〇年

廟號 帝王原名	年號	西元
孝靜帝元善見	天平（四年）	五三四～五三七年
	元象（二年）	五三八～五三九年
	興和（四年）	五三九～五四二年
	武定（八年）	五四三～五五〇年

南北朝・北齊

西元五五〇～五七七年

廟號	帝王原名	年號	西元
文宣帝	高洋	天保（十年）	五五〇～五五九年
廢帝	高殷	乾明（一年）	五六〇年
孝昭帝	高演	皇建（二年）	五六〇～五六一年
武成帝	高湛	太寧（二年）	五六一～五六二年
		河清（四年）	五六二～五六五年
後主	高緯	天統（五年）	五六五～五六九年
		武平（七年）	五七〇～五七六年
		隆化（一年）	五七六年
幼主	高恆	承光（一年）	五七七年

南北朝・梁

西元五〇二～五五七年

廟號	帝王原名	年號	西元
武帝	蕭衍	天監（十八年）	五〇二～五一九年
		普通（八年）	五二〇～五二七年
		大通（三年）	五二七～五二九年
		中大通（六年）	五二九～五三四年
		大同（十二年）	五三五～五四六年
		中大同（二年）	五四六～五四七年
		太清（三年）	五四七～五四九年
簡文帝	蕭綱	大寶（二年）	五五〇～五五一年
豫章王	蕭棟	天正（一年）	五五一年
元帝	蕭繹	承聖（四年）	五五二～五五五年
貞陽侯	蕭淵明	天成（一年）	五五五年
敬帝	蕭方智	紹泰（二年）	五五五～五五六年
		太平（二年）	五五六～五五七年

南北朝・西魏　西元五三五～五五七年

廟號	帝王原名	年號	西元
文帝	元寶炬	大統（十七年）	五三五～五五一年
廢帝	元欽		五五二～五五四年
恭帝	拓跋廓		五五四～五五六年

南北朝・北周　西元五五七～五八一年

廟號	帝王原名	年號	西元
閔帝	宇文覺		五五七年
明帝	宇文毓		五五七～五五八年
		武成（二年）	五五九～五六〇年
武帝	宇文邕	保定（五年）	五六一～五六五年
		天和（七年）	五六六～五七二年
		建德（七年）	五七二～五七八年
		宣政（一年）	五七八年
宣帝	宇文贇	大成（一年）	五七九年
靜帝	宇文衍	大象（二年）	五七九～五八〇年
		大定（一年）	五八一年

南北朝・陳　西元五五七～五八九年

廟號	帝王原名	年號	西元
武帝	陳霸先	永定（三年）	五五七～五五九年
文帝	陳蒨	天嘉（七年）	五六〇～五六六年
		天康（一年）	五六六年
廢帝	陳伯宗	光大（二年）	五六七～五六八年
宣帝	陳頊	太建（十四年）	五六九～五八二年
後主	陳叔寶	至德（四年）	五八三～五八六年
		禎明（三年）	五八七～五八九年

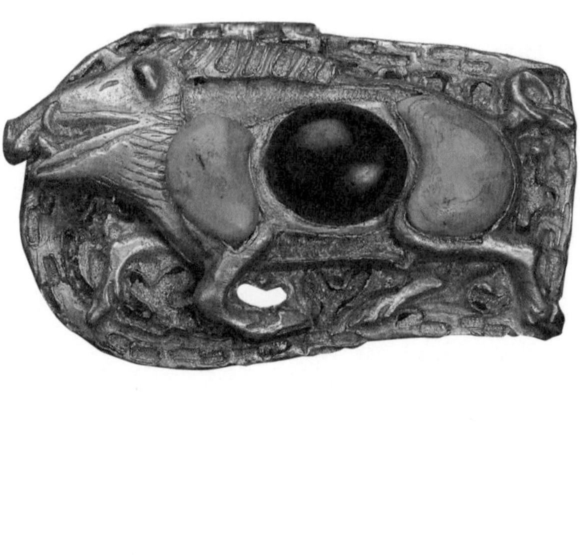

歷史年表 三國 兩晉 南北朝

三國	魏文帝	黃初元年	二二〇年	曹丕稱帝，國號魏。
	魏文帝	黃初元年	二二一年	劉備稱帝，國號蜀。
	魏明帝	太和三年	二二九年	孫權稱帝，國號吳。
	魏齊王	嘉平元年	二四九年	司馬懿發動高平陵政變。
	魏元帝	景元四年	二六三年	曹魏滅蜀漢。
東晉	晉武帝	泰始元年	二六五年	司馬炎稱帝，國號晉。
	晉武帝	太康元年	二八〇年	西晉滅吳，統一全國。
	晉惠帝	元康元年	二九一年	八王之亂開始。
	晉懷帝	永嘉二年	三〇八年	匈奴首領劉淵稱帝。
	晉愍帝	建興四年	三一六年	匈奴漢國攻陷長安，俘晉愍帝，西晉亡。
西晉	晉元帝	建武元年	三一七年	司馬睿於建康稱帝，東晉建立。
	晉元帝	大興二年	三一九年	石勒稱王，以趙為國號，史稱後趙。
	晉成帝	咸和三年	三二八年	東晉、前涼、成漢、前趙、後趙並存局面形成。
	晉穆帝	永和十二年	三五六年	桓溫收復洛陽。
	晉廢帝	太和五年	三七〇年	秦王苻堅遣兵滅前燕。
	晉孝武帝	太元八年	三八三年	淝水之戰。
	晉孝武帝	太元十一年	三八六年	拓跋珪建北魏，建都平城。
	晉安帝	義熙十三年	四一七年	劉裕入長安，後秦亡。

南北朝

宋武帝	永初元年	四二〇年	劉裕建立劉宋王朝，東晉亡。
宋武帝	元嘉十六年	四三九年	魏太武帝統一北方。
宋明帝	泰始二年	四六六年	馮太后臨朝稱制。
齊高帝	建元元年	四七九年	蕭道成代宋建齊。
海陵王	延興元年	四九四年	魏孝文帝遷都洛陽，推行漢化改革。
梁武帝	天監元年	五〇二年	蕭衍代齊建梁。
梁武帝	大通二年	五二八年	爾朱榮發動河陰之變。
梁武帝	中大通六年	五三四年	北魏分裂為東、西魏。
梁武帝	太清二年	五四八年	侯景之亂爆發。
梁簡文帝	大寶元年	五五〇年	高洋代東魏稱帝，建立北齊。
陳武帝	永定元年	五五七年	陳霸先建立陳朝，宇文覺代西魏稱帝，建立北周。
陳宣帝	太建九年	五七七年	北周滅北齊，統一北方。

圖說中國 04

三國・兩晉・南北朝

主　　編　龔書鐸　劉德麟
封面設計　陳朗思
出　　版　智能教育出版社
香港北角英皇道四九九號北角工業大廈二十樓
INTELLIGENCE PRESS
20/F., North Point Industrial Building,
499 King's Road, North Point, Hong Kong
香港發行　香港聯合書刊物流有限公司
香港新界荃灣德士古道二二〇至二四八號十六樓
版　　次　二〇一四年一月香港第一版第一次印刷
二〇二二年七月香港第二版第一次印刷
規　　格　十六開（170 × 230 mm）二四〇面
國際書號　ISBN 978-962-8904-54-9

Published in Hong Kong
本書由知書房出版社授權本社在
香港、澳門地區獨家出版發行